Rick Renner

Gerüstet zum Kampf

Geistlicher Kampf und die geistliche Waffenrüstung aus biblischer Sicht

Verlag Gottfried Bernard
Solingen

Titel der Originalausgabe: Dressed to Kill
by Rick Renner

Übersetzung: Werner Geischberger
Satz: CONVERTEX, Aachen
Grafik: image design, A. Fietz, Landsberg
Druck: Druckhaus Gummersbach

Alle Bibelzitate stammen aus der Elberfelder Bibel,
es sei denn, sie sind anderweitig gekennzeichnet.

ISBN 3-925968-70-9

Inhalt

Widmung 6

Ein Wort des Dankes 7

Kapitel 1
Der „Geistliche-Kampf-Fimmel" 8
Geistliche Geiseln – Die Mächte und Gewalten entkleiden – Lächerliches und unbiblisches Verhalten – Warum ist dieses Thema gerade jetzt so aktuell? – Nichts Neues unter der Sonne – Und die Hexen? – Geistlicher Kampf bzw. „Krieg" in der Bibel – Wo beginnt der eigentliche Kampf – Wie man mit Wind und Wellen fertig wird – Geistlicher Kampf: eine innere Einstellung – Eine Warnung in Bezug auf den geistlichen Kampf

Kapitel 2
Fleischliche Waffen contra geistliche Waffen 41
Blutrünstige, wagemutige und entschlossene Krieger – Geistliche Waffen und geistliche Strategien – Das Fleisch ist zu nichts nütze – Schwache und törichte Waffen des Fleisches – Berühre nicht, koste nicht, betaste nicht!

Kapitel 3
Im Erlösungswerk Christi zur Ruhe kommen 55
„Unter die Sünde verkauft" – Was ist der „Zeitlauf dieser Welt"? – Wer arbeitet hinter den Kulissen? – Angetrieben mit dämonischer Energie – „Aus" der Sklaverei „herausgekauft" – Den geforderten Preis bezahlen – In den Urzustand zurückversetzt – Aus dem Reich Satans „herausversetzt"

Kapitel 4
Warum tobt die Schlacht immer noch? 68
Geistlicher Kampf und Erneuerung der Gedanken – Eine lebenslange Verpflichtung

Kapitel 5
Eine göttliche Offensive 75
Ein günstiger Zeitpunkt für einen Angriff Satans – Der Schuß geht nach hinten los! – Eine verschlossene Tür ist keine Niederlage – Nicht nur Sie haben solche Probleme – Angriffe auf Gemeinden und Dienste – Wohin Streit und Uneinigkeit führen – Ausgebildete Killer in voller Rüstung

Kapitel 6

Und nun zum praktischen Teil 94

Christen mit einem geistlichen Ungleichgewicht – Waffenbrüder – Soldaten, die es wert sind, daß man gemeinsam mit ihnen kämpft

Kapitel 7

Werdet stark im Herrn 102

Übermenschliche Kraft für eine übermenschliche Aufgabe – Woher kommt diese Kraft? – Sie brauchen die Kraft nur zu nehmen! – Ein Beweis der Kraftwirkung des Geistes – *Kratos*- und *ischys*-Kraft – Der mächtige Arm Gottes! – Bereit zum Kampf

Kapitel 8

Die Listen und der Betrug des Teufels 116

Neu eingekleidet! – Wie zieht man die ganze Waffenrüstung Gottes an? – Eine strategisch wichtige Stellung auf dem Schlachtfeld des Lebens und der Gedanken behaupten – Dem Gegner Auge in Auge gegenüberstehen! – Gegen die Listen des Teufels bestehen – Gedanken gefangennehmen – Teuflischer Betrug – Ein Beispiel für dämonische Einschüchterung – Die nackte Wahrheit über den geistlichen Kampf – Das Fleisch zählt überhaupt nichts – Von fleischlichen auf geistliche Waffen umsteigen – Behalten Sie die Oberhand über die Philister in Ihrem Leben! – Der Teufel und seine Arbeitsweise

Kapitel 9

Mit Fürstentümern und Mächten ringen 144

Nur die Besten überleben – Fürstentümer und Mächte – Die Armee des Teufels – Biblische Namen, Symbole und Verkörperungen Satans – Satans Zerstörungswut – Satans pervertiertes Wesen – Satans Herrschsucht – Satans Gedankenmanipulation – Eine Grundvoraussetzung für den geistlichen Kampf

Kapitel 10

Der Gürtel der Wahrheit 163

Paulus' erweiterte Version der Waffenrüstung – Zur Erinnerung ... – Die wichtigste Waffe – Ein Teil der Ausrüstung, den man sehen kann – Der Unterschied zwischen *logos* und *rhema* – Der einzige Weg zu geistlichem Erfolg – Wie lebt ein Gerechter? – Wie bekommt man Frieden? – Wie wird unser Glaube stark? – Helm und Schwert – Sie selbst entscheiden über Sieg oder Niederlage – Die „Zeugungsfähigkeit" Gottes – Ein Fehler, den Christen sehr häufig machen – Was David über die zentrale Bedeutung des Wortes sagt – Der Schlüssel zum Sieg und zum Erfolg – Der beste Rat – Der Weg zum Sieg

Kapitel 11
Der Brustpanzer der Gerechtigkeit 185
Die Schönheit des Brustpanzers – Jemand will Ihnen weh tun – Die richtige Einstellung zum Kampf – Bibelstellen über Gerechtigkeit – Eine neue Quelle der Zuversicht – Kraftlose oder kraftvolle Religion – Gerechtigkeit: eine Verteidigungswaffe – Gerechtigkeit: eine Angriffswaffe

Kapitel 12
Die Schuhe der Bereitschaft des Evangeliums des Friedens 198
Zwei Arten von Frieden – Regierender Friede – Friede: eine Verteidigungswaffe – Der Friede beschützt uns – Schutz vor den Angriffen des Teufels – Ein Wächter des Herzens – Spikes für einen sicheren Stand – Im Glauben fest verwurzelt – Friede: eine Angriffswaffe – Es ist Zeit, sich in Bewegung zu setzen! – Was ist mit „in Bälde“ gemeint?

Kapitel 13
Der Schild des Glaubens 216
Der Schild des Glauben – Schildpflege – Was ist mit „bei alledem“ gemeint? – Wozu dient der Schild des Glaubens? – Die feurigen Pfeile des Bösen – Das Feuer übler Leidenschaften – Wer ist für eine Niederlage verantwortlich? – Vereiteln, auslöschen und abprallen lassen – Kollektiver Glaube in einer Ortsgemeinde – Braucht Ihr Schild des Glaubens etwas Öl? – Ein Wort zum Schluß

Kapitel 14
Der Helm des Heils 234
Der Helm des Heils – Das großartigste Geschenk Gottes – Bewaffnet und gefährlich – Was ist eine „Festung“? – Zwei Arten von Festungen – Von Gedanken „überwältigt“ – Das Heil schützt Ihre Gedanken – Was versteht man unter „Besonnenheit“? – Was bedeutet „Heil“? – Ein Sinneswandel

Kapitel 15
Das Schwert des Geistes 252
Die Schwerter eines römischen Soldaten – Was ist ein *Rhema*? – Schwert und Gürtel – Was ist ein *zweischneidiges* Schwert? – Nachsinnen und bekennen – Hören, was Gott sagt – Als Jesus ein Schwert brauchte – Garantiert griffbereit!

Kapitel 16
Die Lanze des Betens und Flehens 271
Verschiedene Arten von Lanzen – Verschiedene Arten des Gebets – Wie oft sollen wir beten? – Sechs Arten des Gebets für den Christen – Ein Wort zum Schluß

Widmung

Ich möchte dieses Buch Jim und Judy Kennedy widmen, zwei treuen und wertvollen Freunden und Weggefährten in Christus.

In euch, wie im gesamten Leib Christi, wächst die Erkenntnis, daß Satan wirklich besiegt ist, und ihr lernt mehr und mehr, im vollkommenen und vollständigen Erlösungswerk Jesu Christi ganz zur Ruhe zu kommen!

Danke für eure Treue und dafür, daß ihr euch von Gott habt gebrauchen lassen, gemeinsam mit uns geistlich hungrigen Menschen die Wahrheiten Gottes zu bringen, die unser Leben von Grund auf verändern.

Ein Wort des Dankes

Ich möchte Bruder Kenneth Hagin aus tiefstem Herzen dafür danken, daß er öffentlich so für dieses Buch eintrat und mich ermutigte, das Werk des Herrn zu tun. Ich kann es kaum in Worte fassen, wie dankbar ich für seinen Rat und seine Unterstützung bin. Ich danke auch Tony Cooke, daß er sich von Gott gebrauchen ließ, um Bruder Hagin das Originalmanuskript dieses Buches zu überbringen.

Natürlich möchte ich auch noch Marti Barry, Joella Davies, Louise Norcom, Erlita Renner, Kyle Roach, Elizabeth Sherman und Lori Stout wissen lassen, wie sehr ich ihre redaktionellen Anregungen und ihre Korrekturlesearbeiten schätze. Und, was noch wichtiger ist, ich danke euch von Herzen dafür, daß ihr dieses Projekt im Gebet vor dem Herrn bewegt habt.

Vor allem möchte ich jedoch meiner Frau Denise dafür danken, daß sie an mich und meinen Dienst geglaubt hat und den göttlichen Wohlgeruch Jesu Christi in unser Heim und in unser persönliches Leben strömen ließ. Ich liebe dich von ganzem Herzen, Denise.

Kapitel 1

Der „Geistliche-Kampf-Fimmel"

Derzeit gibt es nichts Populäreres oder Kontroverseres als das Thema „Geistlicher Kampf". Überall im ganzen Land redet man – nicht nur unter geistlichen Leitern – von dämonischen Mächten und Bollwerken und wie man diese schrecklichen, finsteren, besitzergreifenden und manipulativen Einflußfaktoren ausschalten und ihren Zugriff auf unser persönliches Leben, auf unsere Nationen und Städte unterbinden kann.

Angesichts dessen, daß der geistliche Kampf momentan in aller Munde ist, könnte man meinen, dieses Thema wäre eine völlig neue Offenbarung für den Leib Christi. Jeder scheint darüber zu lehren. Zweifellos ist der geistliche Kampf der aktuelle „Hit" in den charismatischen Kreisen des Leibes Christi. Jeder, der seine Hand am Puls der Gemeinde im Land hat, wird ohne lange nachzudenken bestätigen, daß der Leib Christi derzeit einen regelrechten „Kampf-Fimmel" hat, wie ich es gerne nenne.

Diese übermäßige Beschäftigung mit dem Thema „Geistlicher Kampf" hat inzwischen Ausmaße angenommen, die wir bisher noch nicht erlebt haben – und das hat sein *Gutes*, aber auch sein *Schlechtes*.

Der Schwerpunkt „Geistlicher Kampf" hat sein *Gutes*, weil er uns die Augen für unseren Feind, den Teufel, und seine Machenschaften öffnet. Wenn wir begreifen, mit welchen Taktiken er arbeitet, können wir seine Angriffe gegen uns vereiteln. Genau aus diesem Grund schrieb Paulus den Korinthern in Bezug auf den Teufel und dessen Vorgehensweise: „… seine Gedanken sind uns nicht unbekannt" (2. Kor 2,11).

Andererseits kann sich diese neue Ausrichtung auf den geistlichen Kampf durchaus auch zum *Schlechten* wenden. Wenn die Lehre über den geistlichen Kampf Fehler aufweist, kann das katastrophale Konsequenzen haben. Dieses Thema ist wie kein anderes in der Lage, die Aufmerksamkeit der Menschen so zu fesseln, daß sie letztlich an nichts anderes mehr denken als an den geistlichen Kampf. Diese Manie ist wiederum ein Trick des

Teufels, denn so bringt er die Gläubigen dazu, ihm mehr Macht zuzuschreiben, als es angemessen wäre.

Wenn dieser Trick funktioniert, wird es allen Christen, die einseitig orientiert sind und nur noch den Teufel im Sinn haben, allmählich so vorkommen, als sei dieser allgegenwärtig. Infolgedessen macht sich Lähmung breit und sie sind nicht mehr fähig, ein normales Leben zu führen; noch dazu sinkt die Wahrscheinlichkeit, daß sie in Zukunft für das Reich Gottes noch von Nutzen sein können.

Leider ist das vielen Leuten widerfahren, die sich in den vergangenen Jahren stark auf das Thema „Geistlicher Kampf" konzentriert haben.

Wo man auch hinsieht – an allen möglichen Ecken und Enden taucht dieses Thema auf. Unsere führenden charismatischen Zeitschriften sind voll mit Artikeln über geistlichen Kampf, Werbung für Bücher und Kassettenserien über geistlichen Kampf, ja mittlerweile sind sogar Videoserien zu diesem Thema erhältlich (von den zahlreichen Veranstaltungen und Seminaren über geistlichen Kampf, die jeden Monat, ja jede Woche angeboten werden, ganz zu schweigen).

Ganz ehrlich: Es gibt momentan so viele Konferenzen zum Thema „Geistlicher Kampf", daß einem die Wahl wirklich schwerfällt, will man sich eine aussuchen. Das Angebot ist wirklich reichhaltig. Einige Beispiele:

„Geistliche Kampfwoche"
„Konferenz über prophetischen geistlichen Kampf"
„Konferenz über geistlichen Kampf und Anbetung"
„Kriegerisches Gemeindetreffen"
„Gebetskampf-Camp"
„Reich-Gottes-Konferenz zum Thema 'Geistlicher Kampf'"
„'Überwinderglauben'-Kampfveranstaltung"
„Kinder-Kämpfertreff"
„Aggressiver Gemeindekongreß"

Die Liste ließe sich endlos fortsetzen.

Neben den verschiedenen Treffen und Konferenzen gibt es mittlerweile schon Bibelausgaben, die am Rand spezielle Verweise zum Thema „Geistlicher Kampf" aufweisen, weiter spektakuläre „Geistlicher Kampf"-Poster, die man sich zu Hause an die Wand hängen kann, „Geistlicher Kampf"-Studienbücher,

„Geistlicher-Kampf"-Handbücher, „Geistlicher-Kampf"-T-Shirts, „Geistlicher-Kampf"-Spielsachen für Ihre Kinder usw.

Das Thema „Geistlicher Kampf" breitet sich wie ein Lauffeuer im ganzen Land aus!

Verstehen Sie mich nicht falsch: *Ich habe nichts gegen den geistlichen Kampf. Der geistliche Kampf ist etwas sehr Reales.* Die Bibel ruft uns auf, gegen diese unsichtbaren Mächte, die sich gegen uns zusammenrotten, vorzugehen. In der Heiligen Schrift werden wir aufgerufen, „Dämonen auszutreiben" (Mk 16,17) und Gedanken„festungen" zu „zerstören" (2. Kor 10,3-5). Dies ist Teil unserer Verantwortung als Christen gegenüber den Verlorenen, Geknechteten und Dämonisierten.

In meinem eigenen Dienst habe ich es gelegentlich auch mit dämonischen Manifestationen zu tun. Es ist noch gar nicht so lange her, daß ein Satanist im Teenageralter am Ende einer meiner Veranstaltungen in einer großen Gemeinde auf mich zukam. Er hatte erkannt, daß satanische Mächte seine Gedanken gefangenhielten und war an jenem Abend nach vorne gekommen, um für sich beten zu lassen.

Während ich mich durch die Schlange derer, die sich um Gebet anstellten, durcharbeitete und mal für diesen, mal für jenen betete, konnte ich aus der Entfernung sehen, daß dieser junge Mann geistliche Signale aussandte, die von einer sehr starken, finsteren Macht zeugten. Je näher ich ihm kam, desto mehr spürte ich, daß er in irgendeiner Form im Okkultismus verstrickt sein müsse.

Schließlich war ich bei ihm angelangt; der junge Mann schaute mich an; seine Augen waren fest zugekniffen und sahen eher wie kleine Schlitze aus. Als ich ihm in die Augen sah, kam es mir vor, als blickte mich ein Dämon aus seinen Augen an. Da war mir klar, daß dieser Mann ernstlich Hilfe suchte, denn es muß ihn eine gewaltige Willensanstrengung gekostet haben, jene manipulative Macht beiseite zu drängen und sich durch den Versammlungsraum nach vorne zu kämpfen.

Als ich diesem jungen Mann an jenem Abend meine Hände auflegte, fing sein Körper an, wie wild auf die Kraft Gottes zu reagieren. Er erzitterte unter der Last der Macht Gottes, sackte zusammen und fiel direkt vor meinen Füßen auf den Boden. Als er dort lag und die elektrisierende Kraft Gottes seinen Körper von oben nach unten durchströmte, wimmerte er: *„Ich habe Angst, sie zu verlassen* (die satanische Vereinigung, der er angehörte). *Sie sagten, sie würden mich umbringen, wenn ich die Gruppe verließe."*

Ich beugte mich über ihn und betete nochmal für ihn. Die schreckliche dämonische Kraft, die seine Gedanken gefangengehalten hatte, gab ihn augenblicklich frei und verschwand von der Bildfläche. Ich glaube ganz gewiß an einen echten geistlichen Kampf!

Geistliche Geiseln

In unserer Welt von heute gibt es unzählige Menschen, die in ihren Gedanken Geiseln des Teufels sind. Diesbezüglich heißt es in 1. Johannes 3,8: „Hierzu ist der Sohn Gottes geoffenbart worden, damit er die Werke des Teufels vernichte."

Dieses Wort „vernichten" stammt von dem griechischen Wort *lyo* ab und beschreibt einen Akt des „Aufschnürens" oder „Lösens". Wollten wir beschreiben, wie jemand die Schnürsenkel an seinen Schuhen löst, würden wir genau dieses Wort verwenden. Und tatsächlich wird dieses Wort *lyo* mit genau dieser Bedeutung in Lukas 3,16 verwendet, als Johannes der Täufer sagt: „... Es kommt aber ein Stärkerer als ich, und ich bin nicht würdig, ihm den Riemen seiner Sandalen zu *lösen*."

Jesus Christus kam also in die Welt, um die Bindungen Satans in unserem Leben zu „lösen" und „aufzuschnüren". Am Kreuz löste er den Zugriff der Macht Satans, bis sein Erlösungswerk schließlich vollendet und unsere Freiheit erkauft war.

Darüber hinaus sagte Petrus zu Kornelius und seinem Haus: „Jesus von Nazareth, wie Gott ihn mit Heiligem Geist und mit Kraft gesalbt hat, der umherging und wohltat und alle heilte, die von dem Teufel überwältigt waren; denn Gott war mit ihm" (Apg 10,38).

Den beiden obigen Versen entnehmen wir, daß es ein vorrangiges Anliegen Jesu Christi ist, Menschen vom Einfluß Satans zu befreien. Wenn es sein Anliegen ist, dann sollte es auch unser Anliegen sein.

Um Menschen aus dämonischer Unterdrückung befreien zu können, müssen wir lernen, das Werk des Feindes zu erkennen und seine Angriffe auf unsere Gedanken niederzuringen – *und er zielt in der Tat vor allem auf unsere Gedanken ab.* Er weiß, daß er irgendwo im Sinn des Menschen nur ein Bollwerk, ein trügerisches Gedankengebäude zu errichten braucht, und schon kann er von diesem Stützpunkt aus anfangen, sein Opfer zu dirigieren und zu manipulieren.

Offensichtlich spricht der Heilige Geist derzeit sehr stark zu uns zum Thema „Geistlicher Kampf". Immer mehr geistliche Leiter und Gemeinden im ganzen Land erkennen diese Realität. Angesichts dessen müssen wir genau darauf hören, was der Geist den Gemeinden zu sagen hat, und *mit dem Wort Gottes als Richtschnur und Grundlage vorwärtsgehen.*

Wenn wir uns eingehender mit dem Thema „Geistlicher Kampf" befassen, müssen wir besonders darauf achten, daß wir uns einen ausgewogenen Standpunkt bewahren. Neben dem Umgang mit dem Teufel sind die Unterwerfung der eigenen Gedanken und die Kreuzigung des Fleisches weitere wichtige Elemente des geistlichen Kampfes. Wir dürfen diese Aspekte des Gesamtbildes nicht vergessen, denn sie sind genauso wichtig wie die anderen.

Es ist nun einmal wahr, daß die Angriffe des Teufels auf unser Leben erfolglos verliefen, schlüge unser Fleisch nicht in dieselbe Kerbe. Würden wir wirklich tagtäglich unser Fleisch „töten" (Kol 3,5) und würde unser Leben wirklich „der Sünde gestorben" sein (Röm 6,2), wie es uns in der Schrift geboten wird, dann würden wir auch auf dämonische Einflüsterungen und fleischliche Versuchungen nicht reagieren. Ein toter Mensch reagiert nicht mehr; er ist gar nicht mehr in der Lage zu reagieren. Das ist die Kraft, die aus der Kreuzigung des Fleisches erwächst!

Das gekreuzigte Fleisch ist ein wesentlicher Aspekt des geistlichen Kampfes. Schriebe ich ein Buch über geistlichen Kampf, ohne diesen Punkt mit einzubeziehen, würde ich die gesamte Thematik völlig unrealistisch darstellen und noch dazu meinen treuen Lesern gegenüber unfair sein.

Jemand kann den ganzen Tag lang den Teufel anschreien, doch wenn er wissentlich zugelassen hat, daß ein Bereich seiner Gedanken keiner Kontrolle und keiner Beschränkung mehr unterworfen ist (d. h. wenn er in einem bestimmten Bereich bewußte Sünde beherbergt, der er nicht den Garaus machen will), hat er einem Angriff auf sich selbst Tür und Tor geöffnet. All seine Gebete gegen den Teufel werden nichts ausrichten. In solchen Fällen ist nicht der Teufel der eigentliche Feind, sondern die eigene fleischliche Gesinnung, ja das Fleisch ganz allgemein, das der Kontrolle des Heiligen Geistes unterstellt werden muß, wenn man diese Angriffspunkte ausmerzen möchte.

Wenn wir es zulassen, daß in unseren Gedanken zum Thema „Geistlicher Kampf" der Teufel der *einzige* Hauptdarsteller ist, und wir es darüber versäumen, auch andere Bereiche zu erwähnen, die genauso wichtig sind, dann kann und wird diese Betonung des geistlichen Kampfes großen Schaden anrichten.

Die Mächte und Gewalten entkleiden

Einerseits ist der geistliche Kampf so real, daß wir ihn nicht ignorieren können; andererseits dürfen wir dabei nicht vergessen, daß Christus die eigentliche Schlacht gegen Satan aufgrund seines Kreuzestodes und seiner Auferstehung gewonnen hat. Und dieser siegreiche Christus, der ganz allein den Teufel besiegt hat, lebt in uns! Aus diesem Grund ruft uns der Apostel Johannes zu: „Der, welcher in euch ist, (ist) größer ist als der, welcher in der Welt ist" (1. Joh 4,4).

Unsere Sicht des geistlichen Kampfes muß mit dieser Grundlage beginnen, nämlich daß Jesus bereits den vollständigen Sieg über Satan errungen hat. Gehen wir nicht von dieser Basis aus, werden wir uns letztlich veranlaßt sehen, absolut lächerliche geistliche Schlußfolgerungen zu ziehen. Der Sieg ist bereits errungen; wir können der Zerstörung, mit der Jesus den Machtbereich Satans heimgesucht hat, als er von den Toten auferweckt wurde, nichts hinzufügen.

Paulus zeichnet in Kolosser 2,15 ein äußerst anschauliches Bild vom Sieg Jesu und von der Niederlage Satans: „Nachdem er dann die Mächte und Gewalten ihrer Würde entkleidet hatte, stellte er sie öffentlich zur Schau und triumphierte (durch das Kreuz) über sie" (Menge).

Beachten Sie hier vor allem das Wort „entkleidet". Dieses Wort leitet sich von dem griechischen Wort *apekdyo* ab und beschreibt, wie jemandem die Kleider ausgezogen werden, bis er völlig nackt ist.

Durch die Verwendung des Wortes „entkleidet" sagt uns der Heilige Geist, daß Jesus Christus den Feind restlos ausraubte, als er von den Toten auferstand. Man muß die Wendung „er hat die Mächte und Gewalten entkleidet" also wörtlich nehmen. Eine noch bessere Übersetzung wäre: *„Er entkleidete die Mächte und Gewalten restlos und ließ sie völlig nackt stehen, so daß sie nichts mehr hatten, womit sie hätten zurückschlagen können …"*

Doch damit nicht genug: Als Jesus die Mächte der Hölle komplett ausgeplündert und ausgeraubt und somit seine Mission erfüllt hatte, rieb er dem Teufel dessen Niederlage unter die Nase, indem er die gewaltigste Party gab, die das Universum je gesehen hatte!

So heißt es in Kolosser 2,15 weiter: „Nachdem er dann die Mächte und Gewalten ihrer Würde entkleidet hatte, *stellte er sie öffentlich zur Schau und triumphierte (durch das Kreuz) über sie*" (Menge).

Der Begriff „zur Schau stellen" geht auf das Wort *deigma* zurück und bedeutet wörtlich soviel wie etwas „herzeigen" oder „bloßstellen". In der klassischen griechischen Literatur beschrieb man mit diesem Wort die Zurschaustellung der Gefangenen, Waffen und Siegestrophäen, die man während eines Krieges im Land des Gegners erbeutet hatte.

Sobald der Krieg vorbei und die Schlacht gewonnen war, kehrte der Kaiser oder Feldherr nach Hause zurück und „zeigte" die Schätze, Trophäen und Waffen „her", die er sich während seines militärischen Feldzugs angeeignet hatte, und „stellte" die Gefangenen in dieser Zurschaustellung „bloß". Das war ein großer Augenblick für den Sieger, ein Feiertag; für den besiegten Feind war es der Inbegriff der Demütigung.

Der Heilige Geist hat mit Bedacht genau dieses Wort *deigma* gewählt, um uns darüber in Kenntnis zu setzen, was Jesus tat, nachdem seine Plünderung des Feindes vorbei war: Als seine Auferstehung vollendet und der Feind bis aufs Letzte entkleidet war, ging Jesus dazu über, diesen besiegten geistlichen Feind und dessen Armee vor den himmlischen Heerscharen öffentlich „herzuzeigen" und „bloßzustellen"!

Doch halt! Einen Augenblick! In Kolosser 2,15 steckt noch mehr, das wir begreifen müssen. Paulus sagt, Jesus habe seine Feinde *öffentlich* zur Schau gestellt.

Achten Sie besonders auf dieses Wort, das hier mit „öffentlich“ wiedergegeben wird. Es handelt sich dabei um das griechische Wort *parresia*, mit dem überall im Neuen Testament Eigenschaften wie „Kühnheit“ oder „Selbstsicherheit“ umschrieben werden. Indem Paulus in diesem Zusammenhang das Wort *parresia* verwendet, zeigt er auf, daß diese himmlische Party, diese Feier anläßlich des Sieges Jesu, nicht „in aller Ruhe“ vonstatten ging.

Ganz im Gegenteil! „Kühn“, „selbstsicher“ und „lautstark“ zeigte er die eben besiegten Feinde vor den himmlischen Heerscharen her und stellte sie bloß! Lassen Sie sich nicht irreführen! Als Jesus die Feinde „öffentlich zur Schau stellte“, legte man im Himmel keine Schweigeminute ein. Jesus stellte diese besiegten Feinde und ihre Armeen „öffentlich“, „kühn“ und „selbstsicher“ zur Schau, ja man könnte dieses Wort sogar mit „lautstark“ übersetzen. Das war in der Tat eine „Schau“!

Der Vers geht weiter mit den Worten: *„... und triumphierte (durch das Kreuz) über sie“.*

Das Wort „triumphieren“ leitet sich von dem griechischen Wort *thriambeuo* her; es hatte eine konkrete Bedeutung und beschrieb einen General oder Feldherrn, der von einem gewaltigen Sieg im Feindesland wieder nach Hause zurückkehrt. Mit dem Wort „triumphieren“ (*thriambeuo*) bezog man sich ganz speziell auf den *Triumphzug* des Feldherrn nach seiner Rückkehr! (Mehr darüber auf den Seiten 227-229 von *Living in the combat zone*)

Kolosser 2,15 lehrt ganz ausdrücklich, daß Jesus nach Vollendung seines Werkes am Kreuz in die Tiefe hinabstieg, um den Feind Stück für Stück auseinanderzunehmen. Jesus hat die Mächte und Gewalten durch seinen Tod und seine Auferstehung „völlig entkleidet“. *Er plünderte sie restlos aus und „entkleidete sie, bis sie völlig nackt waren“, so daß sie nichts mehr hatten, womit sie hätten zurückschlagen können!*

Wenn wir unsere Einblicke in das Thema „Geistlicher Kampf“ nicht auf das eben dargestellte Fundament gründen, werden wir in unserer Lehre und in unseren Erfahrungen früher oder später die biblische Ausgewogenheit verlieren. Das ist der Hintergrund, vor dem wir uns mit dem geistlichen Kampf befassen müssen.

Lächerliches und unbiblisches Verhalten

Mit dem Begriff „Geistlicher Kampf" verbinden wir bestimmte Vorstellungen. Selbstverständlich denken wir dabei mit Recht an unseren andauernden Konflikt mit den unsichtbaren dämonischen Mächten, und im Grunde geht es im geistlichen Kampf ausschließlich darum. Wir lesen ja in Epheser 6,12: „Denn unser Kampf ist nicht gegen Fleisch und Blut, sondern gegen die Gewalten, gegen die Mächte, gegen die Weltbeherrscher dieser Finsternis, gegen die Geister der Bosheit in der Himmelswelt."

Wir sind jedoch auch in der Lage, mit unseren Gedanken höchst abenteuerliche, unbegründete und unbiblische Vorstellungen vom Teufel und unserem Kampf gegen ihn zu entwerfen. Gläubige, die kein ausgewogenes, biblisches Verständnis vom Teufel, von unserer durch Christus verliehenen Autorität über ihn und von unseren Waffen gegen ihn haben, denen Gott Durchschlagskraft verleiht, öffnen sich allen möglichen falschen Vorstellungen, nichtigen Phantastereien, Ängsten und Verteidigungsmethoden, die bar jeder Grundlage sind.

Genau aus diesem Grund habe ich anfangs bereits erwähnt, daß diese neue Ausrichtung auf den geistlichen Kampf ihr *Gutes*, aber auch ihr *Schlechtes* hat. Sie ist gut, weil wir dadurch verstehen lernen, wie der Feind operiert. Ich möchte auf keinen Fall den Eindruck vermitteln, alle Lehren und Konferenzen zum Thema „Geistlicher Kampf" seien schlecht; einige sind sogar *außergewöhnlich gut.*

Wenn wir uns mit diesem Themenbereich befassen, müssen wir uns vor abergläubischen, selbstgezimmerten Patentlösungen in Bezug auf den geistlichen Kampf hüten; vielmehr müssen sowohl unsere Lehre als auch unser Handeln unerschütterlich auf die Aussagen des Wortes Gottes gegründet sein und nicht auf Emotionen, wüste Vorstellungen oder eine hochstilisierte Welle der Begeisterung, die einer aufgeputschten Menge Neubekehrter einen kurzzeitigen Nervenkitzel beschert.

So lehren zum Beispiel einige derzeit sehr bekannte Verfechter des Themas „Geistlicher Kampf" folgendes: Da die Dämonen im Alten Testament auf den „Höhen der Erde" wohnten und Satan als „Fürst der Macht der Luft" bezeichnet wird, müsse man hoch hinaufgehen, um dem Teufel wirklich Schaden zufügen zu können.

Aus diesem Grund sind einige Leute, die sich ganz auf geistlichen Kampf spezialisiert haben, der Meinung, der 30., 40., 50. oder 60. Stock eines Wolkenkratzers sei der beste Ort für Gebetsveranstaltungen und für den geistlichen Kampf!

Wenn der Sieg immer noch ausbleibt, nachdem man sich auf diese „Höhen der Erde" begeben hat, schlagen einige Leute vor, man solle vielleicht ein Flugzeug oder einen Hubschrauber chartern, um noch höher hinaufzukommen und zwar direkt in diese „Höhen", wo der Teufel wohnt, damit man noch besser geistlich kämpfen könne!

Ich war sprachlos, als ich das erste Mal die Lehre hörte, man müsse Kampfveranstaltungen im 60. Stock eines Wolkenkratzers abhalten oder in Flugzeugen und Hubschraubern über einer Stadt fliegen, um wirklich erfolgreich geistlich kämpfen zu können. Ich fragte mich, wie Jesus es wohl geschafft haben mag! Er konnte nicht im 60. Stock eines Hochhauses beten und hatte leider auch keine Flugzeuge oder Hubschrauber zur Verfügung, mit denen er hoch genug hinaus hätte können, um dem Teufel zu schaden. *Und dennoch war der Herr auf wunderbare Weise irgendwie in der Lage, seinen Dienst auf Erden auch so fortzusetzen!*

Mangelnde Kenntnis des Wortes Gottes bringt den Leib Christi immer in Gefahr. Wie es in Hosea 4,6 treffend heißt: „Mein Volk kommt um aus Mangel an Erkenntnis ..." Je weniger die Christen über das Wort Gottes und vor allem über den Teufel und unsere Autorität über ihn wissen, desto stärker nimmt der Aberglaube überhand und bringt alle Arten von *„geistlichem Hokuspokus"* hervor, mit dem der Teufel *„verscheucht"* werden soll.

Leider muß man vieles, was heute als „Geistlicher Kampf" bezeichnet wird, in diese peinliche Kategorie lächerlichen und unbiblischen Verhaltens einordnen. Dennoch ist der geistliche Kampf sehr real, und wir dürfen diese Wahrheit nicht ignorieren. Vielmehr müssen wir diese neuen Schwerpunkte, die der Heilige Geist heute im Leib Christi setzt, mit dem Wort Gottes als Richtschnur aufgreifen.

Warum ist dieses Thema gerade jetzt so aktuell?

In einem Brief stellte mir jemand vor kurzem die Frage: „Warum kommt es einem so vor, als ob plötzlich überall im ganzen Land der geistliche Kampf in aller Munde ist?"

Um diese Frage zu beantworten, habe ich ein wenig recherchiert. Ich sprach mit vielen wichtigen geistlichen Leitern des Landes über diesen neuen Akzent „Geistlicher Kampf" und fragte sie ganz konkret: „Warum glauben Sie, daß der geistliche Kampf eine so große Bedeutung gewonnen hat?"

Die Antworten, die ich bekam, könnte man in drei verschiedene Kategorien einteilen:

Die erste Gruppe von Leitern, mit der ich sprach, meinte, diese neue Betonung sei darauf zurückzuführen, daß Satan in diesen letzten Tagen neue Armeen von Dämonen auf die Gemeinde losläßt, vielleicht mehr Dämonen als je zuvor. Aus diesem Grund glauben sie, Gott möchte uns mit dieser neuen Ausrichtung auf den geistlichen Kampf beibringen, wie wir diese unzähligen und unerwünschten Plagegeister, die ausgesandt wurden, um die Gemeinde der Endzeit zu vernichten, überwinden können.

Die zweite Gruppe von Leitern vertrat die Auffassung, in diesen letzten Tagen würde die Gemeinde Christi noch einmal von Dämonen infiltriert, die ganz speziell die Aufgabe haben, einzelne Gemeinden und Dienste von innen her zu zerstören.

Einige Leiter waren sogar felsenfest davon überzeugt, daß dies auch der Grund für die moralischen Fehltritte und unmoralischen Handlungen vieler geistlicher Männer in jüngerer Zeit sei.

Weil sie glauben, daß Dämonen Tag und Nacht aktiv sind, um ganz allgemein unter der Leiterschaft des Leibes Christi einen verheerenden Schaden anzurichten, müßten wir ihrer Meinung nach jetzt, in dieser kritischen Phase, lernen, wie man diese üblen Kreaturen der Finsternis bekämpft, die ganz gezielt und hinterlistig auf den Fall großer Männer und Frauen Gottes hinarbeiten.

Die dritte Gruppe von Leitern war der Meinung, diese neue Ausrichtung auf den geistlichen Kampf sei damit zu begründen, daß Hexen und Satanisten sich in satanischem Gebet zusammentun, um die Gemeinde Jesu Christi zu verfluchen. Um gegen diese Flüche ankämpfen zu können, schärft der Heilige Geist ihrer Auffassung nach innerhalb des Leibes Christi den Blick dafür, wie notwendig geistlicher Kampf ist.

Gleichgültig, ob diese drei Erklärungsmodelle nun richtig oder falsch sind, bleibt es eine Tatsache, daß der geistliche Kampf derzeit ganz oben auf der Tagesordnung der Christen steht.

Gleichgültig, welche Gründe man dahinter sieht, müssen wir wissen, was das Wort Gottes zu diesem Themenbereich „Geistlicher Kampf“ und „Geistliche Waffenrüstung“ zu sagen hat.

Nichts Neues unter der Sonne

Aus der Geschichte wird deutlich, daß zahllose Scharen von Dämonen ausgeschickt wurden, um die Gemeinde Jesu Christi in ihrer Anfangszeit, also im ersten, zweiten und dritten Jahrhundert, anzugreifen und zu schikanieren. Dieser Gedanke ist nicht neu.

Weil wir nun einmal jetzt, in dieser Zeit, leben, ist es ganz natürlich, daß wir meinen, unsere Probleme seien ungleich größer als jene der vorangegangenen Generationen. Doch auch wenn man alle aktuellen Probleme und alle potentiellen zukünftigen Schwierigkeiten in Betracht zieht, haben wir heute auch nicht mehr Probleme als die früheren Generationen von Christen.

Als die Gemeinde Jesu Christi an Pfingsten zum ersten Mal die Szene des Weltgeschehens betrat, wurde sie in eine Welt hineingeboren, die durchaus mit unserer heutigen vergleichbar ist: Nationen erlebten tiefe Umwälzungen, Landesgrenzen verschwanden, Gewalt war ein wichtiges Element der Unterhaltung, und in der römischen Welt waren Moral und Gottesfurcht praktisch nicht vorhanden.

Innerhalb kurzer Zeit beherrschte die römische Armee die ganze damalige zivilisierte Welt. Die Heimat zahlloser Menschen wurde erobert, ausgeplündert und von dieser römischen Armee aus dem heutigen Italien besetzt. Die Herrschenden in Rom waren das Band, das die Welt politisch und wirtschaftlich vereinte. Das Heidentum der damaligen Zeit hatte stark okkulten Charakter und war weitaus schlimmer, als es Geschichtsschreiber darzustellen vermögen.

Satan machte sich all diese Dinge zunutze als Teil seines Plans, die Gemeinde zu vernichten, bevor sie ihn vernichten würde. Doch sein Vorhaben scheiterte kläglich. Gott hatte einen anderen Plan! Anstatt zugrunde zu gehen, erhob sich die Gemeinde in der Kraft des Heiligen Geistes und nahm die Herausforderung an – geradeso, wie wir uns in unserer heutigen Zeit erheben werden, um uns jeder Herausforderung zu stellen, die der Feind uns in den Weg stellen möchte!

Diese ersten Christen waren ausgerüstet mit der „ganzen Waffenrüstung Gottes" (vgl. Eph 6,10-18) und lebten siegreich für den Herrn und das inmitten von Zwangslagen und Lebensumständen, die viel schlimmer waren als jene, die die Leser dieses Buches je selbst erlebt haben. *Satan suchte die Gemeinde mit unvorstellbaren Qualen und Verfolgungen durch andere Menschen heim, aber er konnte sie nicht vernichten!*

Die „ganze Waffenrüstung Gottes", die sich bei diesen ersten Christen bewährte, hat sich bis heute nicht verändert; der Leib Christi verfügt auch heute noch über genau dieselbe Waffenrüstung. So wie jene ersten Christen mit der „ganzen Waffenrüstung Gottes" optimal gewappnet waren, um die Schwierigkeiten ihrer Tage zu bewältigen, haben auch wir die „ganze Waffenrüstung Gottes", um in unserer Zeit siegreich für Jesus zu leben. Diese Waffenrüstung erfüllt auch heute noch ganz hervorragend ihren Zweck!

Der „Gürtel der Wahrheit", der „Brustpanzer der Gerechtigkeit", die „Schuhe der Bereitschaft des Evangeliums des Friedens", der „Schild des Glaubens", der „Helm des Heils", das „Schwert des Geistes" und die „Lanze des Betens und Flehens" sind für den Leib Christi noch heute wirksame, effektive und vollmächtige Waffen. Mit diesen „Waffen unseres Kampfes" (2. Kor 10,4) in Händen sind wir mehr als gut gerüstet, um jeden Feind zu besiegen, der unseren Glauben angreifen möchte!

Die „Festungen", denen sich die ersten Christen gegenübersahen, waren real – sie wußten wirklich, was mit „Festungen" gemeint war! Sie lebten in einer Welt, in der das Heidentum, Dämonen und Götzen in einem Maß verehrt wurden, wie wir es uns nicht im Traum vorstellen können. *Sie waren gezwungen, mit Widerstand aus religiösen Kreisen, aus allen Schichten der Gesellschaft und sogar aus den Reihen der Politiker zu leben.*

Dieser Widerstand der heidnischen römischen Gesellschaft war so vehement, daß die Christen regelmäßig von Hexen, Astrologen und Medien attackiert und körperlich angegriffen wurden. Im Rahmen eines solchen Vorfalls wurde auch Timotheus, der Jünger des Paulus und Pastor der Gemeinde in Ephesus, brutal ermordet.

Zur Zeit Neros nahm der Haß auf die Christen unvorstellbare Ausmaße an: Im Zirkus Maximus wurden sie verbrannt, im Kolosseum wurden sie bei lebendigem Leib von wilden Tieren aufgefressen, in den Amphitheatern wurden sie von Gladiatoren öffentlich verstümmelt und getötet. Für die Römer war es damals die beliebteste Form der Unterhaltung, dabei zuzusehen, wie die Christen auf grausame, entsetzliche und bizarre Weise umgebracht wurden.

Die gewaltsame Tötung von Gläubigen wurde bei den Römern so beliebt, daß man das Kolosseum auf 87 000 Sitzplätze erweitern mußte, um die riesigen Menschenmassen unterzubringen, die sich einfanden, um einen Nachmittag mit christlichen Märtyrern zu erleben. Man setzte wilde Tiere in einer Art Labyrinth aus, führte dann Christen in diese Gänge hinein, wo sie von den blutrünstigen Tieren gejagt, gestellt und schließlich unter dem Beifall von 87 000 Zuschauern bei lebendigem Leib aufgefressen wurden.

Anfangs fanden derart blutdürstige Schauspiele nur einmal im Jahr statt (in der Regel im Januar, um sie den Göttern zu weihen). Doch während der Herrschaft des wahnsinnigen Kaisers Nero gab es solche Unterhaltungsnachmittage im Kolosseum immer öfter.

Nero nahm alles Mögliche zum Vorwand, um noch mehr Christen im Kolosseum sterben zu lassen: Sein Geburtstag, der Jahrestag seiner Thronbesteigung, der Gedenktag anläßlich des Geburtstags eines seiner Vorgänger, der Geburtstag seiner Mutter, ein besonderer Tag im religiösen Kalender oder einfach nur ein normaler Feiertag war für Nero Grund genug, das Kolosseum mit Zuschauern randvoll zu stopfen, die auf ihren Sitzen ungeduldig hin- und herrutschten, um endlich die Christen sterben zu sehen.

In der damaligen römischen Welt war das Leben eines Christen wertlos: Als die Via Appia (die Straße von Rom nach

Süditalien) gebaut wurde, mußten die Arbeiter bis in die Nacht hinein arbeiten; aus diesem Grund band man die Leichen zu Tode gequälter Christen an Pfähle entlang der Straße und zündete sie an. Im Licht dieser menschlichen Fackeln konnten die Arbeiter auch nachts weiter an der Straße bauen.

Im damaligen Rom herrschte rege dämonische Aktivität! Alle römischen Kaiser jener Epoche befragten vor wichtigen Entscheidungen Astrologen und praktizierende Okkultisten. Man schrieb diesen Medien in den obersten gesellschaftlichen Schichten eine entscheidende Bedeutung für die Staatsmacht zu, so daß sie offiziell Regierungsämter bekleideten und vom jeweiligen Kaiser sehr geschätzt wurden.

Neben diesen hochrangigen Okkultisten und Spiritisten, die innerhalb der Regierung Schlüsselstellen besetzten, gab es hunderte von niedrigeren okkulten Priestern, die auch auf der Gehaltsliste des Staates standen, weil sie als Priester der römischen Staatsreligion dienten. Es besteht kein Zweifel, daß diese Hexen, Astrologen, Wahrsager und Medien, die offizielle Regierungsämter bekleideten, Neros Einstellung zu den gottesfürchtigen Gläubigen beeinflußt haben.

Abgesehen von der offiziellen römischen Staatsreligion gab es noch andere Religionen. Die Stadt Pergamon, die berühmteste aller kleinasiatischen Städte und der offizielle Regierungssitz des römischen Prokonsuls, war eine Hochburg des Götzendienstes und des Heidentums.

Hoch oben auf einem Berggipfel, etwa 270 Meter oberhalb der Stadt Pergamon, stand ein großer Tempel zu Ehren der Göttin Athene. Direkt vor diesem Götzentempel erhob sich auf einem Felsvorsprung, der von jedem Punkt der Stadt aus zu sehen war, noch ein weiteres Monument des Götzendienstes: Jeden Nachmittag glänzte ein gewaltiger, blankpolierter Marmoraltar in Form eines riesigen Thrones in der Sonne – der Zeusaltar.

Gleichgültig, in welchem Stadtteil sie wohnten, konnten die Bürger Pergamons nach oben blicken und sehen, wie von diesem dämonischen Altar aus Weihrauchwolken gen Himmel stiegen. Aus diesem Grund sagte Jesus auch zu den Gläubigen in Pergamon: „Ich weiß, wo du wohnst: *wo der Thron des Satans ist ...“ (Offb 2,13).*

Doch das war noch nicht alles! Neben dem Athene- und Zeuskult war die Stadt Pergamon auch eine Hochburg der Verehrung des Asklepios (Äskulap), eines Dämons, der die äußere Erscheinungsform einer großen Schlange annahm.

Die Verehrer des Äskulap brüsteten sich damit, daß dieser Schlangengeist die Kraft hätte, Kranke zu heilen. Die übernatürlichen Manifestationen dieses Schlangengeistes wurden schließlich so berühmt, daß Menschen aus aller Welt nach Pergamon kamen, um die Äskulappriester um Rat zu fragen und geheilt zu werden. In der ganzen Stadt errichtete man gewaltige Äskulapaltäre, und es gab buchstäblich hunderte von Medien, die als Priester dieses finsteren, dämonischen Kults fungierten.

Über den moralischen Standard des alten Rom läßt sich nur sagen, *daß es ihn nicht gab!* Sogar nichtchristliche Geschichtswissenschaftler und Gelehrte sind der Meinung, daß Nero mit vielen Männern, die dem kaiserlichen Hof nahestanden, homosexuell verkehrte. Nach den damaligen Maßstäben war Bisexualität absolut akzeptabel. Nero selbst war verheiratet, während er sich in exzessiven Spielen mit Männern erging.

Vergleichbar mit der heutigen Unterhaltungsindustrie, gab es auch damals in den Theatern massenhaft vulgäre und obszöne, ja unverhohlen sinnliche und sexuelle Darstellungen. Die Sexszenen, die vor den fleischlich gesinnten römischen Zuschauern stattfanden, waren in der Regel nicht gespielt, sondern echt.

Christinnen, die sich weigerten, ihrem Glauben an Jesus Christus abzuschwören, und Neros Regierung in die Hände fielen, wurden oftmals gezwungen, in den perversen Varietés Roms aufzutreten – eine Form der geistigen und geistlichen Tortur.

Satan versuchte, die Gemeinde Jesu Christi gleich am Anfang zu zerstören, und wir sind uns sicher, daß er versuchen wird, sie jetzt, da die Wiederkunft des Herrn immer näherrückt, wieder zu attackieren und zu schikanieren. Eins weiß er ganz genau: Wenn er dem Plan Gottes Schaden zufügen möchte, muß er schnell handeln, denn dies ist seine letzte Gelegenheit.

Es steht außer Zweifel, daß die Urgemeinde wie die Gemeinde dieses Jahrzehnts viele dämonische Angriffe abwehren mußte.

Doch genauso, wie die Urgemeinde in der Kraft des Geistes aufstand, um sich dieser Herausforderung zu stellen, werden auch wir, ausgerüstet mit der *„ganzen Waffenrüstung Gottes"*, die Welt um uns her in Besitz nehmen und in diesen letzten Tagen siegreich für Jesus Christus leben!

Denn schon der Apostel Johannes sagte ja: „Denn alles, was aus Gott geboren ist, überwindet die Welt; und dies ist der Sieg, der die Welt überwunden hat: *unser Glaube*" (1. Joh 5,4).

Der geistliche Zustand der Welt von heute kann unmöglich schlechter sein als der zur Zeit der Urgemeinde. Mußten Sie in jüngster Vergangenheit miterleben, wie einige Ihrer Freunde auf dem Scheiterhaufen verbrannt wurden? Mußten Sie mitansehen, wie einige christliche Freunde bei lebendigem Leib von wilden, hungrigen Tieren gefressen wurden? Wurden Sie schon einmal wegen Ihres Glaubens ins Gefängnis gesteckt?

Obwohl der geistliche Widerstand heute genauso real ist wie damals, ist er deshalb nicht automatisch größer. Die Welt ist heute noch genauso verloren wie vor zweitausend Jahren; dieses verlorene Weltsystem wird nach wie vor von diesem „Fürst der Macht der Luft" regiert, der es immer schon beherrschen wollte; und unsere Kämpfe sind dieselben Kämpfe, in die die Gemeinde seit ihrer Geburtsstunde verwickelt ist.

Satan hatte es immer schon darauf abgesehen, die Gemeinde durch seine Armee unsichtbarer, böser und gesetzloser Geister zu vernichten. Das ist überhaupt nichts Neues!

Da der Teufel schon in der Vergangenheit diese Absicht hatte, sollte es uns nicht sonderlich überraschen, wenn er es auch in den letzten Tagen noch einmal *versuchen* würde. Doch vergessen Sie dabei nicht, daß schon sein damaliger Angriff auf den Leib Christi kläglich scheiterte. Je schwerer der Teufel die Gemeinde traf, desto schneller wuchs und vermehrte sie sich. Wenn er, wie einige meinen, in diesen letzten Tagen noch einmal eine neue Armee mit unzähligen bösen Geistern auf den Leib Christi losläßt, wird der Leib Christi erneut wachsen, gedeihen, sich vermehren und – überwinden!

Und die Hexen?

Die Vorstellung, daß Hexen und Satanisten sich zusammentun, um gemeinsam das Volk Gottes zu verfluchen, ist auch nicht neu!

Die Bibel berichtet in 1. Könige 18,17-40, wie sich vierhundert Baalspropheten versammeln, um ihre dämonische Kraft auf den Propheten Elia loszulassen.

Obwohl Elia damals, aus menschlicher Sicht, ohne Hilfe auf dem Berg Karmel stand, konfrontierte er allein die Baalspropheten mit der Kraft Gottes und sah ihre völlige Vernichtung. Die Baalsanbeter des Alten Testaments sind die Hexen und Satanisten von heute. Doch diese alttestamentlichen Teufelsanbeter, die über echte, wirksame dämonische Kräfte verfügten, kamen gegen die Kraft Gottes nicht an.

Auch wenn die heutigen Hexen und Satanisten versuchen würden, dieses Szenario zu wiederholen, können wir voll freudiger Zuversicht proklamieren, daß sie wie die Baalspropheten im Alten Testament kläglich scheitern werden (gleichgültig, wie viele von ihnen sich auch aufmachen mögen, um eine Ortsgemeinde, einen speziellen Dienst oder den Leib Christi im allgemeinen zu verfluchen).

Und ein derartiges Szenario bot sich tatsächlich am 31. Oktober 1990, als zornige Hexen und Satanisten in San Francisco aus ihren Verstecken kamen, um das Werk Gottes zu verfluchen. Doch obwohl diese vielen hundert Hexen und Satanisten all ihre Macht aufboten – Zaubersprüche und -tränke, Beschwörungen und dämonische Kräfte –, konnten sie das Werk Gottes nicht im mindesten beeinflussen!

Sie waren außer sich, weil Larry Lea sich mit einer großen Gruppe Gläubiger zu einer Gebetsveranstaltung in San Francisco getroffen hatte. Sie waren besonders aufgebracht darüber, daß die Christen diese riesige Veranstaltung ausgerechnet in ihrer unheiligen Nacht, nämlich an Halloween, abhielten. In den Fernsehnachrichten verkündeten sie absolut schamlos, daß sie diese Christen aus ihrer Stadt hinaushaben möchten.

Um gegen die Christen zu protestieren, kamen sie alle in ihrer traditionellen Hexen- bzw. Satanistenkluft, brachten die unterschiedlichsten okkulten Gegenstände mit, warfen mit ordinären Ausdrücken um sich, machten beleidigende Zeichen, sprachen

Bannsprüche aus, kreischten und verteilten Symbole, mit denen Jesus Christus verunglimpft wurde. Sie versuchten sogar, sich den Bussen in den Weg zu stellen, die die Gläubigen ins Stadtzentrum zur Gebetsveranstaltung brachten.

Diese Hexen und Satanisten machten keinen Hehl daraus, weshalb sie sich am Civic Center Auditorium versammelt hatten: Sie waren in aller Öffentlichkeit zusammengekommen, um Larry Lea zu verfluchen, weil er diese Gebetsveranstaltung einberufen hatte.

In den landesweiten Fernsehnachrichten traten also Hexen und Satanisten auf und erklärten den Christen öffentlich den Krieg. Sie verkündeten, ihr erster Schlag wäre die Vernichtung Larry Leas mit Hilfe von Flüchen: Er solle auf der Kanzel sterben, er solle sich die Beine brechen, sein Dienst solle zugrunde gehen, seine Finanzen sollen den Bach hinuntergehen etc.

Zu diesen Hexen und Satanisten gesellte sich eine schreiende Gruppe von mehr als 1000 Menschen aus der Homosexuellenszene San Franciscos; sie schalteten sich in den Kampf ein und fingen an, Gläubige beim Betreten des Auditoriums körperlich anzugreifen. Als die Gewalt zu eskalieren drohte, wurden zahlreiche Polizisten mit Schilden und Schlagstöcken aufgeboten, um die Christen auf ihrem Weg zur Gebetsveranstaltung zu schützen.

Doch obwohl diese Kräfte alles geplant und durchdacht hatten und obwohl sie zweifellos von Satan Schützenhilfe bekamen, gelang es ihnen nicht, die Kraft Gottes zu übertrumpfen oder sein Volk niederzuringen – und es wird ihnen auch nie gelingen!

Jede internationale Führungspersönlichkeit, die es sich je vorgenommen hatte, die Gemeinde Jesu Christi zu vernichten, wurde letztendlich selbst vernichtet, und in den vergangenen 2000 Jahren mußte jede finstere Ära letztlich immer dem überwältigenden, alles besiegenden Licht Jesus Christi und seiner Gemeinde weichen.

Obwohl Satan oft wie ein wildes Tier brüllte und tobte, konnte er die Gemeinde nie verschlingen und, den Worten Jesu Christi zufolge, wird er das auch niemals schaffen. Jesus sagte in Matthäus 16,18 in Bezug auf seine Gemeinde: „… und die Pforten der Hölle sollen sie nicht überwältigen“ (LÜ).

Sprüche 26,2 lehrt uns, inwieweit es möglich ist, Gläubige zu verfluchen: „Wie der Sperling hin und her flattert, wie die Schwalbe wegfliegt, so ein Fluch ohne Ursache: Er trifft nicht ein" (wörtl. a. d. Engl.).

Was heißt das?

Dieser Vers bedeutet folgendes: So wie ein Sperling, der herumfliegt, aber nie ein Nest findet, und so wie die Schwalbe in den Süden zieht, wenn der Winter kommt, kann auch ein Fluch einen Gläubigen umschwirren, wird bei ihm jedoch keinen Punkt finden, an dem er sich niedersetzen könnte. Deshalb wird er nach einer Zeit wieder zu dem zurückkehren, der ihn geschickt hat.

Hexen und Satanisten können Flüche aussprechen, Zaubertränke brauen, böse Mächte anrufen und mit Bannsprüchen um sich werfen, bis sie schwarz werden – ihre Kraft wird das Volk Gottes oder die Macht Gottes niemals überwältigen.

Geistlicher Kampf bzw. „Krieg" in der Bibel*

Obwohl zahlreiche Passagen des Alten Testaments auch Bilder für den geistlichen Kampf sind (z. B. die Schlacht um Jericho, Joschafat und seine Sänger, David und Goliath etc.), tauchen die Worte „Krieg" oder „Kriegführung" im Neuen Testament insgesamt nur *fünfmal* auf. Diese Tatsache ist überaus bemerkenswert, angesichts dessen, daß heutzutage so viel über den geistlichen Kampf geredet wird.

Die alttestamentlichen Berichte darüber, wie Gottes Armee, d. h. Israel, sowohl militärische als auch geistliche Feinde besiegte, schildern tatsächliche Ereignisse und dienen zur Unterweisung und Ermahnung. Aus diesem Grund gibt Paulus folgenden Hinweis: „Alles dies aber widerfuhr jenen als Vorbild und ist geschrieben worden zur Ermahnung für uns, über die das Ende der Zeitalter gekommen ist" (1. Kor 10,11).

Es ist natürlich wahr, daß uns durch das Studium der Schlachten des Volkes Israel im Alten Testament dringend notwendige Offenbarungen darüber zuteil werden können, wie man die

---

* Der englische Begriff „spiritual warfare" wird üblicherweise mit „geistlicher Kampf" wiedergegeben, bedeutet im engeren Sinne jedoch „geistlicher Krieg" (Anm. d. Übers.).

unsichtbaren Feinde besiegt, die die Gemeinde Jesu Christi angreifen und vernichten möchten. Doch da die Begriffe „Kampf" und „Kampfführung" (bzw. „Krieg") heute in aller Munde sind, ist es für uns absolut notwendig, ein lehrmäßiges Verständnis des neutestamentlichen Gebrauchs der Worte „Krieg" bzw. „Kriegführung" zu erlangen.

In den fünf Passagen, in denen die Worte „Krieg" und „Kriegführung" – abgeleitet vom griechischen Wort *stratos* – im Neuen Testament auftauchen, wird *kein einziges Mal* ein Bezug zum Teufel hergestellt. So erscheinen in 2. Korinther 10,3-5 die Begriffe „Krieg" und „Kriegführung" (im Deutschen „Kampf") in Hinsicht auf *gedankliche Bindungen*, die „zerstört" werden müssen.

Auch wenn es stimmt, daß sich diese Bindungen und Bollwerke unter Umständen in der Vergangenheit in uns festsetzten, als wir noch unter der Kontrolle Satans standen, dürfen wir diese Verse nicht aus ihrem eigentlichen Kontext reißen. *Im konkreten Zusammenhang geht es hier darum, daß wir die unerschütterliche Entscheidung treffen, selbst das Kommando über unser Denken zu übernehmen und „Gedanken" gefangenzunehmen!*

In 1. Timotheus 1,18 wird das Wort „Krieg" im Zusammenhang mit einer Prophetie gebraucht, die über Timotheus ausgesprochen wurde. Paulus gebot Timotheus, er solle die Weissagungen nicht vergessen, die über ihm ausgesprochen wurden, auf daß er durch sie „den guten Kampf" kämpfe.

Das Wort „Kampf" (eigentlich „Krieg") an dieser Stelle sollte Timotheus ermahnen, auch weiterhin den Kampf des Glaubens zu kämpfen und sich dem Ruf Gottes auf seinem Leben treu zu erweisen! *Somit haben die Begriffe „Krieg" bzw. „Krieg führen" auch in dieser Passage nichts mit dem Teufel zu tun!*

In 2. Timotheus 2,4 taucht erneut das Wort „Krieg" auf. Paulus sagt: „Niemand, der Kriegsdienste leistet, verwickelt sich in die Beschäftigungen des Lebens, damit er dem gefalle, der ihn angeworben hat."

Das Wort „Kriegsdienste" in diesem Vers hat gleichfalls nichts mit dem Teufel zu tun! *Vielmehr ermahnt Paulus Timotheus, sich nicht zu verzetteln, sondern sich unbeirrbar auf den*

Ruf Gottes auf seinem Leben zu konzentrieren und sich auch weiterhin zu engagieren, gleichgültig, was es ihn kosten mag.

In Jakobus 4,1 stoßen wir noch einmal auf das Wort „Krieg". Diesmal geht es um das Fleisch, nicht um den Teufel. Jakobus zufolge sollen im „geistlichen Krieg" in erster Linie *fleischliche Lüste* bekämpft werden, die unser geistliches Wachstum und unsere Entwicklung zunichte machen wollen.

Petrus verwendet schließlich das Wort „Krieg" in 1. Petrus 2,11 in ähnlicher Weise, um anschaulich zu machen, wie „fleischliche Lüste gegen die Seele Krieg führen" (wörtl. a. d. Engl.). Wiederum geht es bei dem Wort „Krieg" nicht um die Aktivitäten des Teufels; *vielmehr beschreibt es den Versuch des Fleisches, das Denken eines Menschen zu erobern und zu unterjochen.*

Angesichts dieser Bibelstellen wird hinreichend deutlich, daß es bei den Worten „Krieg" bzw. „Kriegführung" im Neuen Testament vor allem darum geht, daß wir das Fleisch überwinden und selbst das Kommando über unser Denken übernehmen. Ja, der Teufel kann unsere Gedanken angreifen … und vielleicht versucht er auch, das Fleisch anzustacheln, gegen uns zu arbeiten. *Doch wenn Ihr Denken und Ihr Fleisch der Kontrolle des Heiligen Geistes unterstehen, wird der Großteil des geistlichen Kampfes, mit dem Sie es in Ihrem Leben zu tun bekommen, bereits erledigt sein!*

Wo beginnt der eigentliche Kampf?

Die meisten Dienste, deren Niedergang wir in jüngster Zeit mitverfolgten, wären nicht zugrunde gegangen, wenn sie dem Teufel in ihren Gedanken nicht irgendwie Raum gegeben hätten. Die Gestrauchelten würden sicher als erste bestätigen, daß sie irgendwo unterwegs dämonischen Angriffen eine Tür öffneten, da sie sich nicht mit verborgenen, privaten Problembereichen befaßten.

Dämonen haben überhaupt nicht die Macht zu zerstören, es sei denn, sie finden einen ungeschützten Zugang zu den Gedanken eines Menschen. Haben sie erst einmal ein solches Einfallstor in die Gedankenwelt entdeckt, können sie anfangen, von dieser Basis aus den jeweiligen Menschen negativ zu beeinflussen bzw. anzugreifen.

Der Heilige Geist wird uns in diesen Bereichen ganz gewiß überführen und uns drängen, Buße zu tun und uns zu ändern, bevor der Teufel in unserem Denken Bollwerke errichten kann. Und dennoch liegt es an uns, diese offenen Türen zu schließen und für immer verschlossen zu halten.

Wenn wir die Bitten des Heiligen Geistes ignorieren, wenn wir Sünde, Versuchungen, denen wir absichtlich nachgeben, oder falsche Herzenshaltungen auch weiterhin nicht bekennen und ändern, lassen wir große Schlupflöcher offen, durch die der Feind eindringen und uns ruinieren kann. Der überwiegende Teil geistlicher Zerstörung wäre vermeidbar, wenn wir nur voll Ehrfurcht auf die Bitten des Geistes hören und seinen Warnungen nachgeben würden.

Ich wiederhole: Dämonen können einen Menschen nicht zerstören, es sei denn, sie haben eine offene Tür, die sie zu seiner Seele führt; doch damit ein solches Eingangstor geöffnet wird, bedarf es unserer Erlaubnis!

Böse Mächte versuchen vielleicht, uns durchzuschütteln und zu behindern, wie sie auch versuchten, Paulus durchzuschütteln und zu behindern (vgl. 2. Kor 12,7; 1. Thes 2,18), aber sie können Sie oder mich nicht zugrunde richten, es sei denn, sie finden etwas an uns, das bereits im argen liegt: daran könnten sie sich festhalten und es sich für ihre Zwecke und zu unserem Schaden zurechtbiegen.

Das fleischliche Wesen des Menschen hat von je her dazu tendiert, persönliche Fehler jemand anderem, äußeren Umständen oder „höherer Gewalt" zuzuschreiben. Erinnern Sie sich: Adam, unser natürlicher Stammvater, schob die Schuld für sein eigenes moralisches Versagen Eva in die Schuhe. Anstatt zuzugeben, daß er gesündigt hatte, als er so ohne weiteres von der verbotenen Frucht des Gartens aß, sagte er zu Gott: „Die Frau, die du mir zur Seite gegeben hast, sie gab mir von dem Baum, und ich aß" (1. Mos 3,12). *Gegenseitige Schuldzuweisungen sind so alt wie die Menschheit!*

Und wer sagt: „Der Teufel ist schuld", flüchtet sich auch in eine Entschuldigung. Man schiebt die Schuld von sich selbst weg, wenn man sagt: „Ich habe versagt, weil Hexen gegen mich beten." Noch etwas: Gleichgültig, wie viele Dämonen auf Sie angesetzt sind, um Sie zu vernichten – Sie müssen ihren Einflüsterungen Gehör schenken, damit Sie von der Versuchung überwältigt werden können und auf diese Weise Ihr Zeugnis zunichte wird. *In letzter Konsequenz sind Sie verantwortlich.*

Das heißt, daß Sie niemand anderem die Schuld in die Schuhe schieben können, ja nicht einmal dann, wenn Sie angesichts eines dämonischen Angriffs versagt haben. Schließlich mußten Sie ja in irgendeiner Weise mitmachen, damit dieser dämonische Angriff überhaupt erfolgreich verlaufen konnte, sei es durch bewußte „Mittäterschaft" oder durch Nachlässigkeit, indem Sie sich weigerten, in einem verborgenen Bereich Ihres Lebens aufzuräumen.

Sie können herumposaunen: „Der Teufel ist hinter meinem Geld her", bis Sie schwarz werden; doch wenn Sie es versäumt haben, auf Ihrem Konto Plus und Minus auszugleichen, und wenn Sie sich beim Begleichen von Rechnungen verantwortungslos verhielten, dann haben auch Sie diesem Angriff Tür und Tor geöffnet.

Sie können verkünden, der Feind versuche, Sie mit Krankheit zu schlagen; doch wenn Sie Ihren Körper mißhandeln, indem Sie sich falsch ernähren, sich überarbeiten und zu Höchstleistungen antreiben, die jenseits Ihrer Möglichkeiten liegen, dann haben Sie ein Einfallstor aufgestoßen, durch das Ihr Körper angegriffen werden kann.

So können Sie auch klagen, Ihre Ehe stehe unter Beschuß; doch wenn Sie schroff mit Ihrem Ehepartner umspringen, nie Zeit mit ihm oder ihr verbringen und die Ehe bei Ihnen unter „ferner liefen" rangiert, dann haben Sie eine Tür aufgemacht, durch die der Feind eindringen und Ihre Ehe zerstören kann.

Diese Liste ließe sich endlos fortsetzen.

Selbstverständlich gibt es echte dämonische Überraschungsangriffe, die uns an unserer ungeschützten Seite erwischen. Manchmal kommt es in der Tat vor, daß der Teufel unsere Finanzen angreift, besonders, wenn wir sie für das Reich Gottes einsetzen. Es stimmt zweifellos, daß der Feind gelegentlich kommt, um die Gesundheit eines Menschen zu stehlen, zu töten und zu zerstören. Und es ist genauso wahr, daß der Feind auch versuchen kann, den Untergang einer Ehe herbeizuführen.

In meinem eigenen Dienst schlug der Teufel bisweilen auf äußerst hinterlistige und zerstörerische Weise zu. Ich weiß, wie real echte dämonische Angriffe sind. Diese Angriffe liefen in der Regel in einer kritischen Phase unseres Dienstes, als wir drauf und dran waren, für das Reich Gottes etwas Wichtiges zu tun; zweifellos wurde versucht, auf diese Weise den Plan Gottes zu vereiteln.

Als mein Buch *Living in the combat zone* erscheinen sollte, befand sich mein Dienst auf einmal mitten in einem finanziellen Kampfgebiet. Innerhalb weniger Tage versiegten alle unsere Einnahmequellen. Aus irgendeinem unerklärlichen Grund kamen keine Spenden mehr herein und unsere Partner zogen sich zurück – wir hatten keine Einnahmen mehr.

Der Feind wußte, daß Gott dieses Buch sehr stark gebrauchen würde, und wollte es deshalb zurückhalten, bevor es in die Hände unserer Leser gelangen würde. Doch offensichtlich schlug sein Angriff fehl und die Macht des Kreuzes blieb Sieger!

Wie man mit Wind und Wellen fertig wird

Wenn Sie an der geistlichen Front stehen und etwas Bedeutsames für das Reich Gottes tun, wird der Feind seine Angriffe auf Ihr Leben stets intensivieren (mehr darüber auf den Seiten 84-88). Sogar Jesus wurde attackiert, als er sich darauf vorbereitete, eine Legion Dämonen aus dem besessenen Gerasener auszutreiben (vgl. Mk 4,35-41).

Wie aus dem Nichts kam ein gewaltiger und zerstörerischer Wind auf; Jesu Boot drohte zu kentern, er und seine Jünger liefen Gefahr, mitten im See zu ertrinken. Das Evangelium beschreibt die Situation folgendermaßen: „Und es erhebt sich ein heftiger Sturmwind, und die Wellen schlugen in das Schiff, so daß das Schiff sich schon füllte."

Beachten Sie die Formulierung: „Und *es erhebt sich* ..." Die Wendung „es erhebt sich" leitet sich vom griechischen Wort *ginomai* ab. *Ginomai* erscheint mehr als zweihundertmal im Neuen Testament; die Bedeutung dieses Wortes ist also ausreichend dokumentiert. Normalerweise beschreibt *ginomai*, daß etwas „unerwartet" geschieht oder uns erwischt, wenn wir nicht damit rechnen.

So wird z. B. in Apostelgeschichte 10,9-10 mit Hilfe des Wortes *ginomai* beschrieben, wie Petrus die Vision bekam, die darauf hinwies, daß auch den Heiden das Heil zuteil werden sollte. Dort heißt es: „Am folgenden Tag aber, während jene reisten und sich der Stadt näherten, stieg Petrus um die sechste Stunde auf das Dach, um zu beten. Er wurde aber hungrig und verlangte zu essen. Während sie ihm aber zubereiteten, *kam eine Verzückung über ihn …“*

Die deutsche Formulierung „kam über ihn“ geht, wie gesagt, auf das griechische Wort *ginomai* zurück. Da Lukas genau dieses Wort verwendet, können wir daraus schließen, daß Petrus überhaupt nicht darauf gefaßt war, an jenem Nachmittag eine solche Offenbarung zu bekommen; er wartete auf das Abendessen und plötzlich, also *völlig „unerwartet“*, kam eine Verzückung über ihn. Er begegnete Gott, als er überhaupt nicht damit rechnete.

Als Johannes schildert, wie er das Buch der Offenbarung von Gott bekam, verwendet er auch das Wort *ginomai*. Er sagt: *„Ich war* an des Herrn Tag im Geist …“ (Offb 1,10).

Die Worte „ich war“ leiten sich auch von *ginomai* ab; die Konnotation ist demnach auch hier, daß Johannes die Offenbarung nicht erwartete. Er rechnete nicht damit, an jenem Tag eine solche Vision zu empfangen. Völlig unerwartet und unvorbereitet schaute er nach oben und befand sich mit einem Mal in der geistlichen Welt.

Eben dieses Wort, das einen gewissen Überraschungseffekt beinhaltet, wird auch in Markus 4,37 verwendet, um uns klar zu machen, daß Jesus und seine Jünger an jenem Abend nicht mit schlechtem Wetter rechneten. Der Wind kam für sie völlig „unerwartet“.

Viele Jünger Jesu waren Fischer, bevor sie berufen wurden; sie kannten die Witterungsbedingungen auf dem See. Hätte sich an jenem Abend ein normaler Sturm zusammengebraut, wären sie niemals mit ihrem kleinen Boot hinausgefahren. Deshalb kann man mit Sicherheit davon ausgehen, daß sie an jenem Abend bei gutem Segelwetter aufbrachen.

Und es erhob sich plötzlich und unerwartet „ein heftiger Sturmwind“. Beachten Sie, wie Markus den Sturm schildert: Es war ein „heftiger“ Sturmwind. Das Wort „heftig“ (a. Ü.: „groß“) stammt von dem Wort *mega* ab, mit dem außergewöhnliche Dimensionen beschrieben werden. Das schlägt sich in unserer modernen Sprache, z. B. in den Worten *„Megatonne“* oder

„Megaphon" nieder. Aufgrund dieses Wortes wissen wir, daß es also ein *„Megasturm"* gewesen sein muß.

Auch die Art des Sturms wird noch näher gekennzeichnet: ein heftiger *„Sturmwind"*. Markus redet nicht von einem Gewitter mit Sturm, Regen, Blitz und Donner. Vielmehr sagt er, es sei ein „heftiger *Sturmwind*" gewesen.

Im Griechischen steht für „Sturm" das Wort *lailaps*; es bezeichnet „Turbulenzen" oder einen „schrecklichen, brutalen Wind". So kann man den Schluß ziehen, daß der Sturm, mit dem Jesus es an jenem Abend zu tun hatte, keine sichtbare Ursache hatte, also quasi „unsichtbar" war: Man konnte ihn zwar nicht sehen, aber dennoch seine Auswirkungen spüren.

Man erkennt hier also die Bestrebungen des Feindes, Jesus und seine Leute zu vernichten, bevor sie das andere Ufer erreichen können. Denn am anderen Ufer, im Land der Gerasener, hatte Satan ein wahres „Meisterstück" – den besessenen Gerasener. Der Teufel wußte, daß er diesen „Schatz" verlieren und daß Jesus eines seiner größten Wunder überhaupt wirken würde, vorausgesetzt, sein Boot käme ans andere Ufer.

Als Jesus drauf und dran war, einen Durchbruch zu erreichen, als er kurz vor einem gewaltigen Wunder stand, kam also diese unerwartete Attacke mit „brutalen und zerstörerischen Turbulenzen" über sie, um sie zu töten und zu vernichten. Der Teufel wollte unbedingt verhindern, daß Jesus das Land der Gerasener erreicht. *Mit diesem „Präventivschlag" versuchte der Teufel, das Werk Gottes zunichte zu machen.*

Die Jünger hatten nun die einmalige Gelegenheit zu sehen, daß Jesus Christus Herr über Wind und Wellen ist! Nachdem er Autorität über diese unsichtbaren Turbulenzen ergriffen und zu den Wellen gesprochen hatte, schildert das Wort Gottes die Auswirkungen: „Und der Wind legte sich, und es entstand eine große Stille" (Mk 4,39).

Wie so oft wurde ein Angriff genau dann gestartet, als Jesus kurz vor einem spektakulären Wunder stand. In der Regel kann man daraus auf einen echten dämonischen Angriff schließen. Wenn schon Jesus auf diese Weise angegriffen wurde, können wir ganz gewiß damit rechnen, daß der Feind es in gleicher Weise auch bei uns versuchen wird. Aus diesem Grund müssen wir uns geistig und geistlich rüsten, um dämonischen Angriffen entgegentreten zu können; wir müssen „die ganze Waffenrüstung Gottes“ anziehen und über Wind und Wellen Autorität ergreifen, die sich gegen unser Leben, unsere Familien, unsere Firmen oder unseren Körper richten, genauso wie Jesus Autorität über den Wind und die Wellen ergriff, die gegen ihn gerichtet waren.

Wenn Sie gerade einen solchen Angriff erdulden müssen (und Sie wirklich wissen, daß Sie mit Gott im reinen sind, weil Sie gewissenhaft auf die Bitten des Heiligen Geistes in den verschiedenen Lebensbereichen gehört haben) und nach bestem Wissen und Gewissen keine Türen offengelassen haben, d. h. keine Angriffsflächen bieten, dann müssen Sie wie der Herr Jesus Christus aufstehen und Autorität über den Wind und die Wellen ergreifen. Das ist eine einmalige Gelegenheit, eine Demonstration der Macht Gottes in Ihrem Leben zu sehen.

Ich möchte noch auf einen weiteren Punkt hinweisen: Als an jenem Abend Wind und Wellen sich beruhigten, sei, der Heiligen Schrift zufolge, eine „große Stille“ entstanden. In Vers 37 war noch von einem „heftigen Sturmwind“ die Rede gewesen. Als alles vorüber war, hatte Jesus den *heftigen Sturm* in eine *große Stille* verwandelt!

Wenn der Feind in Ihrem Leben große finanzielle Probleme verursacht hat, möchte Jesus Christus sie mit einem großen finanziellen Segen ausgleichen. Wenn der Feind Sie mit körperlicher Krankheit geschlagen hat, möchte Jesus Christus sie mit einer großen Heilung ausgleichen. Wenn der Feind aus Ihrer Ehe ein katastrophales Durcheinander gemacht hat, möchte Jesus Christus diesen Zustand zumindest mit einem großen ehelichen Segen ausbalancieren. *Gleichgültig, was der Teufel tut – Jesus Christus möchte all das in Ihrem Leben zumindest ausgleichen!*

Doch was diese Angriffe betrifft, müssen wir ehrlich zu uns selbst sein: Die meisten Schlachten, die wir im Leben zu schlagen haben, gehören nicht in diese Kategorie der „Überraschungsangriffe“. *Die meisten Schlachten entstehen dadurch, daß ein christlicher Kämpfer nicht sorgfältig genug auf die Warnung des Heiligen Geistes hörte, er solle sich mit diesem oder jenem Lebensbereich befassen, bevor er ganz außer Kontrolle gerät.*

Geistlicher Kampf – eine innere Einstellung

Geistlicher Kampf ist kein momentaner emotioneller Überschwang, in dem wir den Teufel in wenigen Augenblicken verscheuchen. Ganz im Gegenteil! Echter geistlicher Kampf ist eine innerliche Haltung und eine lebenslange Verpflichtung, d. h. *nicht so sehr eine bestimmte Art des Handelns, sondern vielmehr eine ernsthafte und entschlossene innere Einstellung*.

Der Apostel Paulus hatte verstanden, daß geistlicher Kampf eine Gesinnung und eine lebenslange Verpflichtung ist. Nachdem er durch dämonische Mächte schikaniert worden war, die seinen Dienst attackiert hatten, betete er dreimal, der Herr möge doch diesen „Boten Satans" wegnehmen, der gesandt worden war, um ihn „mit Fäusten zu schlagen" und ihm eine höhere Ebene der Offenbarung vorzuenthalten (vgl. 2. Kor 12,7).

Doch diese „Schläge" blieben ihm nie erspart. Der Herr antwortete auf Paulus' Bitte mit den Worten: „Laß dir an meiner Gnade genügen" (2. Kor 12,9; LÜ).

Warum gab Gott Paulus so eine Antwort?

Die Bitte des Paulus war *unrealistisch* gewesen. Solange er effektiv für Gott war und dem Reich der Finsternis Schaden zufügte, würde er auch mit dämonischer Opposition leben müssen. Anstatt Paulus das falsche Versprechen zu geben, er könne ein Leben ohne geistlichen Widerstand leben, versprach der Herr ihm die Gnade und Kraft, die er brauchen würde, um jeden Angriff in der jeweiligen Situation zu bewältigen.

Die äußeren Lebensumstände waren für Paulus eine ständige Herausforderung; unsichtbarer geistlicher Widerstand stachelte die Menschen überall, wohin er kam, zu entsetzlichem Haß ihm gegenüber auf; die Regierenden jener Zeit stellten sich ihm in den Weg und wollten die Verbreitung des Evangeliums behindern. Trotzdem wurde er von diesen äußerlichen Angriffen nicht aufgerieben.

Paulus selbst sagt ja: „In allem sind wir bedrängt, aber nicht erdrückt; keinen Ausweg sehend, aber nicht ohne Ausweg; verfolgt, aber nicht verlassen; niedergeworfen, aber nicht vernichtet" (2. Kor 4,8-9).

Seinem persönlichen Zeugnis in 2. Korinther 11,24-28 können wir entnehmen, daß er es mit massivem äußerlichen Widerstand zu tun hatte. In Vers 24 erzählt er: „Von Juden habe ich fünfmal die vierzig Geißelhiebe weniger einen erhalten" (Menge).

So als ob das für einen Menschen noch nicht mehr als genug gewesen wäre, fährt Paulus in Vers 25 fort: „Dreimal bin ich mit Ruten geschlagen, einmal gesteinigt worden, dreimal habe ich Schiffbruch erlitten; einen Tag und eine Nacht habe ich (in der Tiefe des Meeres) zugebracht."

Ohne im Detail auf die einzelnen Torturen einzugehen, können wir aus den jeweiligen Strafaktionen gegen Paulus schließen, daß seine Füße dreimal mit Ruten geschlagen wurden, daß er mindestens einmal Steine an den Kopf bekam, daß er dreimal auf Wrackteilen im Meer trieb und einen Tag und eine Nacht in der Tiefe des Meeres verbrachte, d. h. vierundzwanzig Stunden lang gegen das Ertrinken kämpfte (weitere Einzelheiten der verschiedenen Verfolgungen, die Paulus erlitt, werden auf den Seiten 36-43 von *Living in the combat zone* besprochen).

Nachdem er diese Zeiten außergewöhnlich großer Not beschrieben hat, spricht er etwas allgemeiner über andere, „geringere" Leiden, die ihm widerfuhren: „Oft auf Reisen, in Gefahren von Flüssen, in Gefahren von Räubern, in Gefahren von meinem Volk, in Gefahren von den Nationen, in Gefahren in der Stadt, in Gefahren in der Wüste, in Gefahren auf dem Meer, in Gefahren unter falschen Brüdern; in Mühe und Beschwerde, in Wachen oft, in Hunger und Durst, in Fasten oft, in Kälte und Blöße" (2. Kor 11,26-27).

Und trotz der Herausforderungen und des Widerstands, obwohl er geistig abgespannt und körperlich erschöpft war, tat Paulus nie etwas Verwerfliches und beging nie einen moralischen Fehltritt.

Er entschuldigte einen Fehler nie mit einem Vorwand, indem er sagte: *„Ich versagte, weil Dämonen auf mich angesetzt waren, um mich zu vernichten"* oder *„Ich versagte, weil sich Hexen am Hexensabbat zusammengetan hatten, um mich zu verfluchen."* Paulus rechtfertigte sich nie mit den Worten: *„Der Teufel hat mich am Haken, und er hat mich dazu gebracht, so etwas zu tun!"*

In vergleichbarer Weise ereignen sich viele Tragödien aus Zorn, Bitterkeit, Groll, ja manchmal auch aus purer Trägheit. Es stimmt, der Teufel kann auch einen Gläubigen „anschießen", der im Glauben wandelt und voll des Geistes ist. Diese Überfälle „aus dem Hinterhalt“ sind real. Wie gesagt: Solange wir danach trachten, Gottes Willen zu tun und seinem Wort zu gehorchen, wird der Teufel versuchen, den Plan zu vereiteln, den Gott durch uns realisieren möchte. Doch um es noch einmal auf den Punkt zu bringen: Die meisten dieser Angriffe und Tragödien sind auf irgendeine *Nachlässigkeit* auf Seiten des Gläubigen zurückzuführen.

Überraschungsangriffe der dämonischen Seite würden wirkungslos an uns abprallen, wenn wir uns mit dem Schild des Glaubens schützen und die feindlichen Geschosse dorthin zurückschleudern würden, woher sie kamen.

Dämonen können einen Menschen nicht zugrunde richten, es sei denn, sie finden etwas an ihm, das bereits im argen liegt, an dem sie sich festhalten und das sie sich zu seinem Schaden zurechtbiegen können. Doch das Leben des Paulus bot keine solchen Angriffsflächen. Obwohl er äußerlich schikaniert wurde, waren die Attacken nie so erfolgreich, daß sie ihm zum Verhängnis geworden wären.

Somit läßt sich sagen, daß Paulus' Hingabe an den Herrn sein bester Schutz gegen den Feind war. Seine persönliche Heiligung lähmte den Feind, so daß dieser ihn zu keiner moralischen Missetat verleiten konnte; der Teufel fand an Paulus nichts, das er sich hätte zunutze machen können, um ihn zu vernichten. Weil sein Leben, d. h. sein Fleisch, gekreuzigt war, war er der Sünde gestorben; *es war nichts in ihm, das sich auf die Einflüsterungen und Versuchungen des Teufels eingelassen hätte.*

Für den Teufel ist es überaus schwierig, wenn nicht sogar völlig unmöglich, einen Menschen restlos zu vernichten, der ein geheiligtes und Gott hingegebenes Leben führt. Wir könnten die meisten Angriffe vermeiden, wenn wir es der Sünde und falschen Herzenshaltungen nicht gestatten würden, sich in uns breitzumachen.

Geistlicher Kampf ist kein momentaner emotioneller Überschwang, in dem wir den Teufel in wenigen Augenblicken verscheuchen. Echter geistlicher Kampf ist vor allem eine innerliche Haltung und eine lebenslange Verpflichtung, d. h. *nicht so sehr eine bestimmte Art des Handelns, sondern vielmehr eine innere Einstellung.*

Eine Warnung in Bezug auf den geistlichen Kampf

Weil so viele Christen in jüngerer Zeit gedankenlos mit dem Thema „Geistlicher Kampf" umgingen, haben etliche unserer älteren und reiferen geisterfüllten Leiter (*die ein echtes Verständnis davon haben, daß ein realer geistlicher Feind mit echten geistlichen Waffen bekämpft werden muß*) den Leib Christi zu drängen begonnen, wieder eine ausgewogene Haltung zum Themenbereich „Geistlicher Kampf" einzunehmen.

Der geistliche Kampf ist zweifellos eine Realität, der sich jeder von uns früher oder später einmal stellen muß. *Der Teufel ist ja selbst ein sehr listiger und weiser Stratege, der uns nur zu gerne ablenken möchte, damit wir ihm keinen Schaden mehr zufügen können; nur zu gerne arbeitet er darauf hin, daß wir uns auf törichte geistliche „Voodoo-Taktiken" verlegen, auf eigenartige Laute und wildes Herumbrüllen, das in Wirklichkeit niemandem schadet (außer vielleicht unseren Stimmbändern), und auf andere, äußerst unbiblische und unbegründete „Geistlicher-Kampf-Narreteien".*

Die Menschen laufen gerne und reihenweise zu diesen grotesken Lehren über, weil sie relativ einfache Lösungen zu schwierigen, lebenslangen Problemen anbieten.

Sich an das Wort Gottes zu klammern und dessen Prinzipien in unserem Leben anzuwenden ist scheinbar weitaus langwieriger; das Wort Gottes fordert ja von uns den Lebensstil, das Fleisch zu kreuzigen; es verlangt von uns, daß wir über falsche Denkmuster Buße tun, und besteht darauf, daß wir uns danach ausstrecken, dem Abbild Christi gleich zu werden.

Aus diesem Grund ist für einen wankelmütigen und geistlich unreifen Menschen, der sofort Hilfe und Veränderung für seine tief verwurzelten, gewohnheitsmäßigen und oftmals selbstverschuldeten Probleme haben möchte, der Gedanke an eine rasche Patentlösung sehr verlockend.

Wiederum zweifelt niemand, der Autor miteingeschlossen, daran, daß *echter geistlicher Kampf* etwas sehr Reales ist. Früher oder später wurde jeder von uns in seinem Leben bereits mit dem Feind konfrontiert und wir können mit Sicherheit davon ausgehen, daß wir es irgendwann in der Zukunft wieder mit ihm zu tun bekommen werden.

Solange es unser Ziel ist, im Willen Gottes zu leben und seinem Wort in unserem täglichen Leben zu gehorchen, wird der Teufel sein Möglichstes versuchen, den Plan, den Gott durch uns realisieren möchte, zu sabotieren und zu vereiteln.

Deshalb hat uns Gott ja eine vollständige geistliche Waffenrüstung gegeben. In den Kapiteln 10 bis 16 dieses Buches werden wir Vers für Vers und Wort für Wort studieren, was die Bibel über die geistliche Waffenrüstung sagt. Wenn Sie diese solide Waffenrüstung angezogen haben, sind Sie kampfbereit. Wenn Sie diese Waffen greifbar haben, sind Sie in der Tat **„gerüstet zum Kampf“**!

Kapitel 2

Fleischliche Waffen contra geistliche Waffen

Ich möchte eins gleich zu Anfang sagen: Einigen wird dieses Kapitel sehr gut gefallen, andere werden es schlichtweg ablehnen. Doch ich fühle mich vom Heiligen Geist gedrängt, auch dieses Kapitel mit ins Buch aufzunehmen, da im Moment derart viele verschiedene Lehren über den geistlichen Kampf in unserem Land kursieren.

Ein großer Teil der Lehre, die heute verbreitet wird, rühmt nicht das siegreiche Werk Jesu Christi, seinen Sieg über Satan und unsere Befreiung aus dessen Machtbereich; statt dessen gewinnt man den Eindruck, das Werk des Kreuzes sei unvollendet, d. h. das Blut habe uns zwar gerettet, aber nicht vollständig von Satans Macht befreit. Auch wenn einige, die über geistlichen Kampf lehren, diese Aussage gar nicht bewußt treffen wollen, liegt für den Zuhörer am Ende doch oft diese Schlußfolgerung nahe.

Die Frucht dieser Lehre ist eine neue Form von Gesetzlichkeit mit geistlichem Anstrich. Mit anderen Worten: Was Jesus tat, reicht nicht aus; aus diesem Grund müssen wir jetzt zusätzliche „Dinge“ tun, um noch größere Freiheit vom Einfluß des Teufels zu erringen. In Wirklichkeit tauscht man damit eine Form der Gebundenheit mit einer anderen ein. Dabei ist die zweite Art weitaus gefährlicher, weil sie einen geistlichen Deckmantel hat und zumindest am Anfang sehr schwer zu erkennen ist.

Paulus sagte folgendes über derlei menschlich-fleischliche Waffen und Kampftaktiken: „Denn obwohl wir im Fleisch wandeln, kämpfen wir nicht nach dem Fleisch; denn die Waffen unseres Kampfes sind nicht fleischlich, sondern mächtig für Gott zur Zerstörung von Festungen“ (2. Kor 10,3-4).

Beachten Sie, daß Paulus sagt: „Denn obwohl wir im Fleisch wandeln …“ Das griechische Original für das Wort „wandeln“ lautet *peripateo* und setzt sich zusammen aus *peri* und *pateo*.

Peri bedeutet „herum“ und das Wort *pateo* bedeutet „gehen“. Die Kombination aus beiden Wörtern (*peripateo*) bedeutet einfach nur „herumgehen“ oder „für gewöhnlich in einer Umgebung leben und wandeln“.

Das Wort *peripateo* in diesem Vers ist eine sehr starke Aussage des Paulus über sein Menschsein. Er vermittelt uns folgendes Bild: *„Fast alles, was ich tue, tue ich im Fleisch ... Ich esse im Fleisch, ich erhole mich im Fleisch, ich schlafe im Fleisch, ich denke im Fleisch, ich lerne im Fleisch ... fast alles, was ich tue, tue ich im Geltungsbereich des Fleisches. Mein Leben spielt sich in erster Linie in diesen irdischen Gefilden ab.“*

Auch der grammatikalische Fall, in dem dieses Wort im Griechischen steht, ist bemerkenswert; es handelt sich dabei um den *Lokativ des Einflußbereichs* und das ist außerordentlich wichtig! Somit kommt man zu dem Schluß, daß Paulus wußte, daß er in seinem fleischlichen Leib „eingeschlossen“ war und ihn nicht verlassen oder gegen einen anderen eintauschen konnte! Er war an seinen Körper gebunden. Dieser Zustand würde sich bis zu seinem Tod nicht ändern; danach würde sein fleischlicher, natürlicher Körper schließlich in einen herrlichen, geistlichen Körper verwandelt werden!

Schon allein die Tatsache, daß Paulus sagte: „Wir kämpfen nicht nach dem Fleisch“, zeigt, daß er sich der Schwäche und Nutzlosigkeit des natürlichen Menschen sehr wohl bewußt war. Er wußte, daß keine Hoffnung bestand, durch seinen fleischlichen Körper je etwas Gutes zu bewirken; deshalb richtete er sein Augenmerk auf die geistliche Welt, wo ihm übernatürliche Hilfe zur Verfügung stand.

Blutrünstige, wagemutige und entschlossene Krieger

Doch im weiteren sagt er uns, daß es etwas gibt, das sich nicht innerhalb des Fleischlich-Natürlichen abspielt: „Wir *kämpfen* nicht nach dem Fleisch.“

Das Wort „kämpfen“ bzw. „Kriegsdienst leisten“ (Menge) leitet sich von *strateuo* ab und beschreibt die „militante Einstellung eines ausgebildeten Soldaten“. Man bezog sich damit ganz konkret auf die entschlossene Gesinnung eines zum Töten ausgebildeten römischen Soldaten in voller Montur.

Zweifellos waren die römischen Soldaten die hervorragendsten „Kampfmaschinen“ der damaligen Zeit. Diese Männer waren die besten Soldaten der Weltgeschichte; sie waren ausgebildete Killer. Ihre Ausbildung im Töten und Verstümmeln von Menschen war so grundlegend und grundsätzlich, daß sie dies schließlich instinktiv taten. Sie waren Profis im Umgang mit Kriegswaffen und wußten, wie man diese Waffen effektiv gegen Feinde einsetzt. Man könnte auch sagen, die römischen Soldaten waren *blutrünstig*.

Schließlich baten ausgesprochen gute Soldaten darum, im Kampf an vorderster Front stehen zu dürfen. Das unstillbare Verlangen nach dem Blut des Feindes war ihnen so zutiefst wesenseigen geworden, daß sie sich nicht mehr damit zufriedenstellten, in den hinteren Reihen zu kämpfen, wo sich nur verhältnismäßig wenig ereignete. Ein besonders guter Soldat bat darum, ganz vorne in der Schlachtreihe stehen zu dürfen, damit er als erster den Feind sehen und somit *als erster die Gelegenheit haben würde, Schwerthiebe auszuteilen.*

Äußerst tollkühne Krieger meldeten sich häufig freiwillig für gefährliche Einsatzkommandos, die anderen zu riskant waren. Der Gedanke, ins feindliche Lager einzudringen, und die Vorstellung, unter Gefahren das Land des Gegners zu betreten, war für diese Spezialsoldaten Nervenkitzel und Faszination. *Sie waren blutrünstige, wagemutige und entschlossene Krieger.*

All das sind Bilder, die das Wort „kämpfen“, welches Paulus hier in 2. Korinther 10,3 gebraucht, heraufbeschwört. Wenn er nun sagt: „Wir kämpfen nicht nach dem Fleisch“, sind das kraftvolle Aussagen, die an die Adresse der Gemeinde gehen.

Zunächst sagt er uns damit, daß seine geistliche Einstellung mit der eines römischen Soldaten vergleichbar ist: Er ist so fest entschlossen, Siege zu erringen, daß er selbst das Blut des Feindes sehen will. Darüber hinaus möchte er an vorderster Front stehen, damit er die Gelegenheit hat, als erster zuzuschlagen. Überdies ist er, geistlich gesehen, so wagemutig, daß er bereit ist, sogar dorthin zu gehen, wohin kein anderer Soldat zu gehen wagt!

Das ist ein Grund, weshalb Paulus erklärt, er wolle „das Evangelium auch predigen denen, die jenseits von euch wohnen …“ (2. Kor 10,16). Ihn verlangte danach, in Gegenden zu gehen und zu dienen, wo kein anderer Mensch hingehen würde! Deshalb scheute er sich auch nicht, in Städte wie Ephesus und Korinth zu gehen, die damals Inbegriff eines sinnlichen Lebensstils und Hochburgen dämonischer Aktivität waren. Paulus war ein Frontsoldat des Herrn.

Doch in diesem Vers können wir seinen Worten noch einen anderen äußerst wichtigen Aspekt entnehmen. Neben dieser entschlossenen, energischen und zielstrebigen Grundhaltung sagt er obendrein noch: „Wir kämpfen *nicht nach dem Fleisch*."

Bedenken Sie, daß Paulus, *menschlich gesehen*, ein gebildeter Mann und eine eindrucksvolle Persönlichkeit war! Doch wenn es darum ging, dem Feind einen Schlag zu versetzen, wußte er, daß seine Intelligenz und Bildung nichts zählten. *Das Fleisch kann für einen geistlichen Feind niemals ein ernstzunehmender Gegner sein, gleichgültig, wie eindrucksvoll es sich darstellt oder wie laut es poltert.* Fleischliche Waffen sind einfach nicht geschaffen für den Kampf mit geistlichen Widersachern und werden es auch nie sein!

Geistliche Waffen und geistliche Strategien

Paulus fährt fort: „... denn die Waffen unseres Kampfes sind nicht fleischlich, sondern mächtig (durch) Gott zur Zerstörung von Festungen ..." (2. Kor 10,4).

Achten Sie in diesem Schlüsselvers über den geistlichen Kampf ganz besonders auf die Worte „Waffen", „Kampf" und „fleischlich".

Zunächst sagt Paulus: „Ja, uns *stehen* Waffen zur Verfügung, aber es sind *geistliche Waffen*." Diese Offensiv- und Defensivwaffen werden in Epheser 6,13-18 aufgelistet (in den Kapiteln 10 bis 17 werden wir detailliert darauf eingehen).

Beachten Sie nun, wie Paulus seinen Gedankengang fortsetzt: „Denn die Waffen unseres *Kampfes* ..." Dieses Wort „Kampf" ist ein weiterer zentraler Schlüssel für den Sieg über die feindlichen Attacken.

Es geht zurück auf das griechische Wort *stratos*, von dem sich auch unser deutsches Wort „Strategie" ableitet. Durch die Wahl genau dieses Wortes möchte uns der Heilige Geist wichtige Wahrheiten über den geistlichen Kampf vermitteln.

Die Koppelung von „Waffen“ und „Strategie“ (*stratos*!) macht deutlich, daß geistliche Waffen nur dann effektiv eingesetzt werden können, wenn eine göttliche „Strategie“ bestimmt, wie man sie einsetzen soll. Wer nur Waffen hat, aber keinen Schlachtplan, dessen Niederlage ist besiegelt.

Das ist eigentlich die Hauptursache dafür, daß die meisten Gläubigen in ihrem persönlichen Leben keinen Sieg haben. Das liegt nicht daran, daß sie nicht die richtigen Waffen hätten; *die haben sie sehr wohl!* Aber sie haben keine „Strategie“, wie sie angreifen sollen, und deshalb richten ihre Waffen auch nichts aus.

Waffen ohne Strategie – eine Niederlage ist praktisch vorprogrammiert. Stellen Sie sich nur eine Armee vor, die mit allen möglichen Waffen ausgerüstet ist, jedoch keine „Strategie“ hat, wie sie diese Waffen gegen den Feind einsetzen soll. Obwohl so einer Armee Waffen und Artillerie zur Verfügung stehen, wird sie sang- und klanglos untergehen.

So brüsten sich auch viele Gläubige, sie hätten „die ganze Waffenrüstung Gottes“, doch im Grunde haben sie keine Ahnung, wie sie diese „Rüstung“ praktisch einsetzen und mit ihr im täglichen Leben gute Erfahrungen machen können. Solange Gott nicht spricht, keine klare Weisung ergeht und in Ihrem Herzen kein Schlachtplan entsteht, werden Ihre Waffen versagen, wenn es darum geht, die Mächte der Hölle zurückzudrängen, die es auf Sie abgesehen haben.

So wie Gott Ihnen in seiner Gnade eine geistliche Waffenrüstung anzog, als Sie von neuem geboren wurden, so möchte er Ihnen jetzt in seiner Gnade eine „Strategie“ geben, wie Sie die Lügen und Täuschungsmanöver des Teufels aus Ihren *Gedanken* herausreißen können, damit Sie von ihnen nicht länger gegängelt werden.

Doch um diese „Strategie“ zu bekommen, müssen Sie auf das Reden des Geistes Gottes hören. Das erfordert, daß Sie Zeit damit zubringen, im Geist zu beten, im Wort zu lesen und die Gedanken Gottes zu ergründen. Aus eigener Kraft werden Sie selbst nie in der Lage sein, einen Plan zu ersinnen, der Sie in Freiheit führen wird.

Wenn Festungen in der Gedankenwelt verwurzelt sind, dann sind sie tief verwurzelt. Nur der Heilige Geist kann Ihnen eine

„Strategie" geben, wie Sie diese Wurzeln ausreißen können. Er wird Ihnen zeigen, wie Sie Ihre gottgegebenen Waffen einsetzen und wann und wo Sie angreifen sollen!

Das Fleisch ist zu nichts nütze

Gehen wir nun zum nächsten Aspekt, der von Paulus in diesem Vers angesprochen wird: „… denn die Waffen unseres Kampfes *sind nicht fleischlich …*"

„Fleischlich" (griech.: *sarkikos*) leitet sich von *sarkos*, Fleisch, ab. Indem Paulus dieses Wort verwendet, sagt er, daß echte geistliche Waffen nicht aus dem Bereich des Fleischlichen stammen können. Ja, Paulus gibt sogar eine sehr rigorose Stellungnahme zu diesem Thema ab. *Mit Nachdruck erklärt er, daß geistliche Waffen absolut nichts mit dem Fleisch oder den Aktivitäten des Fleisches zu tun haben.*

Obwohl Paulus wie wir im Fleisch lebte und wandelte und dieselben Körperfunktionen hatte wie wir, verließ er sich dennoch nicht auf sein Fleisch oder fleischliche Methoden, wenn es darum ging, geistliche Feinde zu besiegen. Um den Sieg, den Jesus durch seinen Tod und seine Auferstehung errang, zu bekräftigen, war es für Paulus erforderlich, mit geistlichen Waffen zu streiten. *Fleisch kann Fleisch bekämpfen, aber es ist kein ernstzunehmender Gegner für einen geistlichen Feind.*

Obwohl Paulus einen hohen Bildungsstand hatte, war er dadurch dem Teufel nicht ebenbürtig; auch seine geistigen Fähigkeiten und seine Genialität waren nichts, das er dem Teufel hätte entgegenhalten können. Auch daß er als geistlicher Leiter einen großen Namen hatte, konnte den Teufel nicht abschrecken oder beeindrucken; seine Art zu reden und seine rhetorischen Fähigkeiten reichten nicht aus, um die Angriffe des Teufels loszuwerden. *Gleichgültig, wie großartig das Fleisch sich gibt oder wie laut es tönt – es war nie dafür gedacht, einen geistlichen Feind zu bekämpfen.*

Deshalb hat uns Gott in seiner Gnade ja diese geistlichen Waffen gegeben, den „Gürtel der Wahrheit", den „Brustpanzer der Gerechtigkeit", die „Schuhe der Bereitschaft des Evangeliums des Friedens", den „Schild des Glaubens", den „Helm des Heils", das „Schwert des Geistes" und die „Lanze des Betens und Flehens“! Ohne sie stehen wir nackt und schutzlos vor dem Feind.

Schwache und törichte Waffen des Fleisches

Dennoch gibt es momentan viele Christen, die sich bestimmter Gestiken, bestimmter körperlicher und fleischlicher Techniken bedienen, um das Werk des Feindes in ihrem Leben und im Leben anderer Menschen zu überwinden, und einen sogenannten „geistlichen Kampf“ zu betreiben.

Doch Gläubige, die unter Beschuß stehen, brauchen alles andere als solche Äußerlichkeiten und fleischlichen Techniken! Denn letztendlich wird sich daraus eine neue Form der Gesetzlichkeit entwickeln. Das hat zur Folge, daß jene Christen neben echten Festungen, die der Teufel in ihren Gedanken errichtet hat, auch noch Gefühle der Verdammnis bekämpfen müssen, weil sie durch eben diese Techniken, die man sie gelehrt hat, keinen Sieg errungen haben!

Anstatt im Erlösungswerk Jesu Christi zur Ruhe zu kommen und die Waffen einzusetzen, die ihnen die Bibel in die Hand gibt (vgl. Eph 6,13-18), verlegen sie sich auf eine Art des „geistlichen Kampfes“, der mit der Lehre des Neuen Testaments überhaupt nichts gemeinsam hat und von ihnen fordert, zusätzliche „Dinge“ zu tun, um sich aus der Umklammerung des Teufels lösen zu können.

Diese neue Form der Gesetzlichkeit, nämlich „geistliche Dinge“ zu tun, um Befreiung zu erlangen, steht bei vielen geisterfüllten Christen seit einigen Jahren bedauerlicherweise sehr hoch im Kurs. Ich spüre tief in meinem Herzen, wie tragisch diese Entwicklung ist, denn auch ich bin ein geisterfüllter Christ und vor allem dazu berufen, gleichgesinnten Christen zu dienen. Ich bin zutiefst betrübt, wenn ich nun mitansehen muß, wie aufrichtige Menschen von Werken des Fleisches verzehrt werden, durch die sie in Wahrheit keine zusätzliche Befreiung erlangen können.

Doch in unserer Zeit gibt es viele Christen, die sich zum Zwecke des „geistlichen Kampfes“ fleischlicher Waffen und Techniken bedienen.

Ich bin sehr traurig, wenn geisterfüllte Christen pausenlos, ja quasi als Lebensstil versuchen, sich von einer Besessenheit zu befreien, obwohl doch Jesus Christus dieses Befreiungswerk für sie bereits vollbracht hat ...

Es tut mir in der Seele weh, wenn ich jene Gruppe von Christen sehe, die in den vergangenen Jahren diese alte gnostische Irrlehre wieder zum Leben erweckt hat, die besagt, man müsse sich Woche für Woche fortwährend selbst vom Einfluß dämonischer Kräfte befreien, indem man sich bewußt zum Erbrechen bringt, so als ob man durch Erbrechen allein dämonische Mächte loswerden könne.

Und es ist sehr betrüblich mitanzusehen, wie so viele Christen Raubbau mit ihrem Körper treiben und ihre Stimmbänder malträtieren, weil sie diese neue Lehre verfechten, die derzeit immer beliebter wird und unter dem Namen „Kriegerische Zungen“ bekannt ist.

Was muß man sich nun unter „Kriegerischen Zungen“ vorstellen?

Einige Leute sind der Meinung, sie würden durch Schreien, Kreischen und brutales, lautes, markerschütterndes Beten mehr Macht über den Teufel haben. Einige vertreten sogar die Lehre, wer leise betet, solle sich statt dessen lieber einen gewinnbringenderen Zeitvertreib suchen. Ihrer verzerrten Sicht zufolge hat ein Gebet nur dann geistliche Kraft, wenn es laut und ohrenbetäubend ist. Irgendwie meinen sie, ihre Autorität hänge von der Lautstärke ihrer Gebete ab.

Doch wenn wir gegen den Teufel vorgehen, ist weder die Lautstärke noch das Klangvolumen unserer Stimme von Bedeutung. Der Teufel fürchtet sich nicht vor Lärm. Sie dürfen nicht vergessen, daß er es war, der in unserer Zeit alle möglichen Arten schrecklicher, lauter und schreiender Musik erfand. Der Teufel hat offensichtlich kein Problem mit Lärm.

Ein Polizist schreit und brüllt nicht, um ein Verbrechen zu verhindern; statt dessen bedroht er den Täter mit vorgehaltener Pistole. Er braucht nicht zu schreien oder brüllen, denn der Täter würde sich davon ohnehin nicht abhalten lassen, und wenn die ganze Welt schreien würde. Die Pistole des Polizisten ist das Zeichen seiner Autorität. Mit dieser Waffe in Händen braucht er mit dem Täter nur zu flüstern, und schon wird dieser gefügig sein.

So ist es auch die Autorität, die man im Geist hat, die den Teufel fügsam macht. Wenn Sie wissen, wer Sie in Jesus Christus sind und wie Sie die von Christus verliehene Autorität gegen den Teufel einsetzen müssen, brauchen Sie ihm nur etwas zuzuflüstern und schon wird er fliehen. *Das Entscheidende ist nicht die Lautstärke oder das Klangvolumen der Stimme, sondern die Autorität, die man im Geist hat.*

Hinter der Vorstellung, man müsse nur brutal „in Zungen schreien“, steht folgender Gedanke: Da die Himmelswelt voll von dämonischen Mächten ist und wir im physischen Bereich unter dieser finsteren, dämonischen Wolke leben, müssen wir versuchen, den Himmel mit unserem lauten, schrillen Lärm zu durchdringen und uns so einen Weg durch diese teuflische Barriere zu bahnen.

Aus diesem Grund sehen sich aufrichtige Brüder und Schwestern geneigt zu glauben, sie müßten den Teufel stundenlang, tagelang und wochenlang ununterbrochen „in Zungen anschreien“, um in ihrem persönlichen Leben Befreiung zu erlangen.

Nachdem ich von solchen Veranstaltungen gehört hatte, nahm ich vor einiger Zeit persönlich an einer teil. Nachdem die Predigt vorüber war, konnte ich kaum glauben, was ich da sah: Der Redner unterwies die Zuhörer eine Stunde lang im Schreien, Brüllen, „Wehklagen“ (erzwungenem Weinen) und „Reinigen“ (erzwungenem Erbrechen). Mein Herz wurde schwer, als ich miterlebte, was aufrichtige Christen im Namen des Heiligen Geistes taten und was in ihren Augen echter geistlicher Kampf war.

Die Lauterkeit oder das Verlangen dieser Geschwister im Herrn, das Werk des Teufels in ihrem eigenen Leben und im Leben anderer Menschen zu besiegen, steht für mich außer Frage. Ihr Eifer ist bewundernswert, doch diese Vorgehensweise findet nicht „in der rechten Erkenntnis“ statt (Röm 10,2). Solche Methoden sind biblisch nicht haltbar.

Die Bibel lehrt nirgends, man solle die Zungenrede gegen den Teufel einsetzen, und die Heilige Schrift muß ja die Grundlage all dessen sein, was wir glauben, lehren und tun.

Was sagt die Bibel nun über den Zweck der Zungenrede?

Paulus sagte: „Denn der Zungenredner redet nicht zu Menschen, *sondern zu Gott*; niemand versteht ihn ja, vielmehr redet er im Geist Geheimnisse" (1. Kor 14,2; Menge). Beachten Sie, daß Paulus in seinen Ausführungen über die Zungenrede den Teufel kein einziges Mal erwähnt.

So besagt 1. Korinther 14,2, die Zungenrede diene nicht dazu, um zum Teufel zu sprechen, sondern, ganz im Gegenteil, um *in geheimnisvollen Worten zu Gott zu reden*! Die Zungenrede ist letztlich zur persönlichen Auferbauung und zur Stärkung des Glaubens da: „Der Zungenredner *erbaut sich selbst* …" (1. Kor 14,4; Menge).

Durch das Zungengebet wird unser Glaube auferbaut, damit wir, wenn notwendig, den Listen des Teufels widerstehen können. Doch das Zungengebet war nie dafür gedacht, direkt „den Teufel anzusprechen", wie es heute etliche lehren. Dafür gibt es keine biblische Grundlage. Folglich ist diese populäre Lehre biblisch nicht haltbar, und somit haben jene, die sie vertreten, *Unrecht*.

Wenn wir uns dafür entscheiden, laut zu beten, dann sollten wir auch wissen, warum wir laut beten. Wenn wir laut beten, dann geht es uns nicht darum, gegen den Teufel, sondern vielmehr gegen das eigene Fleisch „Krieg zu führen"; wir versuchen, auf diese Weise die starken Begierden und Sehnsüchte des Fleisches zu durchbrechen, damit Gott freie Bahn hat, um zu unserem Geist zu sprechen und uns göttliche Offenbarungen zu schenken.

In all dem sehen wir wieder einen im voraus geplanten Schachzug des Gegners, um geisterfüllte Christen an geistlichen Nonsens zu ketten und sie in eine Haltung der Gesetzlichkeit hineinzumanövrieren, unter deren Einfluß sie niemals in der Lage sein werden, genug zu tun, um zufrieden zu sein und die Freiheit zu erlangen, nach der sie sich so sehnen. Es ist nur eine Frage der Zeit, bis sie wieder etwas Neues tun müssen, dann wieder etwas anderes und wieder etwas anderes, nur um noch mehr Befreiung zu bekommen, denn die Gesetzlichkeit ist ein Faß ohne Boden.

Ein lieber Bruder, den ich persönlich kenne, wurde ein Opfer dieser Werke des Fleisches. Er wurde Mitglied einer solchen fehlgeleiteten „Kampfgruppe". Der große Eifer dieser Menschen hatte anziehend auf ihn gewirkt. Es dauerte nicht lange, bis er die Freude über sein Heil gegen ein Leben in geistlicher Gebundenheit eingetauscht hatte.

Gleichgültig, wie viel er tat, es reichte nie aus. Wenn er stundenlang ununterbrochen betete, *war es immer noch nicht genug*. Wenn er, wie die anderen in der Gruppe, schrie, bis er keinen Ton mehr herausbrachte, *hatte er immer noch nicht lange genug geschrien*. Wenn er sich, wie andere, zwang zu erbrechen, um auf diese Weise Dämonen loszuwerden, *war er immer noch nicht alle losgeworden*. Er mußte immer noch etwas tun und noch etwas und noch etwas. Tun, tun und nochmal tun. Der Satz: „Es reicht" ist der Gesetzlichkeit unbekannt.

Am Ende verzweifelte er völlig; er war ein Wrack, ein gebrochener Mann, der das Gefühl hatte, er könne nie genug tun, um die völlige Freiheit in Jesus zu erlangen.

Alles, was hier beschrieben wird, sind lediglich neue Lehren und Trends, die von Menschen geschaffen wurden und keine biblische Grundlage haben; man versucht auf diese Weise, dem bereits vollkommenen Erlösungswerk Jesu Christi noch etwas hinzuzufügen, so als ob es für sich allein noch nicht ausreichte. Paulus fragte die Galater zu Recht: *„Seid ihr so unverständig? Nachdem ihr im Geist angefangen habt, wollt ihr jetzt im Fleisch vollenden?"* (Gal 3,3).

Berühre nicht, koste nicht, betaste nicht!

Gesetzliches Gedankengut, also die Notwendigkeit, dem vollendeten und vollkommenen Werk Christi unsere eigenen Werke hinzuzufügen, drohte sich auch in der Gemeinde im Raum Galatien breitzumachen. Weil Paulus wußte, daß Gesetzlichkeit tötet und den Menschen letztlich immer ihre geistliche Kraft und Freude nimmt, trug er den Galatern auf: „Für die Freiheit hat Christus uns freigemacht. Steht nun fest und laßt euch nicht wieder durch ein Joch der Sklaverei belasten!" (Gal 5,1).

Die Galater waren versucht, sich erneut dem alttestamentlichen Gesetz zu unterstellen. Nachdem sie Jesus Christus und die Verheißung des Geistes *umsonst*, also *ohne Vorleistung*, empfangen hatten, tauchte mit einem Mal die verführerische Irrlehre auf, sich wieder den alttestamentlichen Vorschriften und Satzungen zuzuwenden, von denen sie ja befreit worden waren.

Sie dachten sich folgendes: „Ja, wir haben Jesus Christus *ohne Vorleistung* empfangen, doch um dieses Heil zu bewahren und zu „halten“, müssen wir unseren Teil dazu beitragen. Deshalb haben wir uns erneut dem alttestamentlichen Gesetz zu unterstellen und seine Vorschriften und Satzungen zu halten.“

Aus einem ähnlichen Grund schrieb Paulus den Kolossern: „So richte euch nun niemand wegen Speise oder Trank oder betreffs eines Festes oder Neumondes oder Sabbats ... Wenn ihr mit Christus den Elementen der Welt gestorben seid, was unterwerft ihr euch Satzungen, als lebtet ihr noch in der Welt? Berühre nicht, koste nicht, betaste nicht! Alles Derartige ist doch dazu bestimmt, durch den Verbrauch der Vernichtung anheimzufallen, und stellt nur Menschengebote und Menschenlehren dar ...“ (Kol 2,16.20-22; V. 22 Menge).

Paulus fährt fort: „... die zwar im Ruf besonderer Weisheit infolge einer selbsterwählten Frömmigkeit und Demut und schonungsloser Härte gegen den Körper stehen, aber ohne wirklichen Wert sind, indem sie nur zur Befriedigung des Fleisches dienen“ (V. 23).

Diese äußerlichen Dinge zeugen allem Anschein nach wirklich von Selbsterniedrigung, Demut und einer Härte gegen das Fleisch. Die religiöse Seite des Menschen liebt so etwas! Er möchte glauben, er könne durch seine eigenen Werke und Verdienste irgendwie eine Vollkommenheit erreichen, die ihn vor Gott annehmbar macht.

Genau aus diesem Grund fordern fernöstliche Religionen wie der Buddhismus und der Hinduismus von ihren Anhängern Selbstverleugnung, Erniedrigung und Demut. Dahinter steht der versteckte Stolz des Fleisches, das sagt: „Ich schaffe das ganz allein. Danke für deine Hilfe, Gott, aber ich komme gut allein zurecht.“

Diese religiöse Denkweise versucht, sich auch geisterfüllter Christen zu bemächtigen. Das alte fleischliche Wesen sagt: „Ich muß doch was tun, um mir meine Freiheit zu verdienen!“ „Das Werk Christi allein kann doch gar nicht reichen.“ „Ich muß für meine Freiheit schreien!“ „Ich muß mich selbst von Dämonen reinigen!“ *„Ich muß ...“, „Ich muß ...“, „Ich muß ...“, Ich ... ich ... ich!*

Darauf haben wir nur eine Antwort: „Daraus hat er uns – nicht auf Grund von Werken der Gerechtigkeit, die wir unsererseits vollbracht hätten, *sondern nach seiner Barmherzigkeit* – gerettet …“ (Tit 3,5).

Wir können dem, was Jesus am Kreuz getan hat, absolut nichts hinzufügen. Dieses Werk ist vollständig, vollkommen und vollendet! Durch dieses herrliche Erlösungswerk (auf das wir im dritten Kapitel noch näher eingehen werden) hat Jesus auch unsere vollständige und vollendete Freiheit von den Mächten des Bösen erkauft!

Der Autor des Hebräerbriefes schreibt in Kapitel 2, Vers 3, unsere Errettung sei eine „große Errettung“. Wie „groß“ ist diese Errettung nun, wenn wir nach wie vor der Kontrolle Satans unterstehen? Wie „groß“ ist diese Errettung, wenn seine Hand immer noch schwer auf uns liegt und wir uns jeden Tag von ihm freikämpfen müssen? Wie „groß“ ist diese Errettung, wenn wir schreien, brüllen und uns erbrechen müssen, um sie festzuhalten? Ich vertraue darauf, daß Sie an diesem Punkt erkennen, wie zutiefst lächerlich das Werk des Fleisches im Grunde ist!

Wenn es stimmt, daß ein bestimmtes Gebaren sowie fleischliche und körperliche Dinge erforderlich sind, dann kommt es mir vor, als hätten der Tod und die Auferstehung Jesu keine dauerhafte Veränderung in der geistlichen Welt bewirkt und als sei unsere Rettung eigentlich doch nicht so „groß“. Wie „groß“ ist eine Errettung, die uns nicht restlos und durch und durch befreit?

Doch die frohe Botschaft lautet: Unsere Errettung ist eine „große Errettung“!

Durch seinen Tod am Kreuz und seine siegreiche Auferstehung von den Toten hat Jesus Christus die Vorherrschaft Satans und das Joch der Sünde über uns zunichte gemacht und in der Wiedergeburt all seine Schöpfungskräfte in uns freigesetzt, als wir „aus dem Tod in das Leben hinübergegangen sind“ (1. Joh 3,14).

Der Sinn unseres Lebens besteht nun nicht darin, für unsere Befreiung zu kämpfen, sondern vielmehr darin, unsere Befreiung, die bereits für uns errungen wurde, in Freiheit, d. h. ohne Zusatzleistung, anzunehmen. Ja, die Schrift gebietet uns, von unseren eigenen Werken zu ruhen und „in jene Ruhe einzugehen" (Hebr 4,11), in der wir alles genießen können, was Gott uns zur Verfügung stellt und mit dem er uns versorgt. Leben im Glauben bedeutet im Grunde nur, in diese „Ruhe" einzugehen, d. h. zu lernen, das vollendete Erlösungswerk Christi zu akzeptieren und darin Ruhe zu finden!

Damit wir unsere Errettung und die damit einhergehenden Segnungen (Heilung, ein klarer Verstand, Bewahrung der Gedanken und Befreiung von Bindungen) auch genießen können, schenkte Gott uns in seiner Gnade den Glauben sowie sein Wort, um uns über das Erbe aufzuklären, das uns durch das Kreuz zuteil wurde.

Wenn Satan wirklich versucht, uns nach unserer Wiedergeburt zu bekämpfen, und uns mit Bindungen, die der Vergangenheit angehören, mit Leiden, Entbehrungen oder irgendwelchen anderen dämonischen Waffen zu schlagen, dann haben wir Waffen mit der Kraft Gottes in Reichweite, um diese Angriffe abzuwehren und die Segnungen unserer Errettung zu verteidigen.

Diese geistlichen Waffen unterscheiden sich grundlegend von den fleischlichen Waffen, wie sie viele Christen in unserer Zeit einsetzen. Sie sind von ihrem Wesen her durch und durch geistlich und nach den Worten des Paulus „... mächtig durch Gott zur Zerstörung von Festungen ..." (2. Kor 10,4).

Kapitel 3

Im Erlösungswerk Christi zur Ruhe kommen

Bevor wir uns eingehend mit der geistlichen Waffenrüstung in Epheser 6,10-18 befassen, müssen wir zunächst noch etwas „Grundlagenarbeit“ betreiben und die biblische Lehre über die „Errettung“ betrachten. Durch ein richtiges Verständnis von der „Errettung“ werden viele verschrobene Vorstellungen über den Teufel und den geistlichen Kampf von selbst zurechtgerückt werden.

Im griechischen Neuen Testament gibt es verschiedene Worte für „Errettung“. Das Verständnis dieser Begriffe ist für die weitere Beschäftigung mit dem Thema „Geistlicher Kampf“ von außerordentlicher Bedeutung. Wir möchten für unsere Zwecke die Verben *agorazo* bzw. *exagorazo* und *lytroo* sowie das Substantiv *apolytrosis* herausgreifen.

Agorazo, das erste dieser vier Worte, leitet sich von *agora*, „Markt“ bzw. „Marktplatz“ ab, und bedeutet somit „kaufen“ oder genauer „auf dem Markt kaufen“, im erweiterten Sinne „erkaufen“. Fast kommt es einem vor, als würde hiermit das Bild vermittelt, wir wären wie eine Ware feilgeboten worden, bis schließlich Jesus kam und uns „erkaufte“.

Erinnern wir uns in diesem Zusammenhang daran, wie oft die Bibel unseren Zustand beschreibt, bevor die Gnade Gottes in unser Leben kam. Paulus erwähnt im Neuen Testament immer wieder, daß wir „Sklaven der Sünde“ waren (vgl. Röm 6,17.20).

Das Wort „Sklave“ ist die deutsche Übersetzung von *doulos*, der abfälligsten Bezeichnung für einen Sklaven, die das Griechische kennt. Einem Kommentator zufolge beschreibt das Wort *doulos* „… jemanden, dessen Willen vollständig vom Willen eines anderen verschlungen wird“.

Das bedeutet, daß wir vor unserer Heilserfahrung vom Willen Satans „verschlungen“ worden waren. Obwohl wir mit unserem Verstand der Auffassung waren, wir hätten unser Leben selbst in der Hand und hätten immer und überall das Sagen, waren wir in Wirklichkeit erbärmliche Sklaven der Sünde, und unser Schicksal wurde zeitweise von einem unsichtbaren, teuflischen Geist regiert, der uns töten wollte.

Damals war unsere Identität als Sklave Satans so tief in uns verwurzelt, daß unser Wesen an sich mit der Saat der Rebellion (dem eigentlichen Wesens Satans) eins wurde. Die Rebellion gegen Gott war uns in Fleisch und Blut übergegangen und wurde zu einem zentralen menschlichen Wesensmerkmal. Schließlich wurde die Kluft zwischen Gott und den Menschen so tief, daß wir, der Bibel zufolge, „... gottentfremdet und feindlichen Sinnes in (unseren) bösen Werken" waren (Kol 1,21; Menge).

„Unter die Sünde verkauft"

Als Jesus Christus in die Welt kam, befand sich diese bereits in einem sehr traurigen und beklagenswerten Zustand.

Das herrliche Paradies, das Gott anfangs in Eden geschaffen hatte, gab es nicht mehr und nichts erinnerte mehr daran. Statt dessen hatte sich die Welt in einen großen „Markt" verwandelt, auf dem wir wie Sklaven feilgeboten wurden. Satan hatte die Herzen der Menschen in Besitz genommen und mit Gewalt und Zerstörungswut erfüllt. Mit jeder neuen Generation nach Adam führte der geistliche Tod die Menschen aller Nationen, Stämme und Volksgruppen ein Stück tiefer in die Sklaverei und in die absolute Verkommenheit.

Somit war die Welt, in die Jesus Christus vor fast 2000 Jahren hineingeboren wurde, ein einziges großes Gefängnis. Aufgrund des Ungehorsams von Adam hatte sich dieser geistliche Tod im Innersten jedes Menschen festgesetzt. Paulus formuliert es so: „Darum, wie durch einen Menschen die Sünde in die Welt gekommen ist und durch die Sünde der Tod und so der Tod zu allen Menschen durchgedrungen ist, weil sie alle gesündigt haben ..." (Röm 5,12).

Das Wort *agorazo* macht eins unmißverständlich klar: Jesus kam auf die Welt, um uns von einem widerlichen, ekelerregenden geistlichen „Markt" voller Menschen, die von Satan und den negativen Auswirkungen der Sünde „versklavt" wurden, freizukaufen.

Wir Menschen waren damals wie Leibeigene. Paulus bezeichnet diesen Zustand als „unter die Sünde verkauft" (Röm

7,14). Das Wort „verkauft“ leitet sich vom griechischen Wort *piprasko* ab und bezeichnet eine „Übertragung von Eigentum“. Indem Paulus dieses Wort verwendet, sagt er unzweideutig, daß die Menschheit aus den Händen Gottes in die Hände eines neuen Eigentümers übertragen worden sei. Das ist natürlich ein Bild dafür, daß wir ohne Wenn und Aber das Eigentum Satans waren, bevor Jesus in unser Leben kam: Satan kommandierte uns herum, schlug uns, trat uns, bespuckte und mißhandelte uns. Er versuchte, unser Selbstwertgefühl zu zerstören, unseren Körper mit allen möglichen Sünden und Lastern umzubringen und aus unserer Gefühlswelt einen Scherbenhaufen zu machen. Als eine Form der Gebundenheit mit uns Raubbau getrieben hatte, wurden wir wieder „angeboten“ und an einen neuen „Kunden“ verkauft. Schon bald wurden wir von einer anderen Bindung gepackt, die auch wieder ihre zerstörerischen Spuren in unserem Leben hinterließ.

Man reichte uns von einem Kerker zum nächsten weiter und zum nächsten und wieder zum nächsten. Jeden Tag brachten uns diese teuflischen Besitzer noch mehr in Gefangenschaft. Ob wir uns dessen bewußt waren oder nicht, der Heiligen Schrift zufolge wurden wir immer mehr Gefangene der Sünde; unsere Lage war aussichtslos; wir waren gefangen mit Haut und Haaren, innen und außen, von Anfang bis Ende, von Kopf bis Fuß, hinten und vorne, jeden Schritt unseres Lebens und bis zur Grenze unserer Kapazität.

Diese alles durchdringende Präsenz dämonischer Mächte in unserem Leben und in unserer Umwelt war so uneingeschränkt und unangefochten, daß Paulus für seine weitere Beschreibung folgende Worte wählt: „Einst wandeltet (ihr) gemäß dem Zeitlauf dieser Welt, gemäß dem Fürsten der Macht der Luft, des Geistes, der jetzt in den Söhnen des Ungehorsams wirkt“ (Eph 2,2).

Was ist der „Zeitlauf dieser Welt“?

Das Wort „Zeitlauf“ leitet sich von *aion* her. Dieses Wort bezeichnet lediglich einen „speziellen, abgegrenzten Zeitraum“ wie z. B. ein „Zeitalter“, eine besondere „Ära“ oder eine „Generation“. Technisch gesehen sind z. B. die Jahrzehnte dieses Jahrhunderts, also die Vierziger, Fünfziger, Sechziger, Siebziger, Achtziger und Neunziger, ein *aion*, ein „spezieller, abgegrenzter Zeitraum". Man könnte auch sagen, dieses Wort spiegelt den Einfluß einer besonderen Generation wider, der von der nächsten beendet und abgelöst wird. Es beschreibt eine Zeitphase, die nur von kurzer Dauer ist.

Aber es gibt noch eine erweiterte Bedeutung von *aion*! Es beschreibt nicht nur einen Zeitraum, sondern auch den *vorherrschenden Geist* dieser Zeit, den „Zeitgeist". So charakterisierte man z. B. die zwanziger Jahre als die „Roaring Twenties". Da in den Fünfzigern der Rock'n Roll aufkam, sprach man von der „Zeit der Rebellion". Den Geist der Sechziger und Siebziger umschrieb man wegen der Drogen und der Kriege als „Zeit des Experimentierens und der Infragestellung des Status Quo". Jedes dieser Jahrzehnte hatte sein eigenes Flair, das diese besondere Zeitphase innerhalb der Weltgeschichte einmalig machte.

Wenn Paulus nun erklärt, daß wir „gemäß dem Zeitlauf dieser Welt wandelten", dann vermittelt dieses Wort „Zeitlauf" die Vorstellung, daß wir vom aktuellen Gedankengut – dem „Zeitgeist" – unserer jeweiligen Zeit und unserer Generation dominiert wurden. Philosophien und Ideen sind sehr kurzlebig. Ein Mensch ohne Gott hat keine ewige Perspektive und keinen unveränderlichen biblischen Standard, an dem er sein Leben orientieren könnte; deshalb wird er völlig von diesen *wechselnden Philosophien und Ideen* dominiert.

Für das Wort „Welt" steht im Griechischen *kosmos*; Paulus zeichnet damit das Bild einer „Ordnung" oder „Anordnung". Wissenschaftler gebrauchen das Wort *kosmos* als Synonym für „Universum", da das Universum, obwohl es gewaltig und vielgestaltig ist und fortwährend expandiert, ein durch und durch geordnetes System darstellt. Deshalb sagt man, es sei ein *kosmos*. Das Wort *kosmos* bezeichnet stets eine „Ordnung" oder „Anordnung".

Kosmos war in der Frühzeit der Griechen auch ein Wort für „Gesellschaft", da eine Gesellschaft in einem gewissen Maß auch ein geordnetes System ist. Wenn man mit *kosmos* „Gesellschaft" meint, schwingt dabei auch die Vorstellung von einer bestimmten *Mode* und *Lebensart* mit – und genau das meint Paulus in Epheser 2,2.

Die Schrift sagt, daß wir vor unserer Begegnung mit dem Herrn vollkommen kurzsichtig und „jetztbezogen" lebten und völlig vom Tag, von der Stunde und von der Gesellschaft, in der wir lebten, dominiert wurden.

Man könnte diesen Bibelvers auch wie folgt umschreiben: *„Euer Leben war völlig vom jeweiligen Zeitgeist bestimmt ..."* Auch folgende Übersetzung wäre denkbar: *„Was gerade 'in' war und was im Moment gerade übliches Gedankengut war, das hat euer Leben bestimmt ..."*

Wer arbeitet hinter den Kulissen?

Paulus ist noch nicht fertig! Der nächste Abschnitt des Verses lautet: „... (Ihr wandeltet) *gemäß dem Fürsten der Macht der Luft ...*"

Jetzt sagt Paulus, *wer* dieses verlorene Weltsystem dominiert, das seinerseits verlorene Männer und Frauen dominiert! Er erklärt, daß wir nicht nur von der Gesellschaft und der Umwelt, in der wir lebten, gelenkt wurden, sondern auch „... *gemäß dem Fürsten der Macht der Luft* (wandelten) ..."

In dem Maße, wie unser Leben damals von den Trendsettern der Welt bestimmt war (Hollywood, Mode, Musikindustrie, Erziehungssystem etc.), wurden wir, wie Paulus sagt, vom *„Fürst der Macht der Luft"* beherrscht.

Diese Bibelstelle läßt drei Rückschlüsse über Satan zu: (1) *Er ist ein Fürst.* (2) *Er hat echte Autorität.* (3) *Sein Stützpunkt liegt in den niederen Regionen der Luft.* Doch betrachten wir einen Aspekt nach dem anderen.

***Erstens:** Diesem Vers zufolge ist Satan ein „Fürst".*

Das Wort „Fürst" leitet sich von *archon* ab und bezieht sich auf jemanden, der „an erster Stelle" steht oder eine „leitende Funktion" einnimmt. Es meint einen „Potentaten", „Herrscher", „Anführer" oder „Fürsten".

Das sollte uns jedoch nicht überraschen! Denn Jesus sagt ja schon in Matthäus 9,34, Satan sei der „Oberste der Dämonen" und habe ein wirkliches Reich, das als „Reich der Finsternis" bezeichnet wird. In Johannes 12,31 nennt Jesus Satan den „Fürst dieser Welt".

Der Apostel Paulus trifft in 2. Korinther 4,4 die überaus konkrete Aussage, Satan sei der „Gott dieser Welt". Im selben Vers wird deutlich, daß jener als „Gott dieser Welt" den „Sinn der Ungläubigen verblendet" habe, so daß sie die Wahrheit nicht erkennen können.

Neben diesen wohlbekannten Schriftstellen wird in Epheser 6,12 zudem noch ein ganzes durchstrukturiertes dämonisches System erwähnt, das der Herrschaft Satans untersteht. Satan selbst ist der Herr über diese dämonischen Heerscharen.

Somit ist Satan ein echter Fürst über dämonische Geister und übt echte Autorität über die Geschicke der verlorenen Menschen aus, die er verblendet hat.

Zweitens: *Diesem Vers zufolge hat Satan „Macht".*
Paulus bezeichnet Satan als „Fürst der *Macht* der Luft". Das Wort „Macht" hat seinen Ursprung in dem griechischen Wort *exousia. Exousia* könnte man noch exakter mit „Autorität" übersetzen. Da Satan ein wirklicher Fürst über ein wirkliches Reich ist, sollte es uns auch nicht überraschen, daß sein finsteres Reich über wirkliche Autorität verfügt, um seine böse Herrschaft zu stützen.

Der folgende Abschnitt aus der Bibel bezieht sich auf die vierzig Tage, in denen Jesus in der Wüste versucht wurde: „Und er führte ihn auf einen hohen Berg und zeigte ihm in einem Augenblick alle Reiche des Erdkreises. Und der Teufel sprach zu ihm: Dir will ich alle diese Macht (griech.: *exousia*, „Autorität") und ihre Herrlichkeit geben; denn mir ist sie übergeben, und wem immer ich will, gebe ich sie" (Lk 4,5-6).

Beachten Sie, daß Jesus die Behauptung Satans, er habe Autorität, nie bestritt. Jesus diskutierte nicht mit dem Teufel über dessen Behauptungen; er wußte, daß Satan tatsächlich über ein gewisses Maß an Autorität über ein zerfallendes, verlorenes Weltsystem sowie über die verlorenen Menschen verfügte.

Diese Autorität des Teufels wurde durch den Kreuzestod und die Auferstehung Jesu ein für allemal gebrochen! Doch die verlorenen Menschen werden nach wie vor vom *„Fürst der Macht der Luft"* beherrscht.

***Drittens:** Diesem Vers zufolge liegt Satans Stützpunkt in der „Luft".*

„Luft" leitet sich vom griechischen Wort *aer* ab, mit dem die klassischen griechischen Autoren die „niederen, dichteren Regionen der Erdatmosphäre" beschrieben; im Gegensatz dazu steht das Wort *aither*, die reine, saubere „Himmelsluft".

Warum ist das so wichtig? Aus dieser Unterscheidung wird deutlich, daß Satans Stützpunkt nicht „hoch in der Luft" ist, wie einige Christen in jüngerer Zeit meinten. Ganz im Gegenteil! Die „Himmelsluft" ist die reinste und sauberste Atmosphäre, die wir uns vorstellen können.

Also braucht man nicht in den Weltraum hinauszufliegen, um den Stützpunkt des Teufels zu finden. Satans Machtzentrale liegt in der niederen, dichteren Atmosphäre, die die Erde unmittelbar umgibt. Er hat kein Interesse daran, unbewohnte Planeten und die Weiten des Alls zu kontrollieren, in denen man keinen einzigen Menschen findet. Denn er ist ja darauf aus, *den Menschen* zu besitzen, zu lenken, zu beherrschen und zu manipulieren!

Deshalb trägt er auch die Namen „Fürst dieser Welt" (Joh 12,31) und „Gott dieser Welt" (2. Kor 4,4). Er möchte nicht den Mond, nicht den Mars, nicht Jupiter, Venus, Neptun oder Pluto beherrschen – er möchte vielmehr der „Gott dieser Welt" sein!

Angetrieben mit dämonischer Energie

Im letzten Teil von Epheser 2,2 sagt Paulus schließlich, Satan sei der „... Geist, der jetzt in den Söhnen des Ungehorsams wirkt".

Ist das nicht eine schockierende Feststellung?! Stellen Sie sich vor: Vor unserem Leben mit Jesus Christus wurden wir von Satan selbst mit dämonischer Energie angetrieben. Das lehrt die Bibel!

Der Wortlaut heißt: „... der Geist, der jetzt ... *wirkt*". Dieses Verb „wirken" stammt von *energeo*, womit eine Kraft beschrieben wird, die „wirksam ist" oder „mit Energie antreibt" („Energie" ist eine direkte Ableitung von *energeo*).

Mit diesen Bedeutungsnuancen zeichnet der Heilige Geist ein sehr anschauliches Bild unseres verzweifelten geistlichen Zustands vor unserer Wiedergeburt! *Dieser Vers besagt, daß wir vor unserer Errettung von Dämonen „mit Energie angetrieben" wurden.* Der Teufel selbst wirkte in uns, trieb uns an und arbeitete durch uns, um sein Zerstörungswerk in unserem Leben zu vollenden.

Agorazo wird im Neuen Testament mit „Errettung" wiedergegeben und steht für das Ende dieser schrecklichen, traurigen und elenden Existenz als Sklave Satans! Diese Zeiten sind vorbei!

Die konkrete Bedeutung des Wortes *agorazo* in Bezug auf unsere „Errettung" läßt sich also wie folgt umschreiben: Jesus kam, um uns aus diesem erbärmlichen Zustand der Gebundenheit zu erretten! Oder, wie Paulus an die Korinther schreibt: „Denn ihr seid um einen Preis *erkauft* worden …" (1. Kor 6,20). Das Wort „erkauft" in diesem Vers lautet im Original wiederum *agorazo*.

Im Hinblick auf eben dieses „Errettungswerk" Jesu fügt Paulus noch hinzu: „Ihr seid um einen Preis *erkauft*; werdet nicht Sklaven von Menschen" (1. Kor 7,23).

Auch in dieser Passage ist das Wort „erkauft" eine Ableitung von *agorazo*. Diese Ermahnung des Paulus könnte man folgendermaßen verdeutlichen: „Da Jesus den Preis bezahlte, um euch aus der Gebundenheit und Sklaverei Satans zu befreien, sollt ihr jetzt nicht wieder umkehren und euch nicht zu Sklaven von Menschen machen!"

Als die vierundzwanzig Ältesten vor dem Thron Gottes niederfallen, um ihn anzubeten, singen sie ein Lied über diese „Errettung" aus den Händen Satans.

Das Wort Gottes sagt: „Und sie singen ein neues Lied und sagen: Du bist würdig, das Buch zu nehmen und seine Siegel zu öffnen; denn du bist geschlachtet worden und hast durch dein Blut für Gott *erkauft* aus jedem Stamm und jeder Sprache und jedem Volk und jeder Nation …" (Offb 5,9).

Es ist ein Muß, die Bedeutung dieses Wortes *agorazo* zu begreifen. Dieses wichtige Wort beschreibt sehr treffend, wie Jesus Christus uns aus diesem Zustand des geistlichen Bankrotts „freikaufte".

So kommen wir zu dem zweiten Wort für „Errettung", das im Neuen Testament verwendet wird.

„Aus“ der Sklaverei „herausgekauft“

Das nächste griechische Wort für „Errettung“ leitet sich von *exagorazo* ab, einer Kombination aus den Wortbausteinen *ex* und *agorazo*.

Das Wort *ex* ist eine Präposition mit der Bedeutung „heraus“; *agorazo* wurde soeben erläutert. Fügt man nun *ex* und *agorazo* zusammen, ergibt sich das Wort *exagorazo*, das man mit *'herauskaufen'* wiedergeben könnte. Der eigentliche Sinngehalt von *exagorazo* wäre jedoch „entfernen“.

So könnte man es folgendermaßen umschreiben: „Der Kauf einer 'Ware' mit dem Ziel, sie nie wieder auf den Markt zu bringen“. Wollte man erneut das Bild der Sklaverei zu Hilfe nehmen, so könnte man bei *exagorazo* an einen Sklaven denken, der befreit und ein für allemal aus dem Herrschaftsbereich Satans „*heraus*geholt“ wurde!

Paulus verwendet in seinen Briefen mehrmals das Wort *exagorazo*, um das Erlösungswerk Jesu zu beschreiben, durch das wir aus der Sklaverei „*entfernt*“ wurden. Ein neutestamentliches Musterbeispiel der Verwendung dieses Wortes finden wir in Galater 3,13, wo Paulus sagt: „Christus hat uns *losgekauft* von dem Fluch des Gesetzes …“

Indem Paulus das Wort *exagorazo* im Zusammenhang damit gebraucht, daß Jesus uns „vom Fluch des Gesetzes losgekauft“ hat, sagt er klar und deutlich, daß Jesus in seinem Opfertod nicht nur die Strafe für unsere Sünde auf sich nahm, sondern daß sein Tod uns bis in alle Ewigkeit von dieser Position unter dem Fluch „*entfernt*“ hat!

Paulus führt weiter aus, daß Jesus in die Welt kam, um dieses „Errettungswerk“ zu vollbringen: „… als aber die Fülle der Zeit kam, sandte Gott seinen Sohn, geboren von einer Frau, geboren unter Gesetz, damit er die *loskaufte*, die unter Gesetz waren, damit wir die Sohnschaft empfingen“ (Gal 4,4-5).

Merken Sie auf! Es war nicht nur Gottes Absicht, unser Leben in Knechtschaft zu inspizieren oder uns in unserer Misere aufzusuchen; sein eigentlicher Plan, den er durch den Tod und die Auferstehung Jesu Christi ausführte, sah vor, uns aus diesem elenden Zustand *„herauszukaufen“* und uns den Stand von Söhnen und Töchtern Gottes zu verleihen, die bis in alle Ewigkeit von diesem Leben unter dem Fluch der Sünde und des Gesetzes befreit sind.

Jeder, der etwas kauft, muß einen bestimmten Preis bezahlen. Welchen Preis bezahlte Jesus für unsere Freiheit?"

Untersuchen wir zur Beantwortung dieser Frage das nächste Wort für „Errettung".

Den geforderten Preis bezahlen

Das nächste griechische Verb innerhalb dieses Bedeutungsfelds „Errettung" lautet *lytroo*.

Lytroo heißt: „einen Gefangenen durch Zahlung eines Lösegelds befreien". Damit man auch ja die Ware bekommt, die man sich ausgesucht hat, muß unter Umständen ein sehr hoher Preis bezahlt werden.

Indem Paulus nun das Errettungswerk Jesus Christi mit dem Wort *lytroo* darstellt, erinnert er uns daran, daß der „Eintritt" in unsere Freiheit überhaupt nicht „frei" war. Ganz im Gegenteil! Unsere Freiheit war *ausgesprochen teuer*! *Ja, der Preis, den Jesus für uns bezahlte, war der höchste, der jemals bezahlt wurde.*

Was war das Lösegeld, das Jesus bezahlte, um uns aus der Hand Satans zu befreien? *Sein eigenes Blut!*

Dazu Epheser 1,7: „In ihm haben wir die Erlösung *durch sein Blut* ..."; Kolosser 1,20: „... Indem er Frieden gemacht hat *durch das Blut* seines Kreuzes ..."; Hebräer 9,12: „(Christus ist) ... *mittels seines eigenen Blutes* ein für allemal in das himmlische Heiligtum eingetreten und hat eine ewiggültige Erlösung zu vollbringen gewußt" (Menge); 1. Petrus 1,18-19: „... Denn ihr wißt, daß ihr nicht mit vergänglichen Dingen, mit Silber oder Gold, erlöst worden seid ... sondern *mit dem kostbaren Blut Christi ...*".

Daß Jesus sein Blut vergoß, war die Garantie für unsere Befreiung und die dauerhafte Freiheit von den dämonischen Mächten, die uns zuvor gefangenhielten. Das Wort *lytroo* besagt ohne jeden Zweifel, daß Jesus das Lösegeld bezahlte, durch das Sie und ich die Freiheit bekamen! *Er hat uns mit seinem eigenen Blut gekauft!*

So steht in Titus 2,14, daß Jesus *sich selbst* als Lösegeld gab, um uns zu befreien. Es heißt: „(Jesus Christus) hat sich selbst für uns gegeben, damit er uns *loskaufte* von aller Gesetzlosigkeit und sich selbst ein Eigentumsvolk reinigte, das eifrig sei in guten Werken."

Das Wort „losgekauft" in diesem Vers ist eine Ableitung von *lytroo*. Nach Titus 2,14 mußte ein Preis bezahlt werden, und Jesus bezahlte ihn am Kreuz mit seinem Leben und seinem Blut.

Nun zum Abschluß noch ein Wort, das die Erlösungstat Jesu charakterisiert.

In den Urzustand zurückversetzt

Betrachten wir uns nun das Substantiv *apolytrosis*. *Apo* bedeutet „weg", beinhaltet jedoch oft auch die Vorstellung einer „Rückkehr". In diesem speziellen Fall müßte man *apo* richtiger mit „zurück" wiedergeben, vergleichbar mit dem Begriff „zurückversetzen". Der zweite Teil von *apolytrosis* leitet sich von dem eben besprochenen Wort *lytroo* her. *Lytroo* bedeutet, wie bereits erwähnt: „einen Sklaven durch Zahlung eines Lösegelds befreien".

Dieses Wort für „Errettung" weist auf das endgültige Ziel hin, das Gott vor Augen hatte, als er uns aus der Hand Satans freikaufte. Das Wort *apolytrosis* („Errettung") sagt ganz eindeutig: Jesus „bezahlte das Lösegeld", um uns in den Urzustand „zurückzuversetzen", den wir vor unserer Zeit der Gefangenschaft hatten!

Dieser Begriff sagt so klar wie Sprache nur sein kann, daß Jesus den Preis bezahlte, um uns in eine dauerhafte Freiheit zu führen und unseren Stand als Söhne und Töchter Gottes voll *wiederherzustellen*!

Paulus gebraucht das Wort *apolytrosis* mit genau dieser Bedeutung in Epheser 1,7: „In ihm haben wir die *Erlösung* durch sein Blut, die Vergebung der Vergehungen, nach dem Reichtum seiner Gnade ..."

Paulus veranschaulicht durch die Verwendung des Wortes *apolytrosis* („Errettung") folgenden Gedanken: Wir wurden ein für allemal aus der Hand Satans befreit; durch das Blut Jesu wurden wir schließlich *völlig wiederhergestellt* und *in den Urzustand einer richtigen Beziehung mit Gott zurückversetzt.* Wir sind voll und ganz rehabilitiert und voll und ganz aus der Hand Satans befreit!

Deshalb erklärt Galater 4,7: „So bist du also nicht mehr Knecht, sondern Sohn; wenn aber Sohn, dann auch Erbe Gottes durch Christus“ (Schlachter). Und Römer 8,17 verkündet, daß wir durch das Blut Jesu so vollständig wiederhergestellt wurden, daß wir jetzt sogar „Miterben“ Christi sind!

Das erste Wort für „Errettung“ (*agorazo*) besagt, daß Jesus Christus in die Welt kam, um uns zu „erkaufen“; *exagorazo* ist eine Bedeutungserweiterung und beinhaltet, daß Jesus nicht nur kam, um uns zu erkaufen, sondern um uns für immer aus dem Machtbereich Satans zu *entfernen*.

Das dritte Wort für „Errettung“ (*lytroo*) weist uns darauf hin, daß Jesus so fest entschlossen war, uns aus der Hand Satans zu befreien, daß er sogar bereit war, sein eigenes Blut als *Lösegeld* zu geben, um so die Eigentumsrechte Satans auf unser Leben zu brechen.

Das vierte Wort für „Errettung“ (*apolytrosis*) besagt, daß Jesus uns nicht nur für immer aus Satans Umklammerung befreite, sondern auch unseren ursprünglichen Stand als „Söhne Gottes“ *wiederherstellte*, d. h. wir sind vollkommen rehabilitiert und zu Miterben Christi gemacht worden (vgl. Röm 8,17).

Das bedeutet „Errettung“!

Aus dem Reich Satans „herausversetzt“

Was haben nun all diese verschiedenen Bedeutungsnuancen des Wortes „Errettung“ mit geistlichem Kampf und der geistlichen Waffenrüstung zu tun? *Sie sind der springende Punkt!*

Diese Wahrheiten lassen uns eins klar und deutlich erkennen: Das eigentliche Ziel des geistlichen Kampfes besteht *nicht* darin, daß wir darum kämpfen, von der Macht Satans frei zu werden. Der Kreuzestod Jesu und seine triumphale Auferstehung von den Toten haben dies schon erledigt – restlos! *Wir sind bereits frei!*

In Epheser 2,6 heißt es, wir unterstünden nicht der Macht Satans, sondern stünden vielmehr *über* ihr: „(Gott) hat uns mitauferweckt und mitsitzen lassen in der Himmelswelt in Christus Jesus.“

Vergleichbar mit dieser Aussage lehrt Kolosser 1,13, daß wir uns nicht vom schrecklichen Einfluß Satans über uns freizukämpfen brauchen, weil wir aus diesem Machtbereich bereits *herausversetzt* worden sind: „(Der Vater hat) uns errettet aus der Macht der Finsternis und versetzt in das Reich des Sohnes seiner Liebe."

Aufgrund des Erlösungswerkes Jesu sitzen wir gemeinsam mit Christus in der Himmelswelt und wurden erhöht *„... hoch über jede Gewalt und Macht und Kraft und Herrschaft und jeden Namen, der nicht nur in diesem Zeitalter, sondern auch in dem zukünftigen genannt werden wird"* (Eph 1,21).

Aus diesem Grund hat Satan kein Recht mehr, uns, unseren Körper, unsere Familien, unser Geschäft oder unser Geld zu kontrollieren. Obwohl wir früher einmal tatsächlich sein Eigentum waren (Eph 2,2), gehören wir ihm jetzt nicht mehr.

Kapitel 4

Warum tobt die Schlacht immer noch?

Nun tauchen vielleicht einige Fragen auf: „Wenn der Tod und die Auferstehung Jesu wirklich die Autorität des Teufels über unser Leben gebrochen haben, warum tobt die Schlacht dann immer noch?“ „Wenn wir wirklich aus dem Reich Satans herausversetzt wurden, warum übt sein Reich dann anscheinend immer noch einen derartigen Einfluß auf unser Leben aus?“ „Wenn Jesus wirklich, wie Kolosser 2,15 erklärt, die Mächte und Gewalten entkleidet hat, warum haben dann so viele Christen immer noch mit schrecklichen Bollwerken in ihren Gedanken zu kämpfen?“

Vor einigen Jahren wurde ein Freund von mir mitten in der Nacht von der Polizei angerufen. Der Beamte informierte ihn darüber, daß eines seiner Tiere, eine Ziege, entkommen, von einem Auto angefahren und getötet worden wäre. Mein Freund zog sich schnell eine Jacke über und fuhr an die Unfallstelle, um die tote Ziege abzuholen.

Doch als er dort ankam, stellte sich heraus, daß die Ziege gar nicht tot war. Jemand hatte sie gestohlen, ihr die Beine zusammengebunden, so daß sie sich nicht mehr bewegen konnte, und dann in den Straßengraben geworfen.

Mein Freund ging zu dem Tier, löste den Strick, gab der Ziege einen Klaps und sagte: „Steh’ auf!“ Doch sie blieb regungslos liegen, als wäre sie immer noch gefesselt und bewegungsunfähig. Er gab ihr noch einmal einen Klaps und rief: „Steh’ auf!“ Doch die Ziege blieb liegen, so als ob sie sich nicht bewegen könnte.

Daraufhin untersuchte er das Tier, ob es nicht vielleicht doch verwundet war und deshalb nicht aufstehen konnte; ihm fiel auf, daß die Ziege die Beine immer noch eng zusammenhielt, wie wenn sie nach wie vor gefesselt wären. Auf einmal war meinem Freund alles klar: Die Ziege dachte, sie sei immer noch gefesselt.

Er beugte sich über das Tier, packte es, stellte es auf seine Füße, gab ihm noch einmal einen Klaps und befahl ihm: „Steh' auf!" Schließlich bemerkte die Ziege, daß ihre Beine nicht mehr gefesselt waren und fing an, wieder herumzuspringen.

Die meisten von uns Christen verhalten sich so wie diese Ziege: Früher waren wir durch Satans vernichtende Macht gefesselt. Er versklavte uns, warf uns in den Graben und wartete darauf, daß seine zerstörerischen Kräfte uns schließlich zugrunde richten würden.

Dann hörten wir das Evangelium und wurden von neuem geboren: Jesus Christus kam, um uns die Fesseln Satans abzunehmen! Durch sein Erlösungswerk am Kreuz entfernte er die teuflischen Bindungen, die uns gefangenhielten und die Ketten, die uns in unseren Gedanken wie Geiseln festhielten. Doch selbst nachdem diese Befreiungstat vollbracht ist, sind wir oft nicht in der Lage, voll und ganz zu erkennen, daß wir wirklich befreit worden sind.

Jesus schaut uns an und sagt: „Steh' auf!" Doch wir bleiben in unseren Wunden, unseren Schmerzen, unseren Komplexen und unseren scheinbar ausweglosen emotionalen Problemen stecken, weil wir nicht erkennen, daß wir wirklich befreit worden sind! Deshalb brauchen wir jemanden, der uns darauf hinweist, daß wir frei sind! Damit wir diese von Christus erkaufte und verliehene Freiheit auch festhalten können, müssen wir nun unsere falschen Denkweisen und Meinungen verändern und mit dem in Einklang bringen, was das Wort Gottes über unseren neuen Stand aussagt.

Jeder Pastor wird bestätigen, daß Menschen, die gerade erst zum Glauben gekommen sind, daran arbeiten müssen, die emotionalen und mentalen Wunden zu verarbeiten, die man ihnen zufügte, als sie noch in der Welt waren und der Kontrolle des Teufels unterstanden. Obwohl der innere Mensch von neuem geboren und erneuert wurde, müssen nun das Denken und das äußerliche Verhalten so verändert werden, daß sie mehr und mehr dem Stand des innerlich neu gewordenen Menschen entsprechen.

Jeder einzelne wurde häufig Opfer von Mißhandlungen, als er noch ein Knecht Satans und der negativen Auswirkungen der Sünde war. Vielleicht wurde seine Seele durch eine schlechte

Ehe, ein Drogenproblem, eine sexuelle Perversion, einen Lügengeist, eine mentale Obsession oder irgendeine andere Verletzung belastet, bevor er den Herrn kennenlernte.

Wenn diese „Rückstände" aus der Vergangenheit nicht durch Erneuerung des Sinnes mittels des Wortes Gottes entfernt werden, können und werden sie auch weiterhin Macht ausüben, auch wenn der Betroffene inzwischen Christ geworden ist. Falls man diesen „Rückständen" keine Aufmerksamkeit schenkt und sie keinem Erneuerungsprozeß durch das Wort Gottes unterzieht, wird Satan exakt in diesen Bereichen seinen Kampf gegen unser neues Leben einleiten.

Sobald der Feind einen solchen Bereich des Denkens oder Fühlens, der dem reinigenden Wirken des Heiligen Geistes noch nie ausgeliefert worden ist, geortet hat, kann er sich an ihm festkrallen, ihn mit neuer Energie aufladen und ihm eine ganz neue Dynamik verleihen; danach kann er beginnen, sich diesen Bereich zunutze zu machen, um das Wachstum und die Entwicklung Ihrer neuen Freiheit in Jesus Christus zu torpedieren. *Ein Großteil des „geistlichen Kampfes" ist darauf zurückzuführen, daß man sich geweigert hat, diese Rückstände anzupacken und zu beseitigen!*

Falsche Gedanken; falsche Glaubensinhalte; Erinnerungen an schreckliche Erfahrungen, die wir machten, bevor wir den Herrn kannten und die nach wie vor unsere Emotionen beherrschen, ohne daß wir Schritte dagegen einleiten; Ängste, die von Eltern, Familienmitgliedern oder Freunden an uns weitergegeben wurden und weiterhin mit unserer Einwilligung unsere Gefühlswelt dirigieren; falsche Lehren, die wir in einer früheren Gemeinde jahrelang praktizierten (und die jetzt einen Prozeß des Umdenkens und „Neutralisierens" erfordern würden) und die nach wie vor mit unserer Erlaubnis unsere Emotionen beherrschen – all diese Teilbereiche sind potentiell in der Lage, die Freiheit zu sabotieren, die wir jetzt in Jesus Christus faktisch haben.

Geistlicher Kampf und Erneuerung der Gedanken

Die Gedanken sind der strategisch entscheidende Schauplatz des geistlichen Kampfes mit dem „Gott dieser Welt"! Der Feind weiß, wie wichtig die Gedanken sind; er weiß, daß man über die Gedanken eines Menschen auch sein Leben kontrollieren kann.

Er weiß, daß, wenn es ihm gelingt, einen kleinen Teilbereich Ihrer Gedanken unter seine Kontrolle zu bringen, er eine gute Ausgangsposition hat, um weiter zu expandieren und sich dann schwächere Bereiche einzuverleiben, die vom Heiligen Geist und vom Wort Gottes gestärkt werden müßten. Indem der Teufel Ihre Gedanken mit Unglauben und Bollwerken der Lüge vergiftet, kann er Ihr Denken, Ihre Emotionen und Ihren Körper manipulieren. Zudem kann er Sie dazu benutzen, um in den Gedanken der Menschen, mit denen Sie zusammenkommen, dieselbe Art von Unglauben und Lüge zu säen.

Es besteht nicht der geringste Zweifel daran, daß die Gedanken der strategisch entscheidende Schauplatz des geistlichen Kampfes sind!

Die Gedanken des Menschen sind von Natur aus feindlich gegen Gott eingestellt und sinnen auf Zerstörung. Wir alle kommen mit einem angeborenen rebellischen Gedankengut und einem Wesen, das sich gegen Gott auflehnt, auf die Welt. Deshalb heißt es auch in Römer 8,7: *„Die Gesinnung des Fleisches* (die Gesinnung des natürlichen Menschen) *ist Feindschaft gegen Gott …“*

Kolosser 1,21 zufolge waren wir vor unserer Bekehrung „… entfremdet und feindlich *gesinnt* … in den bösen Werken“ (Schlachter).

Epheser 4,17-18 sagt, die Ungläubigen „… (wandeln) in Nichtigkeit ihres *Sinnes*; sie sind verfinstert am *Verstand*, fremd dem Leben Gottes wegen der *Unwissenheit*, die in ihnen ist, wegen der *Verstockung* ihres Herzens …“

In 2. Korinther 4,4 finden wir die Aussage, der „Gott dieser Welt“ habe bei den Ungläubigen „den *Sinn* verblendet“.

Schließlich lehrt uns Römer 1,28, daß die Gesinnung des natürlichen Menschen Gott so grundsätzlich entgegensteht, daß sie von ihm sogar *„verworfen“* werden kann.

Somit kann man sagen, daß unser Wesen schon von Anfang unserer Existenz auf Erden an einen Selbstzerstörungstrieb hatte und durchaus in der Lage war, auch ohne fremdes Zutun Festungen zu errichten. Der natürliche Mensch ist Gott feindlich gesinnt und hat stets danach getrachtet, in den zerstörerischen

Begierden des Fleisches Erfüllung und Selbstverwirklichung zu finden. Deshalb sagt Paulus auch: „Unter diesen hatten auch wir einst alle unseren Verkehr in den Begierden unseres Fleisches, *indem wir den Willen des Fleisches und der Gedanken taten und von Natur Kinder des Zorns waren* ...“ (Eph 2,3).

Wenn wir nicht danach streben, unsere Gedanken, unseren Willen und unsere Emotionen anhand der Wahrheiten des Wortes Gottes zu erneuern, wird auch in Zukunft die Illusion der Gebundenheit unser Leben bestimmen. In den meisten Fällen sind es diese, von der Erneuerung ausgenommenen Bereiche des Denkens, in denen der Teufel auch weiterhin seinen schlechten Einfluß auf unser Leben geltend macht. Er weiß, daß er mit seinem Kampf gegen Sie und Ihre Familie keinen Erfolg mehr haben wird, wenn Ihre Gedanken durch die Wahrheit erneuert worden sind!

Aus diesem Grund werden wir in den Briefen des Neuen Testaments nachdrücklich ermahnt, mit großer Ernsthaftigkeit auf den Zustand unserer Gedankenwelt zu achten. Wir haben den Auftrag, unsere Gedanken anhand der Vorgabe der biblischen Wahrheit zu erneuern. Das wird aus folgenden Ermahnungen ersichtlich:

– „Werdet verwandelt durch die Erneuerung des Sinnes“ (Röm 12,2).

– „Werdet erneuert in dem Geist eurer Gesinnung“ (Eph 4,23).

– „Zieht an den neuen Menschen“ (Eph 4,24).

– „Zieht an den neuen Menschen, der zur Erkenntnis nach dem Bilde seines Schöpfers erneuert wird“ (Kol 3,10; Menge).

– „Das Wort des Christus wohne reichlich in euch ...“ (Kol 3,16).

– „Umgürtet die Lenden eurer Gesinnung ...“ (1. Petr 1,13).

Beachten Sie ganz besonders die Ermahnung des Petrus, die „Lenden der Gesinnung“ zu umgürten. Petrus stellt uns hier das Bild eines Rennläufers vor Augen; seine Kleidung ist nach unten gerutscht und seine Beine haben sich darin verheddert. Er lag gut im Rennen und sein Schritt wurde immer schneller, als mit einem Mal die lose herunterhängende Kleidung seinen Lauf behinderte.

Im übertragenen Sinne müssen wir „die Lenden unserer Gesinnung umgürten“ und danach trachten, unser Denken mit dem Wort Gottes zu erneuern. Diese kontinuierliche Erneuerung und Festigung des Wortes Gottes in unseren Gedanken wird falsches Denken, falsche Glaubensinhalte, Wunden aus der Vergangenheit und schmerzliche emotionale Erinnerungen ausmerzen, die sich sonst nachteilig auf unser neues Leben auswirken würden. *Der Teufel nutzt diese „lose herunterhängenden“, nicht ausgelieferten und nicht erneuerten Bereiche unseres Denkens, um dort seine Attacken gegen uns zu reiten.*

Diese Erneuerung des Sinnes ist kein „Zusatz“ zum bereits vollendeten Werk Jesu Christi; sie versetzt uns lediglich in die Lage, unseren Glauben praktisch umsetzen und die Segnungen der für uns vollbrachten Erlösungstat Jesu genießen zu können!

Seien Sie vorsichtig! Wenn Sie weiterhin falsches Denken und falsche Glaubensinhalte bewußt dulden, werden Sie auch nur in begrenztem Maße fähig sein, Ihre Errettung zu genießen. So ein Verhalten könnte man mit einem Rennläufer vergleichen, der es bewußt duldet, daß seine Kleidung nach unten rutscht und sich zwischen seinen Beinen verheddert. Obwohl er noch auf der Bahn ist, wird er ganz sicher nicht siegen, und der Lauf an sich wird ihm auch keine große Freude bereiten.

Deshalb ermahnt Petrus uns, „die Lenden unserer Gesinnung zu umgürten“. Wir müssen diese Bereiche „zuschnüren“, in denen sich der Teufel festsetzen und gegen uns arbeiten möchte.

Eine lebenslange Verpflichtung

Aus diesem Grund betone ich, daß der geistliche Kampf eine lebenslange Verpflichtung ist und kein zeitweiliger emotioneller Überschwang, in dem wir den Teufel in wenigen Augenblicken verscheuchen. Echter geistlicher Kampf wird viel länger dauern!

Im echten geistlichen Kampf muß man Autorität sowohl über dämonische Mächte als auch über die eigenen Gedanken ergreifen.

Die Gedanken erneuern; nachsinnen über das Wort Gottes, bis es Herz und Seele durchdrungen hat; lernen, geheiligt zu leben; danach streben, Tag für Tag neu in das Abbild Jesu Christi verwandelt zu werden; lernen, im Geist zu wandeln – *das sind wesentliche Bestandteile des echten geistlichen Kampfes.*

Echter geistlicher Kampf bringt die Notwendigkeit mit sich, sein Leben hinzugeben, zu reinigen und Gott zu weihen. Jede Sicht des Themas „Geistlicher Kampf“, die diese Komponenten außer acht läßt, ist *einseitig* und verfehlt ihr Ziel.

Kapitel 5

Eine göttliche Offensive

Als die Kraft des Heiligen Geistes zu Pfingsten auf die Gläubigen fiel und die Gemeinde Jesu auf diese Weise die übernatürliche Dimension kennenlernte, war Satan ohne jeden Zweifel klar, daß er sich seines Machtbereichs auf Erden nicht mehr sicher sein konnte.

Wenn schon Jesus ihm als Einzelperson eine derart niederschmetternde Niederlage zufügen konnte, wie sollte er dann gegen unzählige Nachfolger Christi bestehen, die mit demselben Geist erfüllt waren, der Jesus von den Toten auferweckt hatte?

Nachdem die Gläubigen in Jerusalem mit übernatürlicher Kraft aus der Höhe ausgestattet worden waren, verwandelten sie sich auf wunderbare Weise in eine göttliche Armee, die übernatürliche Kräfte und Waffen besaß, mit denen sie den Sieg über den übernatürlichen Feind, den Jesus bereits errungen hatte, in die Praxis umsetzen konnten.

Satans schlimmster Alptraum war Wirklichkeit geworden. Sein finsteres, wahnsinniges, teuflisches Reich, das vor der Geburt Jesu viele tausend Jahre lang auf sicheren Säulen geruht hatte, war einer Invasion zum Opfer gefallen – erst durch Jesus, nun durch die Gemeinde. In seinen Augen war eine göttliche Offensive auf seine Domäne gestartet worden, mit dem Ziel, den Sieg, den Jesus durch seinen Tod und seine Auferstehung über den Feind errungen hatte, in die Tat umzusetzen und die Niederlage des Gegners öffentlich zu demonstrieren. Gottes Armee, die Gemeinde, war vom himmlischen Hauptquartier ausgesandt worden, um Satan seinen Machtbereich wegzunehmen und an das Volk Gottes zurückzugeben!

Das Reich Gottes war gekommen! Die Gemeinde fing an zu predigen, zu lehren, zu evangelisieren, Kranke zu heilen, Tote aufzuerwecken, Dämonen auszutreiben und Schritt für Schritt die Mächte der Hölle zurückzudrängen. Satan konnte sich ab sofort nie wieder in Sicherheit wiegen. Die Gemeinde war auf den Plan getreten, um das Gericht über ihn und seine pervertierten Heerscharen auszuführen.

Um zu verhindern, daß er alle Macht, die er auf das verlorene Weltsystem ausübte, verlieren würde, ließ Satan seiner Wut freien Lauf; er wollte diese göttliche Offensive im Keim ersticken, bevor die Gemeinde das Gericht, das bereits über ihn ausgesprochen war, voll ausführen könnte.

Ein günstiger Zeitpunkt für einen Angriff Satans

Als Paulus im Jahre 64 seinen Brief an die Epheser schrieb, zeigte Satans Strategie zur Zerstörung der Gemeinde bereits Wirkung.

Paulus, ein vollmächtiger und treuer Kämpfer Christi, ja ein Vater und General im Glauben, wurde in der Kaiserstadt Rom ins Gefängnis geworfen, weil er der Drahtzieher des gewaltigen Brandes gewesen sein sollte, der ein Jahr zuvor zwölf Stadtteile Roms zerstört hatte. Doch der eigentliche Brandstifter war Nero, der damalige Kaiser:

Weil Nero von seiner eigenen Göttlichkeit überzeugt war, und von seiner Mutter Agrippina (die unter dem Einfluß dämonischer Mächte stand) immer wieder gedrängt wurde, an diese Göttlichkeit zu glauben, trat er im Jahre 63 vor den römischen Senat; er beantragte, man solle die Stadt neu erbauen und überall Statuen von ihm aufstellen, damit jeder gute römische Bürger ihn zu jeder Tages- und Nachtzeit anbeten könnte.

Als der Senat diesem Vorschlag nicht zustimmte, ging Nero nach Hause, gab seinen Dienern Fackeln und befahl ihnen, die Kaiserstadt bis auf das letzte Haus niederzubrennen. Sein Hintergedanke war: „Wenn sie mich Rom nicht niederreißen lassen, werde ich es eben niederbrennen."

Nachdem das Feuer gelöscht war und der Senat die Stadt inspiziert hatte, wurde ihm sehr schnell klar, daß Nero diesen Brand geplant hatte: Der Stadtteil, in dem Nero vor kurzem seinen neuen, berühmten Kaiserpalast hatte errichten lassen, war als einziger kein Raub der Flammen geworden. Angesichts dieses überzeugenden Beweises und der Erkenntnis, daß Nero selbst hinter diesem katastrophalen Brand stand, der ihr geliebtes Rom beinahe völlig zerstört hätte, machten sich die Senatoren unverzüglich daran, Neros Prozeß und seine Hinrichtung zu planen.

Zu diesem Zeitpunkt trat Nero, vom Teufel selbst befähigt und inspiriert, an die Öffentlichkeit und behauptete, die Christen hätten die Kaiserstadt niedergebrannt (mehr darüber finden Sie auf den Seiten 4-20 von *Living in the combat zone*). Weil Paulus als christlicher Leiter ohnehin berühmt-berüchtigt war, wurde er aufgrund der Rolle, die er angeblich bei der Brandstiftung gespielt haben soll, gefangengenommen und ins Gefängnis geworfen; von nun an mußte er den Rest seines Lebens, angekettet an einen schwerbewaffneten römischen Soldaten, in einer Gefängniszelle in Rom verbringen.

Dieser Angriff auf die Gemeinde war Teil der Strategie Satans zur Vereitelung des Planes Gottes. Eben zu dieser Zeit wuchs die Gemeinde so schnell wie noch nie zuvor, und zwar zahlenmäßig, lehrmäßig und geistlich. Bevor Satan sein Reich an Gottes siegreiche Armee, die Gemeinde, verlieren würde, schlug er rasch und hinterlistig zu, um das Wirken Gottes abzuwürgen.

Doch wie immer diente dieser dämonische Angriff, der die Gemeinde eigentlich hätte zerstören sollen, dazu, daß das Evangelium noch mehr Verbreitung fand.

Der Schuß geht nach hinten los!

Noch nie war einer satanischen Strategie zur Vernichtung der Gemeinde Christi Erfolg beschieden. Wenn man die Kirchengeschichte studiert, wird einem sehr schnell klar, daß jeder Angriff, den der Feind gegen die Gemeinde gestartet hat, letztendlich immer dazu beitrug, die Sache Jesu Christi noch mehr voranzutreiben. *Aufgrund dieser zweitausendjährigen Erfahrung kann man mit großem Nachdruck sagen, daß der Teufel über keine erfolgreichen Strategien verfügt; er weiß einfach nicht, wie er gewinnen soll.*

Er dachte, er könnte den Dienst des Paulus dadurch zerstören, daß er diesen wegen seines Glaubens ins Gefängnis werfen ließ. Doch diese Aktion brachte ihm alles andere als einen Sieg ein! Der Teufel machte einen großen Fehler, denn indem er Paulus einsperren ließ, schuf er für diesen eine Situation, in der er nichts anderes mehr tun konnte, als auf den Heiligen Geist zu hören! *Diese Strategie Satans war ein totaler Fehlschlag!*

Während der Zeit im Gefängnis bekam Paulus einige der gewaltigsten Offenbarungen des Neuen Testaments – *die Briefe an die Galater, Epheser, Philipper, Kolosser, den zweiten Timotheusbrief und den Brief an Philemon.* Diese Bücher des Neuen Testaments sind allesamt ein Produkt seiner Zeit im Gefängnis! Aus diesem Grund sagte Paulus auch: „(Für die Heilsbotschaft habe ich) Leiden zu erdulden …, sogar Ketten wie ein Verbrecher; *doch das Wort Gottes liegt nicht in Ketten*" (2. Tim 2,9).

Hätte er nie in Ketten gelegen, hätte er vielleicht auch nie diese entscheidenden neutestamentlichen Bücher geschrieben. Können Sie sich vorstellen, wie hektisch der Dienst des Paulus außerhalb der Gefängnismauern gewesen sein muß? Sein Dienst verlangte einem Menschen wohl mehr ab als irgendein anderer Dienst in der Geschichte.

Als Apostel hatte er alle Hände voll zu tun, um neue Gemeinden zu gründen, neue Leiter zu Jüngern zu machen und mitzuhelfen, Probleme in Ortsgemeinden zu lösen. Außerhalb der Gefängnismauern war Paulus' Dienst überaus effektiv und setzte dem Reich der Finsternis schwer zu. Der Teufel meinte, er könnte diese Effektivität zunichte machen, indem er Paulus in Ketten legte; doch da hatte er sich verrechnet: Paulus wurde sogar noch effektiver!

Die Geschichte ist voll mit Fehlkalkulationen des Teufels. Ein anderes Beispiel dafür ist die Geschichte des Apostels Johannes.

Der römische Kaiser Domitian beschloß (zweifellos einer teuflischen Inspiration folgend), Johannes auf die Insel Patmos zu verbannen. Der Teufel war der Meinung, er könnte den wirksamen Dienst des Johannes zerstören, indem er diesen auf eine kleine, entlegene Felseninsel inmitten des Mittelmeers verbannte. Doch auch das stellte sich als schwerer Fehler heraus! Der Teufel trug auf diese Weise dazu bei, daß Johannes in der Abgeschiedenheit der Insel Patmos das Buch der Offenbarung empfangen konnte!

Oder denken wir nur daran, wie falsch Satan die Situation von Aquila und Priscilla einschätzte. Auch diese Geschichte veranschaulicht überaus drastisch, daß ein Schuß Satans immer nach hinten losgeht!

Die frühesten Aufzeichnungen der Kirchengeschichte belegen, daß Aquila und Priscilla die Gemeinde von Rom gründeten. Die junge Gemeinde traf sich anfangs bei ihnen zu Hause. Als unter der Herrschaft von Kaiser Claudius zum ersten Mal massive Judenverfolgungen stattfanden, wurden Aquila und Priscilla, wie viele andere Gläubige, die in den jüdischen Enklaven Roms lebten, aus der Stadt vertrieben.

Stellen Sie sich nur vor, wie schwer ihnen das Herz gewesen sein muß, als sie ihre Gemeindefamilie zurücklassen mußten! Sie hatten die Gemeinde ja gegründet und viele dieser Menschen zum Herrn geführt. Sie durften miterleben, wie jene mit dem Geist Gottes erfüllt wurden; sie hatten sie gelehrt, zu Jüngern gemacht und mitverfolgt, wie jene in ihrer Beziehung zum Herrn wuchsen. Die Gemeinde in Rom war für sie ein kostbares und teures Gut. Und nun wurden sie gegen ihren Willen gezwungen, all das zurückzulassen.

Sie können davon ausgehen, daß die beiden, als sie aus Rom vertrieben wurden, rein menschlich dachten, nun sei alles aus. Stellen Sie sich nur vor, wie niederschmetternd und vernichtend es für sie gewesen sein muß, all ihre Habseligkeiten zusammenzupacken und sich von den übrigen Gemeindemitgliedern in Rom zu verabschieden. Sie waren wohl unweigerlich der Auffassung, ihr Dienst wäre vorüber und alles wäre „gelaufen“.

Doch der wichtigste Dienst von Aquila und Priscilla begann, *nachdem* sie Rom verlassen hatten! Nach ihrer Vertreibung reisten sie nach Osten und ließen sich in der Stadt Korinth nieder, wo sie als Zeltmacher arbeiteten. Dort begegneten sie Apollos, einem sehr einflußreichen und gebildeten Juden aus Alexandria, der zu Besuch bei der Gemeinde in Korinth war. Während seines Aufenthalts „legten ihm (Aquila und Priscilla) den Weg Gottes genauer aus“ (Apg 18,24-26).

Apollos wurde schließlich Pastor der Gemeinde in Korinth. Wäre es Aquila und Priscilla möglich gewesen, in Rom zu bleiben, hätten sie Apollos nie getroffen und zum Herrn geführt. Die Vertreibung aus Rom war als Angriff auf ihren Dienst gedacht gewesen, doch letztendlich wurden sie dadurch in die Lage versetzt, das Evangelium Jesu Christi noch mehr voranzutreiben.

Und wären Aquila und Priscilla in Rom geblieben, wären sie auch nie dem Apostel Paulus begegnet. Erst nach ihrer Vertreibung trafen sie ihn und wurden seine Mitarbeiter. Dieses apostolische Team diente in den darauf folgenden Jahren in vielen Gemeinden Griechenlands und Kleinasiens.

Während der Teufel meinte, er könne ihnen und ihrem vollmächtigen Dienst ein für allemal das Wasser abgraben, indem er sie aus Rom vertrieb, *versetzte er sie in Wirklichkeit in die Lage, den größten Dienst ihres Lebens zu beginnen.* Hätte der Teufel sie nie attackiert und aus ihrem Wirkungskreis in Rom vertrieben, wären sie wohl nie von dort weg und in die Mission gegangen.

Eine verschlossene Tür ist keine Niederlage

Ungeachtet dessen, was der Teufel Ihnen, Ihrer Familie, Ihrer Gemeinde oder Ihrem Dienst antun möchte, wird Gott den Spieß umdrehen, wenn Sie im Glauben feststehen, und aus dem Angriff heraus einen Gegenangriff des Reiches Gottes starten!

Auch wenn Ihre Finanzen angegriffen sind und der Plan Gottes mit Ihrem Leben gewaltig angefochten wird, ist der Herr in der Lage, diese üblen Listen umzudrehen, so daß sich letztlich alles zum Guten wenden muß. Paulus sagt ja: „Wir wissen aber, daß denen, die Gott lieben, alle Dinge zum Guten mitwirken, denen, die nach seinem Vorsatz berufen sind" (Röm 8,28).

Eine verschlossene Tür ist keine Niederlage! Wenn sich eine Tür vor Ihren Augen schließt und alles vorüber zu sein scheint, dann bleiben Sie dran und verkneifen Sie sich einen Richterspruch über diese Situation! Womit der Teufel Sie verletzen wollte, wird Gott Sie segnen! *Vielleicht ist Gott dabei, die größte und wirksamste Tür, d. h. Gelegenheit, aufzutun, die sich in Ihrem Leben je aufgetan hat!*

Paulus mußte viele Schläge des Feindes einstecken, die er, rein menschlich gesprochen, eigentlich nicht hätte überleben dürfen. Dennoch war er am Leben, wohlauf und immer noch im Dienst. Da er Gottes Treue schon so oft erleben durfte, schaute er den Schwierigkeiten zuversichtlich ins Auge und sagte: „Aber in diesem allen sind wir mehr als Überwinder durch den, der uns geliebt hat" (Röm 8,37).

Beachten Sie hier, daß Paulus uns „mehr als Überwinder“ nennt. Die Wendung „mehr als ein Überwinder sein“ lautet im griechischen Original *hypernikao*, eine Zusammensetzung aus *hyper* und *nikao* (bzw. *nikos*). Man vermutet, daß dieses Wort an dieser Stelle das erste Mal in der griechischen Literatur überhaupt vorkommt und eine Neuschöpfung des Paulus ist.

Warum ist diese Information so bedeutsam? Wir schließen daraus, daß es für Paulus in der griechischen Sprache kein Wort gab, das stark genug gewesen wäre, um das auszudrücken, was er sagen wollte. Deshalb erfand er ein eigenes Wort dafür! Indem er die beiden Worte *hyper* und *nikos* zu einem zusammenfügte, traf Paulus eine phantastische Aussage mit geballter inhaltlicher Kraft!

Die Formulierung „mehr als“ (*hyper*) bedeutet wörtlich „oberhalb, jenseits und darüber hinaus“. Es beschreibt etwas, das absolut maß-los ist. In bestimmten Komposita, wie z. B. „hypermodern“ oder „hypersensibel“, taucht auch im Deutschen das Wort *hyper* auf. Wie *hyper* in dieser Bibelstelle verwendet wird, deckt es das Bedeutungsfeld „Überlegenheit“ ab: „Größer, gewaltiger, höher, besser; mehr als nur ebenbürtig; das Äußerste, Vortrefflichste, Überwältigendste“. Oder: „Erstklassig, spitzenmäßig, eins a, unübertroffen, unüberbietbar, konkurrenzlos“.

Nun verwendet Paulus dieses Wort, um zu beschreiben, welche Art von Überwinder wir in Jesus Christus sind. Wir sind *Hyper-Überwinder*! Das Wort *hyper* ist eine dramatische Veranschaulichung unseres Sieges! Ihm zufolge sind wir *größere Überwinder, gewaltigere Überwinder, höhere und bessere Überwinder; wir sind jedem Feind oder Gegner mehr als ebenbürtig; wir sind die äußersten Überwinder, vortrefflichsten Überwinder, überwältigendsten Überwinder; wir sind erstklassige Überwinder, spitzenmäßige Überwinder, „Eins-a-Überwinder“, unübertroffene Überwinder, unüberbietbare Überwinder und konkurrenzlose Überwinder!* Das ist mit der Formulierung „mehr als Überwinder“ gemeint.

Das Wort „Überwinder“ leitet sich von *nikos* her. Es bezeichnet einen „Bezwinger, Überwinder, Champion, Sieger oder Meister“. Es vermittelt das Bild einer „überwältigenden Macht, die sich durchsetzt“. Das Wort *nikos* spiegelt etwas Dramatisches wider, jemanden, der durch und durch siegreich ist! Doch *nikos* allein war Paulus immer noch nicht stark genug, um das auf den Punkt zu bringen, was er ausdrücken wollte! Deshalb fügte er die Worte *hyper* und *nikos* zusammen, um die Aussage noch zu verstärken!

Indem Paulus uns „mehr als Überwinder“ nennt, sagt er uns, daß wir in Christus Jesus „überwältigende Überwinder“ sind, „unüberbietbare Sieger“ oder „konkurrenzlose Bezwinger“. In diesem Wort steckt so viel geballte Kraft, daß man es mit „phänomenale, spitzenmäßige, überwindende Macht“ übersetzen könnte.

Wenn man nun diese Zusatzinformation im Hinterkopf behält und liest, was Paulus sagt – „Aber in diesem allen sind wir mehr als Überwinder durch den, der uns geliebt hat“ –, dann weiß man, daß er nicht von einem kleinen Sieg spricht, sondern statt dessen verkündet, daß wir gewaltige Sieger sind! Wir sind eine „phänomenale, spitzenmäßige, überwindende Macht“!

Da uns die Kraft Jesu Christi zur Verfügung steht, können wir gewiß sein, „… daß weder Tod noch Leben, weder Engel noch Gewalten, weder Gegenwärtiges noch Zukünftiges, noch Mächte, weder Höhe noch Tiefe, noch irgendein anderes Geschöpf uns wird scheiden können von der Liebe Gottes, die in Christus Jesus ist, unserem Herrn“ (Röm 8,38-39).

Gleichgültig, was der Teufel in der Vergangenheit gegen Sie unternahm, gleichgültig, wie sehr Sie selbst, Ihre Familie, Ihr Geschäft oder Ihr Dienst jetzt unter Beschuß stehen – letztendlich werden all diese Angriffe kläglich scheitern! Ja, der Teufel versucht vielleicht, den Plan Gottes mit Ihrem Leben zu vereiteln, doch „… keiner Waffe, die gegen dich geschmiedet wird, soll es gelingen“ (Jes 54,17).

Jede Offensive gegen Sie wird in letzter Konsequenz für Sie zum Guten mitwirken, denn „… wir wissen …, daß denen, die Gott lieben, alle Dinge zum Guten mitwirken, denen, die nach seinem Vorsatz berufen sind“ (Röm 8,28).

Satan plant seit Jahrhunderten, die Gemeinde zu vernichten – auch heute noch! Er haßt die Gemeinde Jesu Christi noch immer und haßt in gleichem Maße auch die Predigt und Lehre des Wortes Gottes.

Er möchte um jeden Preis verhindern, daß die Gemeinde den Sieg Jesu über ihn demonstriert und das Gericht ausführt, das

das Wort Gottes über ihn bereits ausgesprochen hat; statt dessen trachtet er nach wie vor eifrig danach, uns zu vernichten. *Die Gemeinde Jesu ist immer noch eine Bedrohung für ihn, der er sich mit all seiner Macht in den Weg stellen wird.*

Nicht nur Sie haben solche Probleme

Sie sollen wissen, daß die Angriffe auf Ihr Leben vermutlich zunehmen werden, je mehr Sie geistlich wachsen. Doch die frohe Botschaft lautet, daß Ihnen Ihr Wachstum und Ihre zunehmende Kenntnis des Wortes Gottes helfen werden, diesen Attacken entgegenzutreten.

Der Feind will nicht, daß Sie wachsen. Geistliches Wachstum in Ihrem Leben bedeutet ja, daß er und sein Reich vermehrt Schwierigkeiten bekommen werden. Vielmehr ist er darauf aus, daß Sie in den geistlichen Kinderschuhen steckenbleiben, damit Sie ihm keinen ernsthaften Schaden zufügen können.

Wenn Sie nun anfangen zu wachsen und Ihre Versiertheit im Wort Gottes und in der Kraft des Heiligen Geistes auszubauen, wird dieses Wachstum für den Machtbereich Satans eine Bedrohung darstellen. Deshalb wird sich das Reich der Finsternis womöglich veranlaßt sehen, einen Präventivschlag gegen Sie zu führen, um Ihr Wachstum zu verlangsamen. *Seien Sie nicht überrascht, wenn solche Schläge kommen!*

Paulus sagte: „Die Proben, auf die euer Glaube bisher gestellt worden ist, sind über das gewöhnliche Maß noch nicht hinausgegangen" (1. Kor 10,13; Gute Nachricht). Im Hinblick auf diese Angriffe des Teufels meinte Petrus: „Dem leistet Widerstand in Glaubensfestigkeit; ihr wißt ja, daß die gleichen Leiden euren Brüdern in der ganzen Welt auferlegt werden" (1. Petr 5,9; Menge).

Vielleicht beschwatzt der Teufel Ihr Fleisch und Ihre Emotionen so, daß Sie zu glauben beginnen, es hätte noch nie jemand so gelitten wie Sie oder es hätte noch niemand derartige Schwierigkeiten zu bestehen gehabt wie Sie jetzt. *Doch dies ist ein Trick, der Sie dazu bringen soll, nur noch auf sich selbst zu schauen.* Wenn Sie es zulassen, daß dieser Trick funktioniert, wird er Sie in letzter Konsequenz in die Falle der Ichbezogenheit locken, wo sich Ihr ganzes Leben nur noch um Sie, Ihre Probleme, Ihre Schwierigkeiten, Ihre Ängste etc. dreht.

Eins ist gewiß: Wenn Sie anfangen zu wachsen, *werden Sie Gelegenheit bekommen, Ihren Glauben praktisch einzusetzen und dem Teufel zu widerstehen!* Wenn Sie immer mehr von Gottes Wort verstehen, werden Sie vielleicht sogar *viele Gelegenheiten* bekommen, Ihren Glauben auszuüben und dem Teufel Widerstand zu leisten!

Ich kann schon nicht mehr zählen, wie oft Menschen zu mir gekommen sind und sagten: „Ich hatte keine gesundheitlichen Probleme, bis ich erkannte, daß die Sühne Jesu auch Heilung umfaßt! Nachdem ich angefangen hatte zu glauben und zu proklamieren, daß Heilung ein Teil der Sühne Jesu ist, kam es mir vor, als ob ich mit allen möglichen Krankheiten geschlagen würde."

Andere Christen meinten: „Ich hatte keinen finanziellen Kummer, bis ich glaubte, was das Wort Gottes über den Zehnten und Spenden sagt. Meine Finanzen waren total in Ordnung, bis ich anfing, nach der Vorgabe des Wortes Gottes zu handeln. Als ich begann, meinen Zehnten zu zahlen und für das Werk des Herrn Geld zu spenden, schien alles ins Wanken zu geraten."

Diese Berichte schildern die Bestrebungen des Feindes, Sie aus dem verheißenen Land zu vertreiben. Er will nicht, daß Sie der Bibel gehorchen und Segen empfangen. Genau deshalb sagte der Autor des Hebräerbriefes seinen Lesern: „Gedenkt aber der früheren Tage, *in denen ihr, nachdem ihr erleuchtet worden wart, viel Leidenskampf erduldet habt ..." (Hebr 10,32).*

Auf eine „Erleuchtung" folgt fast immer ein Kampf (mehr darüber lesen Sie auf den Seiten 232-236 von *Living in the combat zone*). Wenn Sie über einen Teilbereich des Wortes Gottes Erkenntnis bekommen haben, kommt der Feind, um Sie anzugreifen. Solche Attacken folgen fast augenblicklich, um das Wort zu stehlen, das Sie gerade erst in Ihrem Herzen aufgenommen haben und um Ihnen Zweifel über dieses Wort einzuflüstern, damit Sie sich nicht voll Glauben und Zuversicht darauf stellen.

Sie müssen folgendes wissen:

– Eine Attacke auf Ihre Finanzen ist kein Einzelfall.

– Ein Angriff auf Ihren Körper ist nichts Ungewöhnliches.

– Ein Schlag gegen Ihre Gemeinde ist keine wunderliche Ausnahme.

– Das sind die Methoden des Feindes.

Er wartet, bis das Wachstum beginnt, und schlägt dann unerbittlich zu, um Sie wieder in Ihre frühere geistliche Verzweiflung zurückzuscheuchen. Er möchte ja, daß Sie sich zurückziehen und der geistlichen Front den Rücken kehren!

Doch wenn Sie schon im voraus wissen, nach welchen Prinzipien der Feind operiert, werden Sie auch mental auf solche Herausforderungen vorbereitet sein. Er tritt auf den Plan, um Ihnen den Boden unter den Füßen wegzuziehen, wenn Sie wachsen und Neuland erobern. *Ihre Kenntnis darüber, wie und wann Satan angreift, wird Sie in die Lage versetzen, intelligenter mit diesen Attacken umzugehen.*

Jakobus schrieb über diese Phasen, in denen man geistlich angegriffen wird: „Achtet es für lauter Freude, meine Brüder, *wenn* ihr in mancherlei Versuchungen geratet ...“ (Jak 1,2).

Das Wort „wenn“ weist darauf hin, daß diese Angriffe unweigerlich kommen *werden*. Jakobus sagt nicht, wir sollen es für lauter Freude achten, „falls“ wir in mancherlei Versuchung geraten, sondern „wenn“ wir in mancherlei Versuchung geraten. Die Zeitform im Griechischen deutet an, daß solche Angriffe in der Regel immer dann kommen, wenn man sie am wenigsten erwartet; normalerweise kommen sie aus einer Richtung, an die man nicht im Traum gedacht hätte, weil sie speziell so konzipiert sind, daß sie uns in einem unachtsamen Moment und völlig überraschend erwischen sollen.

Hie und da werden sogar die geistlichsten Menschen, die Sie kennen, in irgendeinem Bereich angegriffen. Gleichgültig, ob sich so eine Attacke in der natürlichen oder in der übernatürlichen Welt abspielt – wichtig ist, daß Sie wissen, wie Sie reagieren müssen, wenn sich erste Anzeichen eines Angriffs in Ihrem Leben bemerkbar machen.

Jakobus möchte uns mit seiner Warnung keine Angst einflößen. Statt dessen informiert er uns vorab über diese Tatsache, damit wir nicht aus allen Wolken fallen und kalt erwischt werden, wenn solche Angriffe kommen, und dann verwirrt und entmutigt dasitzen. *Man sollte mit solchen Angriffen rechnen.*

Der Teufel möchte nicht, daß Sie geistlich vorwärtsgehen; deshalb wird er Maßnahmen ergreifen, damit Sie auf der Stelle treten! Wenn solche Schläge auch sonst zu nichts nütze sind, so belegen sie doch auf jeden Fall, daß Sie in Ihrem geistlichen Leben vorankommen und für das Reich der Finsternis zunehmend zur Bedrohung werden. Wenn dem nicht so wäre, würden die unsichtbaren Feinde Sie ja links liegenlassen.

Ein Großteil des geistlichen Kampfes besteht darin, daß man sich mental darauf vorbereitet. Wenn Sie mental gewappnet und für die Strategien und potentiellen Angriffe des Feindes sensibilisiert sind, dann haben Sie die Schlacht schon halb gewonnen.

Durch mentale Vorbereitung bleibt der Überraschungseffekt auf der Strecke. So haben Sie stets die Oberhand.

Angriffe auf Gemeinden und Dienste

Wie viele Ortsgemeinden und unabhängige Dienste wurden schon vernichtet, als sie drauf und dran waren, für Gott einen Durchbruch zu erreichen?!

Denken Sie nur an all die Pastoren, die vom Urlaub wieder nach Hause kamen und feststellen mußten, daß in ihrer Abwesenheit innerhalb der Leiterschaft ihrer Gemeinde Sabotage betrieben wurde!

Ich frage mich, wie viele Ortsgemeinden inmitten eines Neubauprojekts durch bestimmte Verhaltensweisen gespalten wurden, die in dieser konkreten Gemeinschaft von Gläubigen sonst völlig undenkbar gewesen wären.

Ich möchte nicht wissen, wie viele Dienste und Gemeinden im Glauben vorwärtsgingen, um ihre von Gott gegebene Vision in die Tat umzusetzen, als plötzlich in ihrer Kasse Ebbe herrschte, ohne daß sich dies vorher abgezeichnet hätte.

Solange wir nichts für Gott tun, haben wir auch die Gewißheit, daß uns der Feind keine Steine in den Weg legen wird. Doch wenn wir anfangen, das zu tun, wozu Gott uns berufen hat, und damit auch noch einen gewissen Erfolg erzielen, müssen wir mental gewappnet und wachsam sein! Schon unzählige Gemeinden brachen entzwei oder gingen völlig zugrunde, als sie kurz davorstanden, ihre Vision zu realisieren und für das Reich Gottes einen Durchbruch zu erzielen.

Der Teufel wartet auf eine günstige Gelegenheit, um zuzuschlagen!

Deshalb heißt es auch bei Lukas, der Teufel habe von Jesus nach dessen Versuchung „bis zu einer gelegenen Zeit“ abgelassen (Lk 4,13; Menge). Die Schlußfolgerung ist, daß der Teufel es zwar wieder versuchen, aber auf den Moment warten würde, der für sein Ansinnen scheinbar günstiger wäre.

Erinnern Sie sich daran, daß Jesus und seine Jünger genau in dem Moment von einem heftigen Sturm heimgesucht wurden, als sie auf das Land der Gerasener zusteuerten (vgl. Mk 4,35-41). Als Jesus die Küste erreicht hatte, machte er sich auf, eine Legion Dämonen aus dem besessenen Gerasener auszutreiben. Dies sollte eines der gewaltigsten Wunder seines Dienstes auf Erden sein. Weil Satan wußte, daß Jesus dieses Wunder wirken und er dadurch einen kostbaren Besitz, *den Besessenen*, verlieren würde, schlug er mit aller Wucht zu, um der wunderwirkenden Kraft Gottes einen Riegel vorzuschieben.

In vergleichbarer Weise schlägt der Teufel gern in Ortsgemeinden und Diensten zu, wenn diese kurz davorstehen, mit ihrem Boot am neuen Land anzulegen, d. h. die wunderwirkende Kraft Gottes in ihrem eigenen Leben und in ihrem Dienst freizusetzen. Er will verhindern, daß Sie, Ihr Dienst oder Ihre Gemeinde die Segnungen Gottes empfangen können. Seien Sie also auf der Hut und vergegenwärtigen Sie sich, daß sich für den Teufel vielleicht gerade dann, wenn die Verwirklichung Ihrer Vision zum Greifen nahe scheint, die „günstige Gelegenheit" bietet, Ihrer Gemeinde oder Ihrem Dienst eine tödliche Wunde zuzufügen.

Doch Sie können zuversichtlich sein und wissen, daß Gott einen teuflischen Angriff auf die Leiterschaft Ihrer Gemeinde, eine Attacke auf die Gemeindefinanzen, ja sogar Streit und Zwist innerhalb der Gemeindemitglieder zu Ihrem Besten wenden kann!

Dadurch, daß der Teufel in Abwesenheit des Gemeindeleiters geistliche Sabotage betrieb, öffnete er diesem die Augen dafür, wem er vertrauen könne und wem nicht! Es ist gut, daß so etwas zu diesem Zeitpunkt geschah und nicht später, wenn daraus viel größerer Schaden hätte entstehen können. Indem der Teufel Ränke schmiedete, um die Gemeinde zu stören und zu vernichten, *hat er den Bogen überspannt*!

Sogar die finanzielle Misere, mit der der Feind die Wachstums- und Expansionspläne Ihres Dienstes vereiteln wollte, wird für Sie ihr Gutes haben! Während diese Pläne auf Eis gelegt werden müssen, wird Gott Ihnen ein neues Konzept schenken, das weit nützlicher zur Umsetzung Ihrer Vision ist. Er wird Ihnen eine Strategie und einen Plan geben, der leichter zu realisieren ist und letztendlich auch weniger Geld kostet. *Wiederum hat der Feind den Bogen überspannt!*

Satan haßt die Gemeinde Jesu Christi! In seinen Augen sind wir eine göttliche Offensive, ein Vorstoß in ein Territorium, das ihm früher absolut sicher war. Um uns zu entmutigen und davon abzuhalten, noch tiefer vorzustoßen, wird er versuchen, die Gemeinde anzugreifen und zu vernichten.

Doch was der Teufel anstellen wird, um dem Werk Gottes Schaden zuzufügen, ist unerheblich, denn wenn wir treu bleiben und auch weiterhin „den guten Kampf des Glaubens" kämpfen, wird es keiner seiner Strategien gelingen, Gottes Pläne zu durchkreuzen. *Gott ist in der Lage, all diese Dinge zu unserem Besten zu wenden!*

Wohin Streit und Uneinigkeit führen

Der Teufel hat schon in ausnahmslos allen Teilen des Leibes Christi versucht, Ortsgemeinden mit Hilfe von Streit und Zwist zugrunde zu richten. Jakobus sagt über derartige Angriffe auf eine Ortsgemeinde in Form von Streit und Uneinigkeit: „Denn wo Neid und Zank ist, da ist Unordnung und allerlei böses Ding" (Jak 3,16; LÜ).

Als erstes wir der „Neid" erwähnt. Das Wort „Neid" stammt vom griechischen Wort *zelos* ab und bezeichnet „das drängende Verlangen, seine eigenen Vorstellungen und Überzeugungen unter Ausgrenzung aller anderen voranzutreiben".

Um den friedlichen Zusammenhalt innerhalb einer Ortsgemeinde zu stören, versucht der Feind womöglich, jemanden innerhalb der Gemeinde glauben zu machen, er hätte eine Sicht (oder vielleicht sogar „ein Wort vom Herrn"), die von der Leiterschaft akzeptiert und in die Tat umgesetzt werden *muß*. Dieses „drängende Verlangen, seine eigenen Vorstellungen und Überzeugungen unter Ausgrenzung aller anderen voranzutreiben", kann so stark sein, daß die fragliche Person derart hartnäckig auf ihrer „Sicht" besteht, bis der Pastor schließlich nachgibt und ihr zustimmt.

Wenn dieses fleischliche Verhalten nicht ausgemerzt wird, folgt ganz natürlich der nächste Schritt in dieser schrecklichen Verkettung von Ereignissen. Jakobus sagt: „Denn wo Neid und *Zank* ist …“ Seinen Worten zufolge, wird dieser „Neid“ naturgemäß „Zank“ mit sich bringen.

Das Wort „Zank“ geht auf *eritheia* zurück. Die alten Griechen bezeichneten damit eine in mehrere Lager gespaltene politische Partei. Diese „Spaltungen“ werden letztlich so eklatant, daß die politische Partei als Ganzes handlungsunfähig wird; solche Parteien verlieren aufgrund der internen Streitigkeiten, der Uneinigkeit und der Zersplitterung in der Regel ihre Mitglieder und lösen sich auf. Aus diesem Grund wird das Wort *eritheia* auch mit *„Parteigeist“* übersetzt (vgl. Phil 2,3; Schlachter. Anm. d. Übers.).

Diese wichtige Information läßt folgenden Schluß zu: Wenn man nicht ernsthaft und rasch gegen diesen geistlichen Angriff – Zank – vorgeht, ist es nur eine Frage der Zeit, bis sich die Gemeinde aufgrund von internen Problemen völlig gespalten und zersplittert hat.

Wenn ein Mensch mit separatistischen Tendenzen die Tatsache ignoriert, daß der Pastor der von Gott ernannte Leiter der Ortsgemeinde ist (und vielleicht zudem nicht erkennt, daß er unter dem Einfluß eines Geistes handelt), wird er vermutlich beginnen, Leute um sich zu scharen, die die Dinge so sehen wie er. Das ist der Anfang des „Parteigeistes“ innerhalb der Ortsgemeinde.

Eine Gruppe von Gemeindemitgliedern wird für die Sichtweise der einen Person Partei ergreifen, eine andere Gruppe wird für die andere Person Partei ergreifen. Dann teilt sich die Gemeinde in „Lager“, die jeweils einen anderen Standpunkt vertreten. Am Ende dieser Entwicklung wird die Gemeinde nicht mehr in der Lage sein, Gott gemeinsam zu dienen.

Hierauf folgt der nächste Schritt in dieser Kausalkette, denn Jakobus fährt fort: „Wo Neid und Zank ist, da ist *Unordnung* …“

Das Wort „Unordnung“ geht auf das *akatastasia* zurück. Zur Zeit des Neuen Testaments beschrieb man damit „zivilen Ungehorsam, Unordnung und Anarchie“ in einer Stadt, einem Staat oder einer Regierung.

Indem Jakobus sich ausgerechnet für dieses Wort entschied, wollte er uns zweifellos folgendes sagen: Wenn man es zuläßt, daß innerhalb einer Ortsgemeinde Streit und Uneinigkeit fortbestehen und wenn die Leute anfangen, die Autorität des Pastors zu ignorieren oder zu umgehen, dann beanspruchen sie auf unrechtmäßige Weise die Autorität, die Gott dem Pastor gegeben hat, und kommen damit einer Form der „Gesetzlosigkeit" gefährlich nahe; diese „Gesetzlosigkeit" hat zur Folge, daß „Anarchie", „ziviler Ungehorsam" und „Unordnung" allmählich die Ortsgemeinde zerstören.

Damit wir auch ja verstehen, wo uns dieses Verhalten letztendlich hinführen wird, fügt Jakobus zum Schluß noch an: „Denn wo Neid und Zank ist, da ist Unordnung und *allerlei böses Ding*."

Das Wort „böse" leitet sich von *phaulos* her. Das Wort *phaulos* beschreibt etwas „ungemein Schlechtes" oder „über alle Maßen Abscheuliches". Unser deutsches Wort „faul" geht auch auf *phaulos* zurück. Wenn Gläubige sich auf diese Art und Weise verhalten, ist in einer Ortsgemeinde immer etwas „faul".

Hegen Sie noch Zweifel darüber, worauf so ein Gebaren zurückzuführen ist? Jakobus gibt auch darauf eine Antwort! Im vorangehenden Vers sagt er: „Dies ist nicht die Weisheit, die von oben herabkommt, *sondern eine irdische, sinnliche, teuflische*" (Jak 3,15).

Damit wir diese Angriffe des Feindes auf uns als Einzelpersonen oder auf eine Ortsgemeinde erfolgreich abwehren können, gab Gott uns übernatürliche Waffen! So erklärt Paulus: „... denn die Waffen unseres Kampfes sind nicht fleischlich, sondern mächtig (durch) Gott zur Zerstörung von Festungen ..." (2. Kor 10,4).

Ausgebildete Killer in voller Rüstung

Rom, die Stadt in der Paulus gefangen war, galt nicht nur als Zentrum des mächtigsten politischen Weltreichs, sondern war auch das Hauptquartier der höchstentwickelten und fortschrittlichsten Militärmaschinerie der damaligen Zeit, *der römischen Armee*. Diese hatte sich von diesem militärischen Stützpunkt aus aufgemacht, die ganze damalige zivilisierte Welt zu erobern und dem römischen Reich einzuverleiben.

Da Paulus von dieser gewaltigen Kriegsmaschinerie umgeben und noch dazu selbst an einen schwerbewaffneten römischen Soldaten angekettet war, mußte er sich zwangsläufig gedanklich mit den Themen „Geistlicher Kampf“ und „Geistliche Waffenrüstung“ beschäftigen. Der Heilige Geist konnte durch dieses Umfeld Paulus optimal in diesen Themenkreis einführen: Neben Paulus saß ein schwerbewaffneter Soldat in voller Montur, der die Kunst der Kriegführung erlernt hatte. Dieser Soldat war im engsten Sinn des Wortes „gerüstet zum Kampf“.

Mit diesem Bild Tag und Nacht vor Augen, empfing Paulus vom Heiligen Geist außerordentliche Erkenntnisse über unsere geistliche Waffenrüstung. Er hielt diese Offenbarung in Epheser 6,10-18 fest. Dennoch finden wir in dieser Passage nicht zum ersten Mal Gedanken von Paulus über die geistliche Waffenrüstung.

Als er zehn Jahre zuvor, also ungefähr im Jahre 54, seinen ersten Brief an die Thessalonicher schrieb, erwähnte er bereits geistliche Waffen. Doch in dieser früheren Phase seines Dienstes war sein Verständnis von der geistlichen Waffenrüstung offenbar noch nicht voll ausgeprägt. Im ersten Thessalonicherbrief erwähnte er lediglich zwei Bestandteile der geistlichen Ausrüstung: „Wir aber, die dem Tag gehören, wollen nüchtern sein, angetan mit dem Brustpanzer des Glaubens und der Liebe und als Helm mit der Hoffnung des Heils“ (1. Thes 5,8).

Es ist offensichtlich, daß der Heilige Geist in den folgenden zehn Jahren dieses Bild der Waffenrüstung noch weiter ausbaute und Paulus sogar noch tiefere Erkenntnisse über die „Waffen unseres Kampfes“ schenkte (2. Kor 10,4).

Bei seinen zahlreichen Gefängnisaufenthalten war Paulus oft an römische Soldaten gekettet, die ihn pausenlos beaufsichtigten. Stunde für Stunde, Tag für Tag und Woche für Woche lebte er Seite an Seite mit diesen ausgebildeten Killern in voller Montur.

Als Paulus so dasaß und den massiven Gürtel des römischen Soldaten betrachtete, muß der Heilige Geist mit ihm über den „Gürtel der Wahrheit“ gesprochen haben. Als sein Blick über den strahlenden, glänzenden, eng anliegenden Brustpanzer aus

Metall schweifte, eröffnete der Heilige Geist ihm Einblicke in den „Brustpanzer der Gerechtigkeit".

Als Paulus nach unten auf die Schuhe des römischen Soldaten, mit ihren gefährlichen „Spikes" und auf die robusten, metallenen Beinschienen blickte, öffnete der Geist ihm die Augen für die „Schuhe der Bereitschaft des Evangeliums des Friedens". Als er sich den gewaltigen, rechteckigen, mit Leder bezogenen Schild neben dem Soldaten anschaute, erläuterte der Heilige Geist ihm, was es mit dem „Schild des Glaubens" auf sich habe.

Sein Blick wanderte wieder nach oben; als er auf dem Kopf des Soldaten den verzierten Helm erblickte, fing der Geist Gottes an, ihm die Bedeutung des „Helms des Heils" zu erläutern. Schließlich richtete sich sein Augenmerk auf das große, breite, schwere, massive Schwert, das auf der anderen Seite neben dem Soldaten lehnte, und der Heilige Geist zeigte ihm auf, was es mit dem „Schwert des Geistes" für eine Bewandtnis habe.

In diesen zehn Jahren zwischen 54 und 64 entwickelten sich seine Erkenntnisse über die geistliche Waffenrüstung zu einem ganzen System geistlicher Waffen weiter. Jetzt sprach Paulus nicht mehr nur von zwei Teilen der Ausrüstung, die wir gegen den Feind einsetzen können, sondern vielmehr von sechs Teilen, ja vielleicht sogar sieben, weil man Epheser 6,18 auch noch eine siebte, verborgene Waffe entnehmen könnte (vgl. Kapitel 16).

Im Lauf der Jahre wuchs das Verständnis des Paulus über die geistliche Waffenrüstung. Sie müssen sich vergegenwärtigen, daß ein römischer Soldat ein Killer von der allerschlimmsten Sorte war. Es war nicht ungewöhnlich, daß solche Männer, selbst nachdem sie aus dem Militärdienst ausgeschieden waren, immer noch weitertöteten, auch wenn sie mittlerweile Zivilisten waren. Mord und Gewalt waren ihnen in Fleisch und Blut übergegangen, waren ein Teil von ihnen selbst geworden. Und nun benutzt Paulus dieses sehr anschauliche, gefährliche und blutrünstige Beispiel, um aufzuzeigen, was wir mit den geistlichen Waffen Gottes gegen einen geistlichen Feind ausrichten können.

Die Teile der Ausrüstung eines römischen Soldaten von normaler Größe (d. h. der Gürtel, der Brustpanzer, die Schuhe und Beinschienen, der Schild, der Helm, das Schwert und eventuell auch noch die Lanze) wogen an die hundert Pfund. Das genaue Gewicht hing von der Statur des Soldaten ab. Wenn er sehr groß war, waren auch seine Ausrüstungsteile größer und damit schwerer. Wenn er recht klein war, waren auch seine Ausrüstungsteile kleiner und leichter. Doch wie groß oder klein so ein römischer Soldat auch war – er mußte auf jeden Fall eine sehr schwere Ausrüstung mit sich herumtragen.

Was mußte man für ein Mann sein, um diese Ausrüstung zu tragen? *Ein starker Mann!* Ein kleiner, zerbrechlicher Schwächling wäre nicht in der Lage gewesen, mit dieser schweren Waffenrüstung gerade zu stehen, geschweige denn herumzugehen, zu laufen oder gar zu kämpfen. Um diese Waffen tragen und erfolgreich mit ihnen kämpfen zu können, mußte der Krieger außerordentlich stark und körperlich fit sein.

Bevor Paulus nun detailliert auf die geistlichen Waffen eingeht, informiert er uns aus diesem Grund zunächst darüber, daß Gott uns mit übernatürlicher Kraft ausgestattet hat, damit wir gegen die unsichtbaren dämonischen Mächte kämpfen und den Sieg erringen können! Diese Kraft wird uns befähigen, den Sieg Jesu in die Tat umzusetzen und die Niederlage Satans zu demonstrieren!

Kapitel 6

Und nun zum praktischen Teil …

Bevor Paulus in die detaillierte Darstellung der geistlichen Waffenrüstung einsteigt, sagt er: „Zuletzt, meine Brüder, seid stark in dem Herrn …“ (Eph 6,10; LÜ).

Wie auch in anderen Briefen leitet Paulus mit dem Wort „zuletzt“ (griech.: *tou loipou*) zum Ende des Briefes über. Nun folgen Hinweise für das tägliche Leben, für die *Praxis*. *Tou loipou* könnte man auch mit „abschließend …“ oder „zusammenfassend …“ oder einfach mit „übrigens“ wiedergegeben.

Der Epheserbrief beinhaltet einige der wichtigsten und praktischsten Anweisungen des gesamten Neuen Testaments. Er ist so vollmächtig, tiefschürfend, ausführlich und von grundlegender Bedeutung für unser Verständnis von Jesus Christus, von der Gemeinde, von uns selbst und von der Niederlage Satans, daß er unsere maximale Aufmerksamkeit verdient!

In Kapitel eins präsentiert Paulus die tiefgründigsten und am schwersten verständlichen theologischen Begriffe, die das Christentum kennt: *„Erwählung“* (1,4); *„Vorherbestimmung“* (1,5); *„Annahme an Sohnesstatt“* (1,5); *„Erlösung“* (1,7); *„die Versiegelung mit dem Heiligen Geist“* (1,13); *„das Unterpfand unseres Erbes“* (1,14); unsere vollendete, verherrlichte *„Erlösung“* (1,14). Und das ist erst der Anfang des Briefes!

Kapitel zwei ist ebenfalls ein höchst aussagestarker Abschnitt der Bibel; Paulus erörtert hier die Realität des geistlichen *„Todes“* und dessen Frucht (2,2-3), das Eingreifen des *„reichen Erbarmens“* Gottes (2,4), die Lehre über den Gegensatz von *„Gnade und Werke“* (2,8), das *„errettende“* Werk am Kreuz (2,11-18) und die *„Grundlage der Apostel und Propheten“* in der neutestamentlichen Gemeinde (2,19-22).

In den Kapiteln drei bis fünf beschäftigt Paulus sich mit dem offenbarten *„Geheimnis Gottes“* (3,9), dem *„ewigen Vorsatz Gottes“* (3,10), der *„Einheit des Geistes“* (4,3), *„ein Herr, ein Glaube, eine Taufe“* (4,5), *„Aposteln, Propheten, Evangelisten, Hirten und Lehrern“* und deren Bestimmung (4,11), der *„Erneuerung des Sinnes“* und dem *„Anziehen des neuen Men-*

schen" (4,23-24), dem *„Betrüben des Heiligen Geistes"* (4,30), der fortwährenden *„Erfüllung mit dem Geist"* (5,18), dem Plan Gottes für *„Mann und Frau"* und der Entsprechung in der Beziehung zwischen Christus und der Gemeinde (5,22-33).

Am Ende dieses großartigen Briefes, der gespickt ist mit wunderbaren Wahrheiten, leitet Paulus mit dem Wort „zuletzt" auf den praktischen Teil über.

Christen mit einem geistlichen Ungleichgewicht

Es könnte der Eindruck entstehen, Paulus wollte die geistliche Waffenrüstung durch die exponierte Stelle gegen Ende des Epheserbriefes besonders hervorheben, ja vielleicht sogar über die eben geschilderten Inhalte stellen.

Diese These wirft jedoch einige schwerwiegende Fragen auf:

„Warum könnte das Thema 'Geistliche Waffenrüstung' wichtiger sein als die Lehre von der Erwählung?"

„Sollte das Thema 'Geistliche Waffenrüstung' wichtiger sein als die Lehre von der Vorherbestimmung?"

„Könnte es bedeutsamer sein als die Lehre von der Annahme an Sohnesstatt?"

„Es kann doch nicht wichtiger sein, als den ewigen Plan Gottes zu begreifen?"

Ganz allgemein gesprochen, sind die Themen „Geistlicher Kampf" und „Geistliche Waffenrüstung" *nicht* wichtiger als all die anderen biblischen Lehren – wie könnten sie auch?!

Es ist *von entscheidender Bedeutung*, daß wir jene Lehren kennen und verstehen; sie sind die *Grundlage* unseres Glaubens an das Erlösungswerk am Kreuz. Doch zu der bestimmten Zeit und für die bestimmten Leser, an die Paulus schrieb, waren geistlicher Kampf und die geistliche Waffenrüstung *zeitweilig von immenser* **praktischer** Bedeutung.

Wie viele Christen in unserer Zeit, hatten sich auch die Gläubigen, an die Paulus schrieb, geistliche Erkenntnisse, Informationen und Wissen in Hülle und Fülle angeeignet. Dennoch erlebten sie trotz der Erkenntnisse, der Informationen und des Wissens, die sie nur aus dem Ärmel zu schütteln brauchten, in ihrem persönlichen Leben Niederlagen. Einerseits hätten sie praktisch jede geistliche Frage, die man sich nur denken konnte, beantworten können, doch andererseits glich ihr persönliches Leben mehr und mehr einem Trümmerhaufen.

In Epheser 4,25-31 werden einige der Probleme erwähnt, mit denen Paulus' Adressaten zu kämpfen hatten. So ermahnte Paulus sie, *„die Lüge abzulegen"* (4,25), *„die Sonne nicht über ihrem Zorn untergehen zu lassen"* (4,26) und *„dem Teufel keinen Raum zu geben"* (4,27); *„wer gestohlen hat, stehle nicht mehr"* (4,28), *„kein faules Wort komme aus eurem Mund"* (4,29), *„betrübt nicht den Heiligen Geist Gottes"* (4,30), *„alle Bitterkeit und Grimm und Zorn und Geschrei und Lästerung sei ferne von euch samt aller Bosheit"* (4,31; Schlachter), um nur ein paar Punkte zu nennen.

Hört sich das für Sie so an, als seien die Epheser recht siegreich gewesen?

Muß man siegreichen Leuten sagen, sie sollen mit dem Lügen aufhören? Geben siegreiche Leute dem Teufel in ihrem persönlichen Leben und in ihren Beziehungen Raum? Lassen siegreiche Leute es zu, daß im Rahmen ihrer Gespräche faule Worte aus ihrem Mund kommen? Betrüben siegreiche Leute immer wieder den Heiligen Geist mit falschen Herzenshaltungen wie Bitterkeit, Zorn, Geschrei und Lästerung?

Menschlich betrachtet hatten die Gemeinden im Tal des Lycus (eine von ihnen war die zu Ephesus) bessere Kenntnis von der neutestamentlichen Wahrheit und Lehre als alle anderen Gemeinden ihrer Zeit.

Wir wissen, daß der Apostel Paulus die Gemeinde in Ephesus gründete (Apg 19,1-20) und danach drei Jahre seines Lebens damit zubrachte, die Ältesten dort auszubilden (Apg 20,31). Nachdem Paulus weggegangen war, tauchte irgendwann einmal Timotheus in Ephesus auf und diente der Gemeinde als Pastor (1. Tim 1,3). Selbst wenn sich dort sonst nichts Besonderes mehr ereignet hätte, würde Ephesus schon allein deshalb die herausragende Ortsgemeinde der gesamten Kirchengeschichte gewesen sein. Aber es gibt noch mehr über Ephesus zu sagen!

Neben der Rolle, die Paulus und Timotheus im Gemeindeleben von Ephesus spielten, war auch der Apostel Johannes Gemeindemitglied. Und als er die „Zentrale" seines Dienstes von Israel dorthin verlegte, nahm er Maria, die Mutter Jesu, mit nach

Ephesus, wo er sich bis zu ihrem Tod um sie kümmerte. Die Mutter Jesu war Mitglied der Gemeinde zu Ephesus!

Ich denke, diesen Tatsachen können Sie schon entnehmen, was für eine herausragende Stellung die Ortsgemeinde zu Ephesus innehatte! Da sie die größte Gemeinde der damaligen Zeit war, kann man mit Sicherheit davon ausgehen, daß auch andere große Männer und Frauen Gottes dorthin kamen, um zu dienen. Petrus, Apollos, Aquila und Priscilla waren im Rahmen ihrer Reisen irgendwann auch einmal in Ephesus.

Doch obwohl den Ephesern von so vielen herausragenden Persönlichkeiten gedient wurde und ihnen geistliche Einsicht und Erkenntnis überreichlich zur Verfügung stand, erlebten sie dieses alles überwindende Leben in Fülle nicht, das Jesus Christus ihnen angeboten hatte. Stattdessen herrschte in ihrem Privatleben das reinste Tohuwabohu.

Obwohl die Bibel nicht konkret darauf eingeht, *weshalb* die Epheser in ihrem persönlichen Leben ein heilloses Durcheinander hatten und so viele Niederlagen erlebten, deutet die Tatsache, daß Paulus sich diesen Abschnitt über den geistlichen Kampf und die Waffenrüstung bis zum Schluß aufsparte, auf die Ursache hin.

Es scheint, als hätten die Epheser *ein geistliches Ungleichgewicht* gehabt. Sie hatten einerseits geistliche Reife auf dem Gebiet der Lehre erlangt, es jedoch versäumt, sich in anderen lebenswichtigen Bereichen in gleichem Maße zu entwickeln.

Sie hatten den Großteil ihrer Zeit und Energie investiert, um geistliche Lehren zu entwickeln und ihre Kenntnis von den großen und unentbehrlichen Wahrheiten Jesu zu vertiefen. Da die Urgemeinde damals quasi noch in den Kinderschuhen steckte, war es sehr wichtig, Lehren zu analysieren und gute Lehre weiterzugeben. Das war an sich nicht falsch. Doch während ihr intellektuelles Verständnis der Bibel weiter wuchs, sollte ihre Erkenntnis über die geistliche Waffenrüstung und den geistlichen Kampf im gleichen Tempo mitwachsen.

Die Welt, in der die Epheser lebten, ist mit unserer heutigen durchaus vergleichbar – eine Welt voller Konflikte, Gewalt und Umwälzungen. Während sie sich einerseits innerhalb der Gemeinde darauf konzentrierten, eine gesunde christliche Lehre zu entwickeln, zu analysieren und zu lehren, mußten sie andererseits die Heiligen auch zurüsten, damit jene in der feindlichen Welt außerhalb der Gemeinde zurechtkamen.

Das Studium der Bibel war absolut notwendig! Da sie in dieser Frühphase der Kirchengeschichte anfingen, Lehren schriftlich festzuhalten, mußten sie die Heilige Schrift intensiv durchforschen und studieren. Das war gut! Jeder, der mich und meinen Dienst kennt, weiß, daß ich eine große Betonung auf das Studium des Wortes Gottes lege! Doch nun sollten die Epheser auch beginnen, die erworbenen Erkenntnisse in die *Praxis* umzusetzen.

Sie mußten aus ihrem intellektuellen Verständnis der Bibel ein *„Schwert des Geistes"* schmieden.

Sie mußten jenen Glauben, den sie mit ihrem Verstand bereits erfaßt hatten, unbedingt festhalten und in einen *„Schild des Glaubens"* umwandeln.

Ihr Wissen über das Heil mußte zu einem *„Helm des Heils"* werden und ihre Kenntnis von der wunderbaren Gnade Gottes mußte in einen *„Brustpanzer der Gerechtigkeit"* verwandelt werden.

Vor diesem Hintergrund leitet Paulus gegen Ende des Briefes auf praktische Aspekte des Glaubens, d. h. auf den geistlichen Kampf und die Waffenrüstung über.

Waffenbrüder

Paulus setzt Epheser 6,10 (LÜ) fort mit den Worten: „Zuletzt, *meine Brüder*, ..."

Nehmen wir nun das Wort „Brüder" unter die Lupe. Es ist ein weiteres bedeutsames neutestamentliches Wort, das oft übersehen und falsch verstanden wird. Es ist für den Themenkreis „Geistlicher Kampf und Waffenrüstung" von so eminenter Bedeutung, daß wir vor einer eingehenden Betrachtung von Epheser 6 zunächst kurz pausieren und dieses Wort studieren müssen.

„Brüder" leitet sich vom griechischen Wort *adelphos* ab. Es ist eines der ältesten Worte des Neuen Testaments. Dem gängigen Sprachgebrauch zufolge, heißt *adelphos* schlicht und einfach „Bruder". Doch das Wort „Brüder" hat eine viel tiefere Bedeutung.

Mit *adelphos* in seiner ältesten Bedeutung bezeichnete man in der Medizin zwei Menschen, die demselben Mutterleib entstammen. Wenn die frühen Griechen einander als „Brüder" bezeichneten, meinten sie damit folgendes: *„Du und ich, wir sind Brüder! Wir entstammen ein und demselben Schoß der Menschheit, haben dieselben Gefühle, ähnliche Emotionen und müssen in unserem Leben dieselben Probleme bewältigen. Wir sind wahrhaftig Brüder."*

Paulus empfand wohl zumindest zum Teil das gleiche, als er seine Leser mit dem Wort „Brüder" ansprach. Indem er dieses Wort verwendete, stellte er sich mit seinen Lesern auf eine Ebene und identifizierte sich mit ihnen, ihren persönlichen Kämpfen und Siegen.

Doch das ist nicht der ganze Sinngehalt des Wortes „Brüder". Erst zur Zeit Alexanders des Großen fing die breite Öffentlichkeit an, das Wort „Brüder" zu verwenden, wie es z. B. heute im Leib Christi üblich ist. Schenken Sie dieser wichtigen Zusatzinformation zum Wort „Brüder" größte Aufmerksamkeit!

Zur Zeit Alexanders des Großen (356-323 v.Chr.) erfuhr das Wort „Brüder" einen Bedeutungswandel und bekam einen militaristischen Unterton. Angesichts dessen, daß es in Epheser 6,10-18 um den geistlichen Kampf und die geistliche Waffenrüstung geht, besteht kein Zweifel daran, daß Paulus auch diese militaristische Assoziation im Hinterkopf hatte, als er seine Leser mit „Brüder" ansprach.

Alexander der Große war unbestreitbar der beste Soldat, den die Welt je gesehen hat. Als er 18 Jahre alt war, hatte er bereits das gesamte östliche Weltreich erobert, mit 33 gehörte ihm dann auch noch das westliche Weltreich. Er hatte beinahe die gesamte zivilisierte Welt seiner Zeit erobert; sein Reich erstreckte sich von Europa und Nordafrika über Griechenland, die Türkei und Kleinasien bis zur Westgrenze Indiens. In einem einzigen militärischen Schlag gegen die Perser besiegte Alexander 40 000 persische Angreifer und verlor dabei selbst nur 110 Krieger.

Der Ruhm dieses jungen und starken Kriegsmannes verbreitete sich in Windeseile; er wurde so sehr verehrt, daß ihn Soldaten aus dem gesamten weitläufigen Reich unbedingt einmal persönlich kennenlernen wollten. Alexander persönlich zu kennen und von ihm eine Auszeichnung zu bekommen war die größte Ehre, die es für einen Soldaten gab.

Aus diesem Grund hielt Alexander bei ganz besonderen Gelegenheiten Zeremonien ab, in deren Verlauf sich verdiente und besonders tapfere Soldaten auf einer riesigen Plattform neben ihn stellen durften. Wer von diesen besonderen Kriegern, die so schwer gekämpft hatten und in der Schlacht immer eine Meile mehr marschiert waren, einmal auf dieser Plattform neben Alexander dem Großen stand, wurde von diesem in einem feierlichen Akt öffentlich ausgezeichnet.

Vor einer großen Schar bewundernder Kriegsleute legte Alexander seinen Arm um die Schulter jedes einzelnen treuen Soldaten und erklärte in aller Öffentlichkeit: „Verkündet es im ganzen Reich, daß Alexander stolz darauf ist, der *Bruder* dieses Soldaten zu sein." Deshalb hatte das Wort „Bruder" (wie es zur Zeit Alexanders verwendet wurde) tatsächlich die Bedeutung „Kamerad" oder „Waffenbruder".

Vor diesem Hintergrund erkennen wir, daß man sich bei dem Wort „Bruder" zwei Soldaten vorstellen muß, die gemeinsam in einer Schlacht kämpfen und die, wie zwei Brüder aus ein und demselben Mutterleib, die gleichen Gefühle, Wünsche und Ängste haben – und es dennoch gelernt haben, diese Emotionen zu überwinden und inmitten schwerer Angriffe und Konfrontationen die Oberhand zu behalten.

Für diese Männer war ein „Bruder" ein echter *Kamerad*. Mit ihm ging man durch dick und dünn und verharrte gemeinsam in der Hitze des Gefechts, wodurch eine Art der „Bruderschaft" entstand, wie nur Soldaten sie kannten.

Wenn Paulus seine Leser als „meine Brüder" bezeichnet, haben diese Worte somit eine gewaltige Bedeutung.

Soldaten, die es wert sind, daß man gemeinsam mit ihnen kämpft

Obwohl die Leser des Epheserbriefes offensichtlich persönliche Probleme zu bewältigen hatten, als Paulus ihnen schrieb, hatten sie den Kampf noch nicht aufgegeben! Sie standen mitten im Geschehen, teilten Hiebe aus und arbeiteten sich Schritt für Schritt vorwärts. Dieses fortwährende Engagement, auch weiterhin zu kämpfen, zeichnet jene Gläubigen aus, die es wert sind, daß man sie kennenlernt und sich ihnen anschließt.

Ob sie nun siegen oder verlieren ist nicht so wichtig – *entscheidend ist, daß sie kämpfen!* Andere haben schon aufgegeben, sie jedoch nicht. Paulus meint, das seien die Leute, die wir als „Kameraden" im Glauben betrachten sollen.

Dies ist eine gute Nachricht für all jene, die momentan in ihrem persönlichen Leben hart bedrängt werden. Der Feind versucht sie anzuklagen und wirft ihnen vor, sie seien geistliche Versager, weil sie in ihrem Leben noch nicht den endgültigen Sieg errungen haben. Doch solange sie treu weiterkämpfen und sich weigern, ihre Glaubensposition an den Gegner preiszugeben, sind sie nach wie vor außerordentlich tüchtige Soldaten! Jeder von uns sollte sich glücklich schätzen, solche Soldaten wie sie zu kennen und mit ihnen kämpfen zu können!

Das Wort „Bruder" sagt mit allem Nachdruck: Im Leben zählt nicht, wie gut man kämpft. *Was wirklich zählt, ist, daß man überhaupt weiterkämpft*, denn nur so wird man letztendlich immer siegreich sein!

Kapitel 7

Werdet stark im Herrn

Bevor Paulus die Waffenrüstung erläutert, drängt er uns zuerst noch, übernatürliche Kraft zu empfangen! In diesem Kapitel wollen wir festhalten, was Paulus über die übernatürliche Kraft sagt, die Gott uns zur Verfügung gestellt hat. So heißt es in Epheser 6,10 weiter: „Schließlich (meine Brüder): *Werdet stark im Herrn …*"

Was ist damit gemeint?

Zunächst wollen wir auf den griechischen Ursprung der Formulierung „stark werden" eingehen: *Endynamoo* ist ein Kompositum aus den Worten *en* und *dynamis*. *En* heißt „in" bzw. „hinein"; *dynamis* heißt „explosive Stärke, Befähigung oder Kraft". Unser Wort „Dynamit" ist eine Ableitung von *dynamis*.

Wenn man diese beiden Teile zusammenfügt und, wie Paulus in diesem Text, als ein Wort gebraucht, umschreibt *endynamoo* eine „Ermächtigung" oder „innere Kräftigung". Es vermittelt die Vorstellung, daß jemandem *„eine überreichliche Dosis von einer dynamischen inneren Kraft und Befähigung eingeflößt wird"*.

Weil die erste Komponente von *endynamoo* „hinein" und die zweite „explosive Kraft" bedeutet, kommt man ohne weiteres zu dem Schluß, daß mit diesem Wort eine „Kraft" gemeint ist, die in etwas *hinein*gelegt wird, z. B. in ein Gefäß oder in einen Behälter. Der spezifische Charakter dieses Wortes macht auf sehr eindringliche und anschauliche Weise klar, daß es für diese „Kraft" notwendigerweise einen *Empfänger* geben muß, in den sie *hinein*gelegt werden kann. An diesem Punkt kommen *wir* ins Spiel!

Gott hat uns ganz speziell dafür geschaffen, Empfänger dieser göttlichen Kraft zu sein. Aus diesem Grund drängt Paulus auch so: „*Werdet stark* im Herrn …" Er will damit sagen: *„Nehmt ein übernatürliches, stärkendes Kraftdepot in euch auf."* Gott ist es, der diese explosive Kraft schenkt, und nach Epheser 6,10 sind wir die Gefäße, in die diese „Kraft" *hinein*gelegt wird.

Die Zeitform, die hier im griechischen Original steht, ist der *Imperativ Präsens Passiv*. Der *Imperativ Präsens* verdeutlicht, daß Paulus den Ephesern nicht einfach nur den Tip gab, diese Kraft zu empfangen; vielmehr *befahl* er ihnen, diese Kraft zu empfangen und zwar so schnell wie möglich.

Es besteht nicht der geringste Zweifel an der Absicht des Paulus. Der *Imperativ Präsens* zeigt, daß er seine Formulierung so leidenschaftlich wie möglich machen wollte; er befahl ihnen, ihre Herzen zu öffnen, um eine völlig neue Berührung mit der Kraft Gottes in ihrem Leben zu erfahren.

In der Aussage „werdet stark" koppelt Paulus den *Imperativ Präsens* noch dazu mit dem *Passiv*. Das *Passiv* beschreibt die anhaltende, dauerhafte Erfüllung mit dieser Kraft. Das *Passiv* demonstriert, daß diese spezielle „*endynamoo*-Kraft" mehr ist als nur ein einmaliges Erlebnis. Ganz im Gegenteil: Es stimmt zwar, daß diese Kraft, sobald sie im Leben eines Christen freigesetzt worden ist, zu einer augenblicklichen „Kräftigung" führt; aber sie wird diesen Gläubigen zudem noch lange Zeit danach „weiterkräftigen".

Paulus wußte, daß jedem Gläubigen die Möglichkeit offenstand, kontinuierlich Erfahrungen mit der Kraft Gottes zu machen. Er wußte auch, daß wir diese besondere Berührung mit übernatürlicher Kraft unbedingt brauchen, wenn wir die Angriffe des Feindes auf unser Leben erfolgreich bekämpfen wollen.

Vor diesem Hintergrund drängt Paulus uns, Geist, Seele und Leib für Gott zu öffnen, um diese übernatürliche Kraft zu empfangen. Ja sein Wunsch, daß wir in Besitz dieser Kraft kommen, war so stark, daß er sogar zum *Imperativ Präsens Passiv* griff. Ich wiederhole noch einmal: Daß wir diese Kraft empfangen sollen, ist nicht einfach nur eine *Anregung*; Paulus *befiehlt* uns, diese Kraft zu empfangen und zwar so schnell wie möglich.

Mit großer Bestimmtheit und in autoritärem Ton befahl Paulus allen Gläubigen überall: *„Laßt euch übernatürliche Kraft und Befähigung einflößen ..." „Werdet 'ermächtigt' mit dieser besonderen Berührung durch Gottes Kraft ..." „Ihr müßt diese innere Kräftigung empfangen ..."*

Warum betonte Paulus diesen Punkt so stark? Er wußte, daß die Gläubigen diese Kraft empfangen müßten, bevor ihr Kampf mit den unsichtbaren Mächten beginnen würde. Ohne diese Kraft könnte es kein Christ mit den cleveren Gedanken und Strategien Satans oder den Dämonen aufnehmen, die gegen unsere Seelen Krieg führen wollen.

Das gilt damals wie heute, denn Satan ist intelligent, scharfsinnig, schlau, listig, schnell, helle und verschlagen; er ist stark, fähig, zäh, beeinflussend und fest entschlossen; er ist ein weiser Stratege, der seine systematischen Angriffe auf die Menschheit fein säuberlich plant und arrangiert und ganz genau weiß, wie er die sich ihm bietenden Gelegenheiten nutzen und mit seiner zerstörerischen Kraft geschickt zuschlagen kann.

Rein menschlich gesprochen, ist unsere Kraft nicht einmal ansatzweise mit seiner vergleichbar; unser Verstand reicht nicht annähernd an seine Intelligenz heran, und selbst unsere hellsten Augenblicke sind nichts im Vergleich zu seinen listigen Denk- und Handlungsweisen.

Bevor Satan fiel und zu dem wurde, was er jetzt ist, war er ein mächtiger, strahlender Engel. Und obwohl er nach dem Fall zu einem pervertierten Zerrbild seiner selbst wurde, hat er sich doch einen Großteil seiner früheren gottgegebenen Intelligenz bewahrt.

Jesus hat ihm zwar seine *rechtmäßige Autorität* über uns genommen, aber seine *Intelligenz* hat er nicht verloren. Und mit diesem Verstand, diesem Listenreichtum, dieser Cleverness und diesem Scharfsinn geht er heute gegen uns vor. Der Teufel kann es natürlich nicht mit der alles überragenden Macht des Heiligen Geistes aufnehmen; das weiß er auch. Deshalb hat er es auf unsere menschlichen Gedanken abgesehen und versucht, diese mit böswilligen Strategien, die seiner unglaublichen Intelligenz entsprungen sind, zu überlisten.

Um diesen satanischen Strategien Einhalt gebieten zu können, müssen wir die eben geschilderte besondere „Ermächtigung" von oben bekommen. Sie wird uns „ermächtigen", siegreich gegen diesen Erzfeind des Glaubens vorzugehen. Paulus befahl damals der Urgemeinde, diese besondere Kraft zu empfangen; uns gilt heute noch derselbe konkrete und eindringliche Befehl des Wortes Gottes: „Schließlich (meine Brüder): *Werdet stark ...*"

Das ist kein Tip von Paulus, sondern ein *direkter Befehl*.

Übermenschliche Kraft für eine übermenschliche Aufgabe

In der klassischen griechischen Literatur wurde das Wort *endynamoo* oft bei der Charakterisierung von Einzelpersonen verwendet, die von den Göttern speziell und sorgfältig ausgewählt wurden, um irgendeine außergewöhnliche, übermenschliche Tat zu vollbringen.

So würden klassische griechische Autoren die übermenschliche Kraft des legendären Herkules wohl darauf zurückführen, daß die heidnischen Götter Griechenlands eine „*endynamoo*-Kraft“ in ihn hineingelegt hatten. *Endynamoo* war das absolut treffende Wort, um die übernatürlichen Kräfte zu beschreiben, über die Herkules verfügt haben soll. Der Legende zufolge soll er mit Hilfe dieser Befähigung durch die heidnischen Götter zahlreiche außergewöhnliche, übermenschliche und übernatürliche Taten vollbracht haben. Da der Apostel Paulus ein ungemein intelligenter und gebildeter Mann war, kannte er aufgrund seiner persönlichen Studien der klassischen griechischen Literatur zweifellos den historischen Gebrauch des Wortes *endynamoo*.

In dieser Passage über die übernatürliche Kraft, die uns vom Heiligen Geist verliehen wird, um dem Werk des Feindes widerstehen zu können, hat Paulus sich für ein Wort entschieden, das ganz konkrete und eindeutige Vorstellungen und Assoziationen hervorruft. Dieses Wort umschreibt eine Kraft, die aus einem ganz gewöhnlichen Menschen einen wahren Meister mit übermenschlichen und übernatürlichen Fähigkeiten macht.

Darüber hinaus ist „*endynamoo*“ eine Kraft, die einem Einzelnen verliehen wird, *wenn er oder sie dazu aufgerufen ist, umgehend eine besondere Aufgabe zu erledigen, die mit natürlichen Fähigkeiten nicht bewältigt werden kann.*

Daß Paulus diesen Abschnitt über den geistlichen Kampf und die Waffenrüstung mit diesem Befehl zum Empfang jener *endynamoo*-Kraft einleitet, zeigt uns eins sehr deutlich: Paulus war der festen Überzeugung, daß wir nur mit Hilfe dieser besonderen, übernatürlichen Kraft darauf hoffen können, den Sieg Jesu in die Tat umzusetzen und Satans Niederlage zu demonstrieren.

Für Paulus war eins sonnenklar: Wenn Gottes Kraft mit voller Wucht in das Leben eines Christen hineinkommt, verwandelt dieser gewaltige Kraftstrom einen normalen Gläubigen in einen geistlichen Giganten!

Aus diesem Grund befiehlt Paulus uns so eindringlich, wie er nur kann: *„Laßt euch 'ermächtigen' ..." „Empfangt diese innerliche Kräftigung ..." „Laßt euch diese übernatürliche Kraft und Befähigung einflößen ..."*

Woher kommt diese Kraft?

Paulus fährt fort: „Schließlich (meine Brüder): Werdet stark *im Herrn ..."*

Die Wendung „im Herrn" ist grammatikalisch gesprochen ein *Lokativ*. Einfach ausgedrückt heißt das, daß man diese besondere Kraft (*endynamoo*) nur an einem „Ort" finden kann, nämlich *„im Herrn"*.

Die Verwendung des *Lokativs* macht deutlich, daß diese Kraft sozusagen in der Person Jesu Christi „eingeschlossen" und nirgendwo sonst zu bekommen ist. Man kann diese besondere, übernatürliche Kraft nicht dadurch empfangen, daß man Bücher liest, Kassetten hört oder sich anderer Hilfsmittel bedient. Gott sei Dank für gute Lehrkassetten und Bücher, doch diese spezielle Kraft bekommt man ausschließlich durch eine persönliche Beziehung mit dem Herrn Jesus Christus. Diese Kraft ist *„im Herrn"* eingeschlossen.

Auch im ersten Kapitel des Epheserbriefes taucht der *Lokativ* auf; er wird dort insgesamt siebenmal verwendet, um uns klarzumachen, daß wir „in Christus" sind (1,3.4.6.7.11.13). Das heißt, daß wir bis in alle Ewigkeit in der Person Jesu Christi „eingeschlossen" sind, sobald wir von ihm erlöst worden sind. Paulus sagt ja auch zu den Korinthern: „Wer aber dem Herrn anhängt, ist *ein Geist* mit ihm" (1. Kor 6,17) und zu seinen Zuhörern auf dem Aeropag: *„Denn in ihm leben wir und bewegen wir uns und haben wir unser Dasein"* (Apg 17,28; Menge).

Dieser herrliche *Lokativ* erscheint siebenmal in Epheser 1 und zeigt auf, daß wir ständig, auf unendliche Zeit und bis in Ewigkeit in der Person Jesu Christi „eingeschlossen" sind. Er ist der „Ort", in dem wir existieren und wohnen. Wir sind *„in ihm"*.

Somit erklärt sich auch, warum uns diese besondere *„endynamoo*-Kraft" Gottes so ohne weiteres zur Verfügung steht: Sowohl wir als auch diese spezielle, übernatürliche Kraft, die aus normalen Menschen geistliche Giganten macht, sind auf wunderbare Weise in der Person Jesu Christi „eingeschlossen". Wir, die Gläubigen, sind *„im Herrn"* eingeschlossen, und mit uns ist auch diese besondere göttliche Kraft *„im Herrn"* eingeschlossen.

Auch wenn wir uns dessen vielleicht nicht bewußt sind, so leben wir doch ständig Seite an Seite mit dieser göttlichen Kraft – jeden Tag, jede Stunde, jede Minute. Wir sind „im Herrn" eingeschlossen, und diese Kraft ist ebenso „im Herrn" eingeschlossen; das hat zur Folge, daß ein neuer Schwall übermenschlicher Kraft für unseren menschlichen Geist stets in Reichweite ist. Eine neue Welle dieser Kraft in unserem Innersten ist so nah wie der nächste Atemzug.

Sie brauchen die Kraft nur zu nehmen!

Vor einiger Zeit predigte ich in einer großen Gemeinde im Mittleren Westen der USA über diesen göttlichen Kraftstrom und dessen Verfügbarkeit für die Gläubigen. Gegen Ende des Gottesdienstes lud ich alle Anwesenden, die noch nie mit dem Heiligen Geist erfüllt worden waren, ein, nach vorne zu kommen, um jetzt erfüllt zu werden. Viele Leute kamen nach vorne, um diese Erfüllung mit dem Geist Gottes zu empfangen.

Als ich mich jenen zuwandte, die vor dem Altar standen, um für sich beten zu lassen, nahm mich der Pastor beiseite und sagte zu mir: „Ich möchte, daß Sie heute vormittag einmal zusehen, wie wir bei uns in der Gemeinde für die Erfüllung mit dem Heiligen Geist beten. Wenn Sie sich anschauen, wie wir das machen, dann können Sie im Einklang mit unseren Gebetshelfern beten, die darin geschult wurden, mit Leuten für die Erfüllung mit dem Heiligen Geist zu beten."

Ich entsprach seiner Bitte, trat in den Hintergrund und schaute mir an, wie seine Mitarbeiter mit den anderen Leuten für die Erfüllung mit dem Geist beteten. Sie gingen, einer nach dem anderen, an den Menschen vorüber, die in einer Reihe vor dem Altar knieten, klopften ihnen auf die Schulter und sagten: *„Du mußt noch viel fester beten." „Du betest noch nicht laut genug." „Du mußt rufen und betteln, um etwas von Gott zu empfangen." „Du mußt noch länger auf den Knien bleiben."*

Mir blutete das Herz, als ich dies sah. Diese lieben, geistlich hungrigen Menschen waren nach vorne gekommen, um ohne Vorleistung etwas von Gott zu empfangen; doch was für sie ein großartiges Erlebnis hätte werden können, verwandelte sich in einen Alptraum. Diese aufrichtigen, falsch unterwiesenen Leute fingen an, sich wie wild „geistlich“ zu züchtigen, damit sie sich „gut genug“ fühlen würden, um etwas von Gott zu empfangen und mit dem Geist erfüllt zu werden.

Was für eine schreckliche und traurige Erfahrung! Es ist abstoßend, die Erfüllung mit dem Heiligen Geist zu einem Werk des Fleisches zu degradieren, noch dazu, wenn man weiß, daß diese Erfüllung ein Werk der Gnade und keine menschliche Leistung ist. Das war, geistlich gesprochen, mit der widerlichste Anblick, der sich mir innerhalb eines gemeindlichen Umfelds je geboten hat.

Gott wußte ganz genau, daß die meisten von uns seine Kraft nie empfangen würden, wenn er es uns schwer machen würde.

Deshalb machte er es uns sehr leicht: Er „schloß“ uns gemeinsam mit seiner göttlichen Kraft ständig in der Person Jesu Christi „ein“. Dadurch versetzte er uns in die Lage, *fortwährend* Seite an Seite mit dieser göttlichen Kraft zu leben. In seiner Gnade hat Gott es so eingerichtet, daß es sehr schwierig für uns sein würde, diese Zuteilung übermenschlicher, übernatürlicher Kraft für den geistlichen Kampf *nicht* zu empfangen.

Um diese stets verfügbare Kraft „von nebenan“ zu erfahren, müssen Sie lediglich Ihr Herz dafür öffnen, darum bitten, sie möge doch in Ihrem Leben freigesetzt werden, und sich *im Glauben* ausstrecken und diese göttliche Kraft ergreifen. Weil Sie ja „im Herrn“ sind, sind Sie *schon jetzt* von dieser Kraft umgeben. Genau in diesem Moment sind Sie eingetaucht in diese Kraft. *Sie brauchen sie nur zu nehmen!*

Die einzige Voraussetzung für den Empfang dieser Kraft ist, daß Sie „im Herrn“ sind. Wenn Sie „in ihm“ sind (wie es in Epheser 1 siebenmal wiederholt wird), dann sind Sie *in diesem Augenblick* in der Lage, ganz neu von Gottes stärkender Kraft berührt zu werden.

Paulus sagt: *„Schließlich (meine Brüder): Werdet stark im Herrn ...“*

Ein Beweis der Kraftwirkung des Geistes

Woran können Sie erkennen, ob Gottes übernatürliche Kraft in Ihrem Leben wirksam ist?

Paulus gibt die Antwort: „Schließlich (meine Brüder): Werdet stark im Herrn und *in der Macht seiner Stärke*."

Da ich im Umfeld der Südstaaten-Baptisten groß wurde, bekam ich in meiner Heimatgemeinde früher zahlreiche Diskussionen über den Heiligen Geist mit, Diskussionen darüber, welche Aussagen über den Heiligen Geist wir glaubten und welche wir *nicht* glaubten. Als Südstaaten-Baptisten waren wir unerbittliche Gegner der pfingstlerischen Auffassung, die Zungenrede sei der *erste sichtbare Beweis* einer Erfüllung mit dem Heiligen Geist.

Aus unserer Sicht hatten die Pfingstler keine theologische Begründung für ihre Theorie. Zwar konnten sie zahlreiche Schriftstellen vorweisen, die belegten, daß die Zungenrede der Beweis für eine Ausstattung mit dem Heiligen Geist sei, aber wir konnten diese Zitate mit unseren Erklärungen in Null Komma nichts entkräften.

Unserer Auffassung nach war die Zungenrede ein Phänomen, das ausschließlich in der Apostelgeschichte vorkam, die eine ganz spezielle „Übergangsphase" darstellte: Sie würde sich nie mehr wiederholen und auch nur gerade so lange dauern, bis die Urgemeinde auf festen Füßen stand. Wir waren somit der Meinung, Heilungen, Wunder und Zungenrede seien nur für diese „Übergangsphase" gedacht gewesen, sollten nie darüber hinausgehen und sich später nie wiederholen.

Da wir nicht an diese „Zungen" glaubten, die, wie wir meinten, durch und durch anti-intellektuell, unverständlich, schwärmerisch und lächerlich waren, hatten wir *unseren eigenen Beweis* für eine Ausstattung mit dem Heiligen Geist. Und wie die Pfingstler hatten auch wir Bibelstellen parat, um unseren theologischen Standpunkt zu stützen.

Wir erklärten, *der echte Beweis* der Kraft des Geistes sei die Fähigkeit, ein „Zeuge" für Jesus Christus zu sein. Unser „Indiz" dafür war Apostelgeschichte 1,8, wo es heißt: „Aber ihr werdet Kraft empfangen, wenn der Heilige Geist auf euch gekommen ist; und *ihr werdet meine Zeugen sein*, sowohl in Jerusalem als auch in ganz Judäa und Samaria und bis an das Ende der Erde."

Die Pfingstler waren also der Meinung, die Fähigkeit, in Zungen zu reden, sei der *erste sichtbare Beweis* der innewohnenden Kraft des Geistes; meine frühere Denomination vertrat die Auffassung, die Fähigkeit, ein Zeuge Jesu zu sein, sei der Beweis der Kraft des Geistes.

Um weder den Pfingstlern noch den Südstaaten-Baptisten unrecht zu tun, sei gesagt, daß in gewisser Hinsicht beide Anschauungen korrekt sind. Beide äußerlichen Zeichen sind *Beweise* dafür, daß die Kraft des Geistes im Leben eines Gläubigen wirkt.

Die Zungenrede ist definitiv der erste sichtbare Beweis für die Gegenwart der Kraft des Heiligen Geistes in einem Christen; in der Apostelgeschichte finden wir Beispiele dafür. Gottes Plan zufolge sollte die Apostelgeschichte nie bloß eine „Übergangsphase" sein, bis die Urgemeinde festen Boden unter den Füßen haben würde. Diese fiktive, von Menschen erdachte, sogenannte „Übergangsphase" läßt sich durch keine einzige Schriftstelle belegen. Dem muß jeder aufrichtige Theologe zustimmen. Vielmehr diente diese Lehre (die viele Denominationen übernommen haben) der Gemeinde als Entschuldigung für ihre Kraftlosigkeit und das Fehlen von übernatürlichen Ereignissen.

Andererseits ist es genauso richtig, daß im Anschluß daran das „Bezeugen" Jesu Christi ein echter Beweis für die dauerhafte und kräftigende Gegenwart des Heiligen Geistes ist. Das hat Jesus ja selbst in Apostelgeschichte 1,8 gesagt. *Weil diese Bibelstelle so eindeutig ist, kann niemand bestreiten, daß die Kraft des Geistes aus einem Christen immer einen starken Zeugen Jesu macht.*

Doch das „Bezeugen" Jesu ist nicht der *erste sichtbare Beweis* für die Erfüllung mit dem Geist Gottes. Dem Neuen Testament bzw. der Apostelgeschichte zufolge steht am Anfang die Zungenrede.

Die Fähigkeit, für Jesus Zeugnis abzulegen, ist einer der vielen Beweise, die nach unserer *ersten Erfüllung* mit dem Heiligen Geist sichtbar werden. Zu diesen weiteren Beweisen zählen auch die Frucht des Geistes, die Geistesgaben etc.

Kratos- und *ischys*-Kraft

In Epheser 6,10 weist Paulus nun noch auf einen anderen, sehr wichtigen Beweis der Wirksamkeit des Heiligen Geistes in unserem Leben hin! Er sagt: „Schließlich (meine Brüder): Werdet stark im Herrn und *in der Macht seiner Stärke*."

Wir sprachen bereits darüber, daß es in diesem Vers um die übernatürliche Kraft geht, die Gott uns für unseren Kampf mit den unsichtbaren Mächten zur Verfügung stellt. Um die *endynamoo*-Kraft näher zur erläutern, verwiesen wir auf die historische Verwendung dieses griechischen Wortes.

Doch betrachten wir nun, was Paulus noch über diese Kraft zu sagen hat. In Epheser 6,10 wählt er folgende Formulierung: „Schließlich (meine Brüder): Werdet stark im Herrn und *in der Macht seiner Stärke*."

Beachten Sie ganz besonders die Worte „Macht" und „Stärke". Für das weitere Verständnis des geistlichen Kampfes und der Waffenrüstung sind diese beiden Worte von außerordentlicher Bedeutung.

Das Wort „Macht" ist die Übersetzung des griechischen Wortes *kratos* und bezeichnet das, was ich einmal „demonstrierte Kraft" genannt habe. Mit anderen Worten: Die *kratos*-Kraft ist keine Kraft, die man rein intellektuell für wahr hält und glaubt. Sie ist vielmehr eine demonstrative, explosive, greifbare Kraft, die fast immer von irgendeiner äußerlichen Manifestation begleitet wird, die man mit den Augen tatsächlich sehen kann. Diese *kratos*-Kraft ist demnach nicht hypothetisch, sondern sehr *real*.

So erläutert Epheser 1,19-20, daß Gott sich genau dieser *kratos*-Kraft bediente, als er Jesus von den Toten auferweckte: „... und was die überschwengliche Größe seiner Kraft an uns, den Glaubenden, ist, nach der Wirksamkeit der Macht (*kratos*) seiner Stärke. Die hat er in Christus wirksam werden lassen, indem er ihn aus den Toten auferweckt und zu seiner Rechten in der Himmelswelt gesetzt hat ..."

Hier steht im Gegensatz zu anderen Bibelausgaben der ursprüngliche Satzbau des griechischen Originals: „... nach der Wirksamkeit *der Macht seiner Stärke* ..."

Warum ist dies von Bedeutung?

Die Wendung *„die Macht seiner Stärke"* ist identisch mit der Formulierung, mit der in Epheser 6,10 jene Kraft beschrieben wird, die hinter den Kulissen wirkt, um uns für unseren Kampf mit unsichtbaren bösen Mächten mit Energie auszustatten. Als Gott Jesus von den Toten auferweckte, benutzte er exakt dieselbe Kraft, die jetzt in uns wirksam ist: *Wir haben Auferstehungskraft!*

Dabei handelt es sich um den stärksten im Universum bekannten Kraftstrom. Diese Kraft ist allen anderen so überlegen, daß in der Bibel damit ausschließlich Gottes Kraft gemeint ist. Der Mensch verfügt aus sich heraus über diese Art von Kraft nicht, *es sei denn, Gott hat sie ihm verliehen!*

Die *kratos*-Kraft ist so überwältigend, daß die stattlichen römischen Soldaten, die am Morgen der Auferstehung das Grab Jesu bewachten, von ihr übermannt wurden; angesichts der vollen Wucht dieser Kraft stürzten sie ohnmächtig zu Boden, lagen ausgestreckt da und konnten sich nicht bewegen, bis die Auferstehung vollbracht war.

Als diese unbezwingbare, übermächtige und unwiderstehliche *kratos*-Kraft das Grab Jesu durchströmte, erfüllte sie jede tote Zelle und Faser seines Leichnams mit göttlichem Leben, bis es dem Tod schließlich unmöglich war, ihn noch länger festzuhalten ...

Wären Sie bei der Auferstehung persönlich dabeigewesen, hätten Sie gespürt, wie die Erde bebte, als diese elektrisierende, überwältigende *kratos*-Kraft in das Grab eindrang, in dem der Leichnam Jesu lag. Die *kratos*-Kraft erweckte Jesus von den Toten auf, eine Kraft wie ein Vulkanausbruch, ein äußerlicher Krafterweis, eine sichtbare Kraft, *die stärkste Kraft, die Gott oder der Mensch kennt!*

Und nun beschreibt Paulus mit genau demselben Wort die Kraft, die uns zur Verfügung steht! Ja, er sagt sogar mit allem Nachdruck, daß diese *kratos*-Kraft *ein weiterer Beweis* der Kraftwirkung des Geistes in unserem Leben sein wird, wenn wir einmal die Erfüllung und Kräftigung mit dem Geist erlebt haben.

Aus diesem Grund wählt er die Formulierung: „Schließlich (meine Brüder): Werdet stark im Herrn und in der *kratos* ..." Die Wirksamkeit dieser *kratos*-Kraft in Ihrem Leben ist der Beweis dafür, daß Sie durch den Geist Gottes auf übernatürliche

Weise „ermächtigt“ worden sind. Nur von Gott „ermächtigte“ Menschen besitzen diese *kratos*-Kraft.

Wenn die kräftigende Gegenwart des Heiligen Geistes in unserem Leben wirksam ist, setzt sie in uns genau dieselbe Kraft frei, die damals Jesus Christus leibhaftig von den Toten auferweckte. *Diese kratos-Kraft ist eine Kraft, die explosiv, demonstrativ und sichtbar ist, die sich nach außen hin manifestiert, eine Kraft, die Sie sehen können und selbst erleben werden.*

Und eben weil man unter dem Wort *kratos* normalerweise eine Kraft versteht, die demonstriert wird bzw. sich nach außen hin manifestiert, kommen wir zu dem Schluß, daß sich diese Kraft (sobald sie einmal angefangen hat, in uns zu wirken) sofort einen Kanal oder ein „Ventil“ suchen wird, durch das sie sich *zeigen* kann.

Mit anderen Worten: Wenn diese Kraft zu uns kommt, denkt sie nicht daran, nur untätig herumzusitzen und nichts zu tun. Vielmehr kommt sie, um ein *übermenschliches Werk* zu tun.

Bevor Paulus auf den Kampf mit unsichtbaren Mächten eingehen oder sich mit der geistlichen Waffenrüstung befassen konnte, mußte er zunächst noch auf diese Kraft zu sprechen kommen. Ohne ihre Wirkung in unserem geistlichen Leben gibt es auch keinen Kampf. Wir können es aus eigener Kraft nicht mit den Werken der Finsternis aufnehmen; *das ist absolut unmöglich*. Noch dazu haben wir selbst gar nicht die Kraft, die schwere Waffenrüstung Gottes zu tragen, die wir bei unserem Vormarsch gegen die Listen des Teufels so dringend brauchen.

Deshalb setzt Paulus das an die erste Stelle, was an erster Stelle kommen muß, und beginnt seine Abhandlung über die Waffenrüstung mit einem Kommentar zur *kratos*-Kraft Gottes.

Ohne diese Kraft sind wir kein ernstzunehmender Gegner Satans, und ohne diese Kraft können wir die Rüstung gar nicht tragen, geschweige denn mit ihr kämpfen. Doch da uns diese *kratos*-Kraft zur Verfügung steht, ist der Teufel kein ernstzunehmender Gegner für uns und sind wir absolut in der Lage, mit der Rüstung Gottes zu kämpfen.

Der mächtige Arm Gottes!

Paulus fährt fort: „Schließlich (meine Brüder): Werdet stark im Herrn und in der Macht *seiner Stärke*.“

Dieses Wort „Stärke“ ist eine Ableitung von *ischys* und umschreibt einen sehr, sehr starken Mann (vergleichbar mit einem Bodybuilder), einen „fähigen“ Mann, ein „Mannsbild“, einen Mann mit starken Muskeln.

Paulus überträgt dieses Bild eines starken, muskulösen Mannes nun nicht auf sich selbst, sondern *auf Gott*! Er zeichnet Gott als „fähigen, muskulösen Mann“. Ich frage Sie: Gibt es jemanden, der stärker wäre als Gott? Gibt es jemanden, der fähiger wäre als Gott? Oder gibt es eine Macht im Universum, die so „muskulös“ wäre wie Gott?

Mit einer einzigen Handbewegung setzte Gott so viel schöpferische Kraft frei, daß das ganze Weltall ins Dasein gerufen wurde …

Mit einer einzigen Handbewegung brachte Gott so viel Gewalt auf, daß Nimrod mit all seinen üblen Spießgesellen nach dem Turmbau zu Babel über die ganze Erde verstreut wurde …

Mit einer einzigen Handbewegung übte Gott eine solche Macht aus, daß die gesamte bewohnte Welt zur Zeit Noahs überflutet und eine ganze Zivilisation ausgerottet wurde …

Durch den mächtigen Arm Gottes wurden die Städte Sodom und Gomorra bis in alle Ewigkeit mit Feuer und Schwefel vom Angesicht der Erde getilgt …

Durch den mächtigen Arm Gottes wurde die Rebellion Ägyptens gegen ihn vernichtet und die Kinder Israels befreit …

Durch den mächtigen Arm Gottes brachen die tosenden Wassermauern des Roten Meeres über den Streitwagen des Pharao zusammen und verschlangen die Verfolger …

Durch den mächtigen Arm Gottes wurden die bösen Mächte in der Himmelswelt mit Gewalt beiseitegeschoben, so daß Jesus auf wunderbare Weise von einer Jungfrau empfangen und geboren wurde, obwohl dies physisch und medizinisch unmöglich war …

Durch den mächtigen Arm Gottes drang seine Kraft sogar in die Tiefen der Hölle vor, um Jesus den Todesqualen zu entreißen und um die Mächte und Gewalten zu entkleiden und ihre peinliche Niederlage öffentlich zur Schau zu stellen …

Als sich der mächtige Arm Gottes an Pfingsten bewegte, kam der Heilige Geist wie ein „brausender, gewaltiger Wind“ und erfüllte jenen Raum in Jerusalem mit seiner gewaltigen Kraft und befähigte die Jünger auf übernatürliche Weise, das Evangelium zu predigen und dabei Zeichen und Wunder zu wirken …

Und noch heute wirkt dieser mächtige Arm Gottes *und wirkt und wirkt und wirkt …*

Wo wirkt diese mächtige, starke, fähige, muskulöse Kraft Gottes heute? *In Ihnen und mir!* Paulus sagt: „Schließlich (meine Brüder): Werdet stark im Herrn und *in der Macht seiner Stärke*."

Jene *kratos*-Kraft ist so mächtig und demonstrativ (wie damals bei der Auferweckung Jesu von den Toten), weil Gott mit seinen Muskeln (*ischys*) dahintersteht! Ein Bibelausleger hat Epheser 6,10 richtigerweise so übersetzt: *„… werdet stark im Herrn und in der mächtigen, nach außen sichtbaren Fähigkeit, die infolge der großen Muskelkraft Gottes in euch wirksam ist."*

Alles, was das Wesen Gottes ausmacht, all die Kraft, über die er verfügt, und all die Energie seiner mächtigen Muskelkraft lädt jene *kratos*-Kraft mit Energie auf, die heute in geisterfüllten Christen wirksam ist. Diese Fülle der Kraft wirkt in Ihnen und mir!

Bereit zum Kampf

Mit dieser Kraft in Reichweite sind Sie nun in der Lage, erfolgreich in die Konfrontation mit unsichtbaren, dämonischen Geistern, die gegen das Fleisch und gegen die Seele kämpfen, einzutreten.

Aus diesem Grund sagt Paulus weiter: „Zieht die ganze Waffenrüstung Gottes an, damit ihr gegen die Listen des Teufels bestehen könnt" (Eph 6,11).

Im nächsten Kapitel geht es darum, wie man die *Listen* und den *Betrug* des Teufels erkennen kann!

Kapitel 8

Die Listen und der Betrug des Teufels

Paulus fährt fort in Epheser 6,11: „Zieht die ganze Waffenrüstung Gottes an, damit ihr gegen die Listen des Teufels bestehen könnt."

Die Formulierung „die ganze Waffenrüstung" lautet im griechischen Original *panoplia* und bezieht sich auf einen römischen Soldaten, der von Kopf bis Fuß tadellos „gerüstet" ist. Da uns Paulus auf dieses Beispiel verweist, müssen wir die ganze Ausrüstung, nämlich die *panoplia* eines römischen Soldaten, betrachten.

Weil Paulus so oft im Gefängnis war, tat er sich natürlich leicht, zur Veranschaulichung auf dieses Bild zurückzugreifen. Da im Gefängnis immer ein stattlicher Soldat neben ihm stand, konnte Paulus auch dessen Ausrüstung eingehend studieren – *den Gürtel, den mächtigen Brustpanzer, die furchterregenden Schuhe mit den „Spikes", den massiven Langschild, den verzierten Helm, das scharfe Schwert und die lange, einem speziellen Zweck dienende Lanze*, mit der man den Feind noch aus großer Entfernung verletzen konnte.

Die Ausrüstung eines römischen Soldaten zur Zeit des Neuen Testaments bestand grundsätzlich aus sieben Teilen, die sowohl dem Angriff als auch der Verteidigung dienten. Diese Bestandteile der Waffenrüstung kann man noch heute in Museen betrachten.

Zunächst einmal trug der römische Soldat einen *Gürtel*. Obwohl dieser der häßlichste und gewöhnlichste Teil der Ausrüstung war, *hatte er dennoch eine zentrale Funktion, da er alle anderen Teile hielt*: Der Brustpanzer wurde durch den Gürtel zusammengehalten; der Schild wurde mittels einer Klemme vom Gürtel gestützt; an der anderen Seite des Gürtels befand sich eine weitere Halterung für das massive Schwert des Soldaten.

Der Gürtel war so etwas Gewöhnliches, daß kein Soldat auf die Idee gekommen wäre, seiner Familie nach Hause zu schreiben, er hätte einen neuen Gürtel bekommen. Und dennoch war er der wichtigste Bestandteil seiner Ausrüstung, eben weil er für die anderen Waffen eine so große Rolle spielte. Ohne den Gürtel wären dem Soldaten die anderen Ausrüstungsteile einfach heruntergefallen (mehr darüber in Kapitel zehn).

Das zweite Ausrüstungsstück eines römischen Soldaten war *der imposante und herrliche Brustpanzer*. Dieser bestand aus zwei großen Metallplatten, von denen eine die Vorderseite und die andere den Rücken bedeckte; die beiden Platten wurden oberhalb der Schultern von großen bronzenen Ringen zusammengehalten. Diese Platten bestanden oftmals aus zahlreichen kleineren aneinanderhängenden Metallplättchen (vergleichbar mit den Schuppen eines Fisches), weshalb man dann auch von einem „Schuppenpanzer“ sprach. Später bezeichnete man den Brustpanzer häufig als „Kettenhemd“.

Der schwere Panzer begann unterhalb des Halses und reichte über die Hüfte hinunter bis zu den Knien. Von der Hüfte bis zum Knie sah er aus wie ein Rock. Der Brustpanzer war mit Abstand der schwerste Teil der Ausrüstung eines römischen Soldaten und konnte, je nach Statur des Kriegers, mehr als vierzig Pfund wiegen. In 1. Samuel 17,5 erfahren wir, daß Goliaths Schuppenpanzer „5000 Schekel Bronze“ wog, umgerechnet 125 Pfund! (dieser „Brustpanzer der Gerechtigkeit“ ist Thema des elften Kapitels).

Neben diesem eindrucksvollen Kettenhemd verfügte der römische Soldat noch über *äußerst gefährliche Schuhe*. Sie hatten keine Ähnlichkeit mit den römischen Sandalen, die man heutzutage trägt. Die heutigen Sandalen sind nichts anderes als eine dünne Schnur, die um Zehen und Ferse gewickelt wird.

Die Schuhe eines römischen Soldaten bestanden jedoch hauptsächlich aus zwei Metallteilen. Den ersten Teil bezeichnete man als „Beinschiene“. Es handelte sich dabei um ein Stück Messing oder Bronze, das sich wie eine Röhre um Schienbein und Wade des Soldaten schmiegte. Sie begann oberhalb des Knies und endete oberhalb des Fußes. Weil diese metallene Röhre den unteren Teil des Beins völlig umschloß, sahen die Schuhe des Soldaten aus wie bronzene Stiefel!

Der Fußrücken, die Seiten und die Fußsohle waren durch dicke, schwere Metallteile geschützt. An der Schuhsohle waren außerordentlich gefährliche Spikes angebracht. Trug der Soldat seine Alltagsausrüstung, waren die Spikes ungefähr zweieinhalb Zentimeter lang. Jedoch im Kampf konnten diese Spikes zwischen zweieinhalb und siebeneinhalb Zentimeter lang sein. Jene Schuhe, die Paulus erstaunlicherweise „Schuhe der Bereitschaft des Evangeliums des Friedens“ nennt, dienten ganz gezielt dazu, den Gegner zu töten (mehr über diese Schuhe lesen Sie in Kapitel 12).

Der vierte wichtige Gegenstand, der einem römischen Soldaten zur Verfügung stand, war der *große, massive, rechteckige Schild*. Er bestand aus mehreren Schichten Leder, die eng miteinander verbunden und an den Rändern von stabilen Metall- oder Holzteilen eingerahmt waren (in Kapitel 13 werden wir näher auf den „Schild des Glaubens“ eingehen).

Der fünfte Teil der Waffenrüstung war der *Helm*. Er hatte außerordentliche Bedeutung, weil er den Soldaten vor tödlichen Hieben auf den Kopf schützte und wog manchmal mehr als 15 Pfund. Der Brustpanzer war zwar der schönste Teil der Waffenrüstung, aber der Helm war am auffälligsten. Ging man an so einem Soldaten vorbei, stach einem unweigerlich dessen Helm ins Auge (wir werden im vierzehnten Kapitel noch mehr über diesen „Helm des Heils“ erfahren).

Darüber hinaus hatte der römische Soldat natürlich noch ein *Schwert*. Zur damaligen Zeit gab es viele verschiedene Ausführungen; das Schwert eines römischen Soldaten war sehr schwer, breit und massiv und diente ganz speziell dazu, einen Gegner oder Feind zu erstechen und zu töten (das „Schwert des Geistes“ wird im Mittelpunkt von Kapitel 15 stehen).

Schließlich trug der römische Soldat die einem *speziellen Zweck dienende Lanze* mit sich, um den Feind selbst aus großer Entfernung treffen zu können.

Die meisten Christen haben nicht bemerkt, daß in Epheser 6,10-18 auch von einer Lanze die Rede ist; sie muß dort einfach erwähnt sein, weil wir ja aufgerufen werden, „*die ganze Waffenrüstung* Gottes“ anzuziehen. Und zweifellos war die Lanze Teil der ganzen Ausrüstung eines römischen Soldaten. Um dieses Bild des Paulus von der „ganzen Waffenrüstung Gottes“ abzurunden, ist es absolut notwendig, auch die Lanze in diesen Text mit aufzunehmen.

In den folgenden Kapiteln werden Sie sehen, daß die Lanze in der Tat ein sehr wichtiger Bestandteil der *„ganzen Waffenrüstung Gottes“* ist (Kapitel 16 ist ausschließlich der Lanze gewidmet).

Neu eingekleidet!

Diese Ausrüstungsteile und Waffen gehören eindeutig zum Bild eines römischen Soldaten, der vollständig gekleidet und somit in der Tat *zum Kampf gerüstet* ist! Paulus malt uns dieses Bild vor Augen und gibt uns dann eine sehr vollmächtige Anweisung: „Zieht die ganze Waffenrüstung Gottes an, damit ihr gegen die Listen des Teufels bestehen könnt“ (Eph 6,11).

Beachten Sie vor allem die Formulierung „Zieht ... an“. Diese Wendung geht zurück auf das griechische Wort *endyo* (das *nichts* mit dem Wort *endynamoo* zu tun hat, mit dem wir uns in Kapitel 7 befaßten, auch wenn es sich ähnlich anhört).

Endyo taucht im Neuen Testament sehr häufig auf. So erscheint es zum Beispiel, als Lukas folgende Worte Jesu wiedergibt: „... und siehe, ich sende die Verheißung meines Vaters auf euch. Ihr aber, bleibt in der Stadt, bis ihr *angetan* werdet mit Kraft aus der Höhe“ (Lk 24,49).

Mit dem Wort *endyo* wird beschrieben, wie sich jemand „von Kopf bis Fuß neu einkleidet“. Deshalb steht in manchen Übersetzungen dieses Bibelverses „gekleidet“ anstelle von „angetan“ – jemand wird *neu eingekleidet*.

Paulus verwendet das Wort *endyo* in all seinen Schriften, um das symbolische „Anziehen“ des neuen Menschen zu beschreiben. Sowohl in Epheser 4,24 als auch in Kolosser 3,10 drängt er uns, „*... den neuen Menschen anzuziehen ...*“. Mit der Verwendung des Wortes *endyo* fordert Paulus uns auf, den neuen Menschen und die Frucht unseres neuen Lebens genauso „anzuziehen“, wie man sich von Kopf bis Fuß völlig neue Kleider anziehen würde.

In Epheser 6,11 verwendet er *endyo* mit demselben Sinngehalt („neu einkleiden“), bezieht sich nun jedoch auf die geistliche Waffenrüstung. Er weist uns an: *„Zieht die ganze Waffenrüstung Gottes an ...“*

Auch die Grammatik dieses Textabschnitts ist aufschlußreich: Paulus greift hier zum *Imperativ*. Das heißt, daß er nicht nur einen Tip gibt, sondern vielmehr den schärfsten Befehl ausspricht, den man überhaupt in Worte fassen kann. Er gebietet uns, so streng er nur kann und mit größtmöglichem Nachdruck, augenblicklich aktiv zu werden: *„Kleidet euch ein mit der ganzen Waffenrüstung Gottes ...“*

Wir können diesen Befehl entweder mißachten oder beachten. Wenn wir uns das Gebot des Paulus zu Herzen nehmen wollen, dann müssen wir lernen, *wie* man „die ganze Waffenrüstung Gottes“ anzieht.

Wie zieht man die ganze Waffenrüstung Gottes an?

Paulus spricht immer von der „ganzen Waffenrüstung *Gottes*“. Achten Sie hier besonders auf diese Formulierung: die Waffenrüstung *Gottes*. Dieser Bezug auf Gott lautet im Griechischen *tou theo*; es handelt sich dabei um einen *Genitiv*.

Einfach ausgedrückt heißt das, daß diese übernatürliche Waffenrüstung direkt *von Gott selbst* kommt; *Gott selbst ist der Ursprung dieser Waffenrüstung*. Deshalb könnte man diesen Vers auch wie folgt wiedergeben: „Zieht die ganze Waffenrüstung an, *die von Gott kommt ...*“

Weil diese Rüstung von Gott kommt, ist es für uns von entscheidender Bedeutung, eine intakte Beziehung zu Gott aufrechtzuerhalten, um ständig in den Genuß der Vorteile dieser geistlichen Waffenrüstung kommen zu können. Wenn wir die Gemeinschaft mit dem Herrn verlassen, entfernen wir uns auch von unserer lebenswichtigen Kraftquelle. Doch solange unsere Beziehung mit dem Herrn intakt ist, verfügen wir auch über eine intakte Kraftquelle.

Ich staune oft über Leute, die ihr geistliches Leben vernachlässigen und nicht mehr in der Kraft Gottes wandeln und sich dann beschweren, weil sie auf einmal alle möglichen Schwierigkeiten und Probleme bekommen! Dann suchen sie oft nach tief verborgenen, geheimnisvollen Ursachen für dieses Durcheinander in ihrem Leben, obwohl der Grund für diese plötzliche Verwirrung doch auf der Hand liegt: Die geistliche Waffenrüstung hat ihren Ursprung in Gott; wenn Sie Ihre Gemeinschaft mit dem Herrn und Ihren Wandel in der Kraft Gottes zeitweilig aussetzen, dann entscheiden Sie sich automatisch dafür, zeitweilig ohne die Kraftquelle auszukommen, von der diese Waffenrüstung stammt!

So wie wir unser Leben *von Gott* bekommen haben, so wie wir unseren Charakter *von Gott* bekommen haben und so wie wir unsere geistliche Kraft *von Gott* bekommen, so kommt auch diese geistliche Waffenrüstung *von Gott*.

Was geschieht in Ihrem geistlichen Leben, wenn Sie die Gemeinschaft mit dem Herrn vorübergehend auf Eis legen? Genießen Sie in dieser Phase dasselbe erfüllte Leben wie vorher? *Natürlich nicht!*

Obwohl Ihnen dieses Leben in Fülle nach wie vor zusteht, zerrinnt es Ihnen in dieser Phase der Stagnation zwischen den Fingern, und Sie können es nicht mehr wie früher genießen. Weshalb? *Weil ein Leben in Fülle seinen Ursprung im Herrn hat!* Wenn Sie die Gemeinschaft mit ihm zeitweilig abbrechen, entscheiden Sie sich dafür, vorübergehend ohne diesen Strom des erfüllten Lebens auszukommen.

Was geschieht mit der Kraft des Heiligen Geistes im Leben eines Christen, dem sein geistliches Vorwärtskommen immer gleichgültiger wird? Genießt dieser Christ nach wie vor die Kraft Gottes in seinem Leben? *Natürlich nicht!*

Während diesem Christen die Kraft Gottes immer noch zur Verfügung steht, würgt seine Gleichgültigkeit diese Kraftquelle vorübergehend ab. Warum? *Weil diese geistliche Kraft ihren Ursprung im Herrn hat!* Wenn Sie die Gemeinschaft mit dem Herrn vorübergehend aussetzen, dann müssen Sie damit rechnen, daß auch der Strom dieser göttlichen Kraft in Ihrem Leben zeitweilig ausbleibt.

Schließlich: Wo bleibt die Fähigkeit eines Gläubigen, die geistliche Waffenrüstung zu tragen, wenn er seine Beziehung zum Herrn vorübergehend auf Eis legt? Kommt er in dieser „Eiszeit“ immer noch in den Genuß der Vorteile jener gottgegebenen Rüstung? *Natürlich nicht!*

Auch wenn er immer noch Zugang zur Waffenrüstung hat, nimmt er durch diese zeitweilige Unterbrechung seiner Beziehung mit dem Herrn automatisch auch in Kauf, daß er vorübergehend nicht in der Lage ist, die Waffenrüstung zu tragen, und dadurch auch deren Schutz zu verlieren. Warum? *Weil die geist-*

liche Waffenrüstung ihren Ursprung im Herrn hat! Wenn Sie in Ihrem geistlichen Leben vorübergehend „auf die Bremse steigen“, legen Sie gleichzeitig auch Ihre Waffenrüstung ab, bis Sie Ihre Gemeinschaft mit dem Herrn wieder aufnehmen.

Viele Leute ziehen jeden Morgen „die ganze Waffenrüstung Gottes“ an. Nachdem sie aufgestanden sind, tun sie mit bestimmten Gesten so, als zögen sie tatsächlich jeden Teil ihrer Waffenrüstung an:

Sie greifen sich an die Hüfte und tun so, als schnallten sie sich tatsächlich den Gürtel der Wahrheit um: sie fassen sich an den Brustkasten, als schlüpften sie mit ihrem Oberkörper wirklich in einen Brustpanzer der Gerechtigkeit; sie machen bestimmte Handgriffe an ihren Füßen, als zögen sie tatsächlich die Schuhe der Bereitschaft des Evangeliums an; sie greifen neben sich, als nähmen sie wirklich einen Schild des Glaubens auf, den sie den Tag hindurch tragen werden; sie tun so, als setzten sie einen Helm des Heils auf, und simulieren schließlich die Bewegungen eines Soldaten, der sein Schwert in die Scheide an seinem Gürtel steckt.

Diese tägliche Routine ist sicher nicht schlecht und hilft dem einen oder anderen (vor allem Kindern), sich besser auf sein geistliches Leben zu konzentrieren; dennoch zieht *niemand* allein durch diese Simulation des Ankleidens „die ganze Waffenrüstung Gottes“ an.

Wir tragen die Waffenrüstung Gottes aufgrund unserer Beziehung zu Gott! Ihre ununterbrochene, fortwährende Beziehung zu Gott ist Ihre absolute Garantie dafür, daß Sie ständig und sozusagen „als Standard“ mit „der ganzen Waffenrüstung Gottes“ gekleidet sind.

Wie gesagt, spricht Paulus in Epheser 6,11 von der *ganzen Waffenrüstung* Gottes. Gott stellt uns keine lückenhafte, sondern eine *vollständige* Ausrüstung zur Verfügung. Er hat uns *die ganze Waffenrüstung* gegeben.

Die „ganze Waffenrüstung“, die *panoplia*, zeigt einen römischen Soldaten, der alle Waffen für einen erfolgreichen Kampf gegen den Feind bei sich hat. Genauso hat Gott uns *alles* gegeben, was wir brauchen, um geistliche Mächte erfolgreich bekämpfen zu können! *Nichts fehlt!*

Leider haben einige Denominationen und charismatische Organisationen bestimmte Teile der Waffenrüstung herausgegriffen und sich darauf spezialisiert. Einige lehren ununterbrochen über den „Schild des Glaubens“ und das „Schwert des Geistes“ und vernachlässigen dabei die anderen Teile unserer gottgegebenen Ausrüstung. Andere Gruppen und Denominationen scheinen Woche für Woche über nichts anderes als den „Helm des Heils“ zu predigen. Sie haben den Helm auf, *aber sonst sind sie splitternackt!* Wir haben jedoch das Gebot, die *ganze Waffenrüstung* Gottes anzuziehen.

Gott sei Dank für unseren Gürtel, *aber er gab uns mehr als bloß den Gürtel*; Gott sei Dank für unseren Brustpanzer, *aber er gab uns mehr als bloß den Brustpanzer*; Gott sei Dank für unsere Schuhe, *aber er gab uns mehr als bloß Schuhe*; Gott sei Dank für unseren Schild, *aber er gab uns mehr als bloß den Schild*; Gott sei Dank für unseren Helm, *aber er gab uns mehr als bloß den Helm*; Gott sei Dank für unser Schwert, *aber er gab uns mehr als bloß das Schwert!*

Er gab uns „die ganze Waffenrüstung Gottes“! Und genau diese und keinen Deut weniger sollen wir, den Worten Paulus' zufolge, in unserem christlichen Lebenswandel beanspruchen und gebrauchen!

Eine strategisch wichtige Stellung auf dem Schlachtfeld des Lebens und der Gedanken behaupten

Paulus klärt am Ende dieses Verses, *warum* wir die Waffenrüstung brauchen. Er sagt: „Zieht die ganze Waffenrüstung Gottes an, *damit ihr gegen die Listen des Teufels bestehen könnt.*“

Achten Sie vor allem auf die Wendung „damit ihr … *könnt*“. Das Wort „könnt“ leitet sich von dem Wort *dynamis* ab und bedeutet, wie bereits in Kapitel 7 erläutert, „Sprengkraft, dynamische Befähigung oder Kraft“. Demnach könnte man diesen griechischen Ausdruck noch korrekter übersetzen: *„… damit ihr unglaubliche, dynamische Sprengkraft habt …“* Indem Paulus dieses Wort verwendet, vermittelt er uns die Vorstellung, daß uns jederzeit dynamische Sprengkraft zur Verfügung steht, wenn wir „die ganze Waffenrüstung Gottes“ anhaben!

Die *dynamis*-Kraft ist so stark, daß wir zum ersten Mal in unserem Leben gerüstet sind (vorausgesetzt, wir haben die ganze Waffenrüstung Gottes an), um uns dem Feind zu stellen und ihm nachzujagen, anstatt von ihm gejagt zu werden! Diese *dynamis*-Kraft ist für uns jederzeit verfügbar und macht uns zu Angreifern! Deshalb heißt es ja auch weiter im Text: „… damit ihr *gegen … bestehen könnt*".

Dieses Verb „bestehen" lautet im Original *histemi* und heißt wörtlich „stehen". Paulus charakterisiert in diesem Vers mit Hilfe von *histemi* einen römischen Soldaten, der aufrecht und fest steht – Brust heraus und Kopf hoch! So stellt man sich einen stolzen und selbstbewußten Soldaten vor, das Gegenteil eines mutlosen, geschlagenen, gebeugten Kriegers.

Dieses Wort *histemi* („stehen") veranschaulicht, wie wir auf die unsichtbare Welt wirken, wenn wir „die ganze Waffenrüstung Gottes" tragen. Diese Rüstung macht uns zu Siegern! Wir haben keinen Grund, wie niedergeschlagene Verlierer durchs Leben zu gehen. *Wir sind gerüstet, um jeden Feind, der es wagt, uns anzugreifen, windelweich zu schlagen.*

Aus diesem Grund können wir aufrecht und voller Zuversicht durchs Leben gehen – Brust heraus und Kopf hoch! Denn wir haben „die ganze Waffenrüstung Gottes" angezogen!

Es soll noch auf einen weiteren bedeutsamen Gesichtspunkt dieses Wortes *histemi* hingewiesen werden. In einem militärischen Kontext bedeutete *histemi* „eine umkämpfte und strategisch wichtige Stellung auf dem Schlachtfeld halten". Warum ist das so wichtig? Nun, diese Bedeutungsvariante von *histemi* weist darauf hin, daß wir die Verantwortung haben, über dem Schlachtfeld unseres Lebens „Wache zu halten"!

Wenn Gott Sie berufen und Ihnen eine bestimmte Aufgabe innerhalb des Leibes Christi übertragen hat, dann müssen Sie über diesem Bereich „Wache halten" und die „umkämpfte Stellung halten", bis die Aufgabe erledigt ist. Der Teufel möchte verhindern, daß Sie die göttliche Berufung auf Ihrem Leben in die Tat umsetzen. Womöglich versucht er, diese Berufung anzugreifen und daraus einen Kriegsschauplatz zu machen. Deshalb müssen Sie über dem Willen Gottes für Ihr Leben „Wache halten", bis die Aufgabe erledigt und die Schlacht gewonnen ist. Sie müssen fest entschlossen sein, dem Feind keinen Zentimeter nachzugeben! Das ist Ihre Verantwortung!

Das wichtigste Schlachtfeld in Ihrem Leben sind Ihre Gedanken! Wie an anderer Stelle bereits erwähnt, findet geistlicher Kampf vor allem in den Gedanken statt. Solange man diese im Zaum hält und das Denken durch das Wort Gottes erneuert wird, prallen die meisten geistlichen Angriffe an uns ab. Doch wenn man Einfallstore in die Gedankenwelt offen und unbewacht läßt, wird Satan den Schauplatz des Kampfes dorthin verlegen und die Gedanken benutzen, um unser Leben, unsere Finanzen, unser Geschäft, unsere Ehe, unsere Emotionen etc. zu zerstören. Es ist Ihre Verantwortung, über diesen Lebensbereichen „Wache zu halten"!

Dem Gegner Auge in Auge gegenüberstehen!

Achten Sie nun auf das nächste Wort dieses Verses! Paulus sagt: „... damit ihr *gegen* die Listen des Teufels bestehen könnt." Dieses Wort „gegen" lautet im Griechischen *pros* und heißt „jemandem die Stirn bieten" oder „jemandem von Angesicht zu Angesicht gegenüberstehen".

Paulus skizziert mit diesem Wort *pros* das Bild eines Soldaten, der seinem Feind direkt ins Gesicht schaut, d. h. ihm *Auge in Auge* gegenübersteht! Er steht aufrecht und erhobenen Hauptes; er ist so kühn, mutig und tapfer, daß er nun völlig ohne Furcht seinem Feind direkt in die Augen schaut. Diese Art der direkten Konfrontation wird mit dem Wort *pros* dargestellt.

Dem entnehmen wir, daß wir mit der Kraft Gottes und seiner Waffenrüstung dem Feind mehr als ebenbürtig sind! Ja, wir sind eine furchterregende und schreckliche Bedrohung, mit der er seine Not hat! Anstatt bei dem Gedanken, was uns der Teufel alles antun könnte, zu erschauern, verleiht uns diese geistliche Waffenrüstung einen übermächtigen Stand, so daß der Teufel bei dem Gedanken erschauert und erzittert, was wir ihm alles antun können!

Mit dieser Waffenrüstung Gottes am Körper sind wir so mächtig und gewaltig durch Jesus Christus, daß der Teufel und seine Scharen keine ebenbürtigen Gegner mehr für uns sind! Wenn wir so gekleidet sind, werden wir zu gewaltigen geistlichen Kriegern, die „zum Kampf gerüstet" sind.

Gegen die Listen des Teufels bestehen

Warum brauchen wir die Waffenrüstung? Gegen wen müssen wir bestehen? Paulus sagt es uns: „Zieht die ganze Waffenrüstung Gottes an, damit ihr gegen *die Listen des Teufels* bestehen könnt" (Eph 6,11).

Was sind „die Listen des Teufels"?

Für eine eingehende Erörterung des Themas „Geistlicher Kampf" ist es unabdingbar, zunächst die Vorgehensweise des Teufels zu kennen und zu begreifen. Die Worte *„Listen"* und *„Betrug"* sind hierfür besonders aufschlußreich (die griechische Wurzel des Wortes „Betrug" wird in Kapitel 14 noch erläutert werden). Ohne ein grundlegendes Verständnis dieser Begriffe ist es unmöglich, eine korrekte und ausgewogene Sicht des Themenbereichs „Geistlicher Kampf" zu entwickeln.

Das Wort „Listen" ist eine Ableitung des griechischen Begriffs *methodeia*, einer Zusammensetzung aus *meta* und *hodos*. *Meta* ist eine Präposition mit der Bedeutung „mit". Das Wort *hodos* ist das griechische Wort für „Weg". Gemeinsam bilden sie das Wort *methodeia*, das man wörtlich mit „mit einem Weg" übersetzen könnte.

Wenn der Teufel angreift, schlägt er einen bestimmten „Weg" ein bzw. folgt einem bestimmten „Plan". Er hat sich im voraus zurechtgelegt, nach welchem Schema er vorgehen will. Sein Vorgehen ist „planmäßig". Von dem Wort *methodeia* leitet sich unser deutsches Wort „Methode" ab. Und tatsächlich wäre die Formulierung „mit Methode" auch in diesem Zusammenhang recht passend. Was in obiger Bibelstelle mit „die Listen des Teufels" wiedergegeben wird, könnte man demnach exakter wie folgt übersetzen: „die Pläne des Teufels", „die Methoden des Teufels", „die methodische oder planmäßige Vorgehensweise des Teufels", ja sogar „die Systematik des Teufels".

Gedanken gefangennehmen

Wir hielten bereits fest, wo der Teufel seine Systematik entfaltet: in den Gedanken. Sie sind das wichtigste Schlachtfeld unseres Lebens. *Es bereitet dem Teufel eine außerordentliche Freude, die Gedanken der Menschen zu seiner Spielwiese zu machen!* Mit großem Genuß umgarnt er ihre Emotionen und ihren Verstand mit Illusionen, die die Gedanken gefangennehmen und letztlich zerstören. Was solche „Gedankenspielereien" anbetrifft, ist er ein wahrer Meister.

Auch Paulus kannte die Gedankenspielereien, in die der Teufel uns verwickeln möchte. Aus diesem Grund sagte er auch an anderer Stelle: „... so zerstören wir *Vernünfteleien* und jede Höhe, die sich gegen die Erkenntnis Gottes erhebt, und nehmen *jeden Gedanken* gefangen unter den Gehorsam Christi ..." (2. Kor 10,5).

Wie Paulus müssen auch wir die verstandesmäßige Entscheidung treffen, selbst die Kontrolle über unser Denken zu übernehmen und „jeden Gedanken unter den Gehorsam Christi gefangenzunehmen". *Wir müssen aufhören, auf uns selbst zu hören, und statt dessen anfangen, zu uns selbst zu sprechen!*

Der Teufel versucht ständig, unsere Emotionen und unseren Verstand zu manipulieren, um uns in „Gedankenspielereien" zu verwickeln. Deshalb müssen wir zu unseren Emotionen und zu unserem Verstand sprechen, ihnen den Weg weisen und vorschreiben, was sie zu glauben haben!

Es ist absolut notwendig zu wissen, daß der Teufel „planmäßig" und „mit Methode" vorgeht und sich dabei ganz besonders auf unsere Gedankenwelt konzentriert.

Wer die Gedanken des Menschen kontrolliert, kontrolliert auch seine Gesundheit und seine Gefühlswelt. Der Feind weiß das! Deshalb versucht er auch, unseren Intellekt (unser mentales „Kontrollzentrum") zu unterwandern und mit Lug und Trug zu überschwemmen. Wenn er das geschafft hat, kann er damit beginnen, von dieser Schaltstelle aus den Körper und die Emotionen des Menschen zu manipulieren.

Verläuft diese Unterwanderung erfolgreich und hat sich der Feind erst einen Weg in die Gedanken und Emotionen eines Menschen gebahnt, beginnt allmählich eine psychische und geistliche Gefangennahme. Wenn dieser teuflische Prozeß nicht durch die Kraft Gottes und die Erneuerung des Sinnes unterbrochen wird, ist es lediglich eine Frage der Zeit, bis das Selbstbild, die Gefühlswelt, ja das ganze Denken dieses Menschen von einer massiven Festung der Verblendung dominiert und manipuliert wird.

Betrachten wir uns nun im Detail, wie sich dieser Prozeß der Gefangennahme abspielt und wo er hinführt.

Teuflischer Betrug

Ein Mensch, der die Lügen glaubt, die der Teufel ihm einflüstert, läßt sich betrügen. Sobald er anfängt, diese Lügen zu glauben, verwandeln sich die üblen Impulse und Gedankenspielereien in seinem Leben mehr und mehr in konkrete Realität.

Vielleicht greift der Teufel Ihr Denken an, indem er Ihnen immer wieder sagt, Sie seien ein Versager. Doch solange Sie diesen Unterstellungen widerstehen, werden sie in Ihrem Leben auch keine Macht bekommen.

Sollten Sie jedoch anfangen, diese Lügen für glaubwürdig zu halten und sie gedanklich als Wahrheit einzustufen, werden sie Sie in zunehmendem Maße gängeln und Ihre Gefühle und Ihr Denken beherrschen. Ihr Glaube an diese Lüge wird ihr am Ende wirklich Kraft verleihen und sie zu einer anerkannten und unumstößlichen Realität Ihres Lebens machen und – *Sie werden ein Versager sein!* Das ist das Endergebnis des ganzen Betrugs.

Viele Ehen zerbrechen an Unterstellungen, die der Teufel den Ehepartnern einhämmern möchte. Solange man diese Unterstellungen zurückweist, üben sie auch keine Macht aus. Doch sollte ein Ehepartner jenen Lügen Beachtung schenken, sie in Betracht ziehen und über sie nachgrübeln, ist er bereits drauf und dran, dem teuflischen Betrug auf den Leim zu gehen.

Nehmen wir zum Beispiel ein Ehepaar, dessen Ehe tadellos in Schuß ist; dennoch beginnt einer der beiden Partner, ungerechtfertigte Fragen über ihre Ehe zu stellen und Argwohn zu hegen. Das ist zweifellos das Werk des Feindes, der das Vertrauen des einzelnen in die Ehe untergraben will. Anfangs weiß der Mann oder die Frau noch ganz genau, daß es sich dabei um eine unverfrorene Lüge des Teufels handelt, denn ihre Ehe war noch nie so gut wie jetzt! Aber der Feind setzt sein gedankliches Trommelfeuer fort: *„Dein Partner hat keine Freude an dir …" „Deine Ehe ist in Schwierigkeiten …" „Diese Beziehung kann unmöglich Bestand haben …" „Das wäre doch viel zu schön, um wahr zu sein …"*

Indem er sich all die Unterstellungen anhört und sie für glaubwürdig hält, öffnet dieser treue Christ leider dem Teufel eine Tür, durch die dieser weiterhin auf seine Gedanken einwirken und seine Emotionen malträtieren kann. Geschunden und ermüdet von den andauernden Sorgengedanken, fängt sein Sinn nach einiger Zeit schließlich an, diese trügerischen Unterstellungen, Lügen und Emotionen zu glauben, wodurch sie vermutlich genügend Macht bekommen, um Realität zu werden.

Indem der Christ solchen trügerischen Gefühlen in seinen Gedanken Raum gibt, öffnet er dem Feind eine Tür, durch die dieser sein Denken unterwandern kann; auf diese Weise konsolidiert sich der Zustand der Verwirrung; Gedankenspielereien fangen an, und der betroffene Christ nimmt die Umwelt nur noch verzerrt und verdreht wahr.

Wenn man dem betrügerischen Prozeß an diesem Punkt nicht Einhalt gebietet, ist es wahrscheinlich nur eine Frage der Zeit, bis jener geistig völlig ermattete Christ anfängt, die Lügengedanken für die Wahrheit zu halten.

Was ist der Endpunkt der Entwicklung? Indem er fälschlicherweise annimmt, seine Ehe sei eine Fehlentscheidung gewesen, sei zum Scheitern verurteilt und habe keine Zukunft, indem er überdies fälschlicherweise annimmt, er werde an einer unheilbaren Krankheit sterben, gibt dieser Christ dem Teufel die Möglichkeit, all diese Behauptungen aus der Gedankenwelt in die reale Welt zu verlagern und somit zu einer Wirklichkeit werden zu lassen. *Durch die falsche Wahrnehmung bekommt die Lüge Kraft, und der Teufel benutzt diese Lügengedanken, um eine Wirklichkeit zu schaffen!*

Vielleicht bombardiert der Feind Sie fortwährend mit dem Gedanken, Sie seien krank. Vielleicht flüstert er Ihnen mit trügerischen Ahnungen immer wieder ein, Sie werden eine schreckliche Krankheit bekommen und dann früh sterben. Als Sie zum ersten Mal mit diesen Lügen konfrontiert wurden, leisteten Sie Widerstand und weigerten sich, ihnen zu glauben. Doch inzwischen fragen Sie sich, ob diese Befürchtungen nicht vielleicht doch berechtigt sind.

Wenn diese Entwicklung nicht aufgehalten wird, werden Sie sich früher oder später wirklich körperlich krank fühlen. Schenken Sie diesen trügerischen Einflüsterungen keinen Glauben! Sobald Sie sich auf diese Gedankenspielereien einlassen und sie für real halten, stärken Sie ihren Einfluß! Wenn Sie nicht zu sich selbst sprechen und Ihre Gedanken in Zucht nehmen, wird dieser Betrug in Ihrem Leben weitergehen; wenn dieser Prozeß zu

Ende ist, werden Ihre Ängste Realität geworden sein. *Ist das erst einmal der Fall, sind Sie betrogen worden.*

Deshalb ist es ungemein wichtig, die Bedeutung der teuflischen *Listen* und des teuflischen *Betrugs* zu erkennen und zu verstehen, besonders wenn wir uns mit dem geistlichen Kampf befassen.

Ein Beispiel für dämonische Einschüchterung

Das vielleicht beste biblische Beispiel für teuflische Listen und Betrügereien finden wir in der Geschichte von David und Goliath.

In der aus dem Leben gegriffenen Geschichte sehen wir die Funktionsweise dieser negativen Kräfte; Sie werden mitverfolgen, wie der Teufel lügnerische Unterstellungen benutzte, um die Armeen Israels einzuschüchtern, so daß sie vierzig Tage lang handlungsunfähig waren. Doch dann kam David in der Kraft des Herrn, um diese trügerischen Unterstellungen auffliegen zu lassen!

Der Bericht in 1. Samuel 17 zeigt, wie der Teufel Goliath benutzte, um die israelischen Armeen vierzig Tage lang einzuschüchtern und zu verwirren. Seine befremdlichen, arroganten, prahlerischen und hochmütigen Tiraden über die Niederlage der Israeliten zeigten so viel Wirkung, daß kein Soldat aus dem Lager der Hebräer bereit war, sich gegen diesen Aggressor zu wehren!

Die Bibel sagt: „Und die Philister standen an einem Berg jenseits, und Israel stand an einem Berg diesseits, so daß das Tal zwischen ihnen war. *Und ein Vorkämpfer trat aus den Lagern der Philister heraus, sein Name war Goliath, aus Gat; seine Größe war sechs Ellen und eine Spanne ..." (1. Sam 17,3-4).*

Kein Wunder, daß die Israeliten vor Goliath Angst hatten! Schon allein der Anblick dieses Riesen war bedrückend und konnte geistig kaum verarbeitet werden. Goliath war sechs Ellen und eine Spanne oder umgerechnet zwei Meter neunzig groß!

In den nächsten Versen heißt es: *„Und er hatte einen bronzenen Helm auf seinem Kopf und war mit einem Schuppenpanzer bekleidet. Das Gewicht des Panzers betrug 5 000 Schekel Bronze. Und er hatte bronzene Schienen an seinen Beinen und ein bronzenes Krummschwert auf seiner Schulter. Und der Schaft* *seines Speeres war wie ein Weberbaum, und die Spitze seines Speeres wog sechshundert Schekel Eisen. Und der Schildträger ging vor ihm her ...*" (V. 5-7).

Goliath war bis an die Zähne bewaffnet! Beachten Sie, daß sein Schuppenpanzer „5000 Schekel Bronze" wog. Auf Seite 119 hielten wir bereits fest, daß 5000 Schekel Bronze umgerechnet *125 Pfund* sind!

Neben diesem 125 Pfund schweren Panzer und dem Helm hatte er noch bronzene Beinschienen und auf seiner Schulter ein bronzenes Krummschwert! Der Schaft seines Speeres war wie ein Weberbaum, woraus man schließen kann, *daß dieser allein schon mindestens 17 Pfund wog*. Überdies gibt die Heilige Schrift genau Auskunft über das Gewicht der Speerspitze: sechshundert Schekel Eisen, *umgerechnet 16 Pfund.*

Ein Gelehrter stellte einmal die Vermutung auf, die gesamte Ausrüstung Goliaths – Helm, Panzer, Beinschienen, Krummschwert, Speer und Schild – könnte gut und gerne mehr als *700 Pfund* gewogen haben! Goliath war in jederlei Hinsicht ein schrecklicher Anblick! Wie würden Sie sich fühlen, wenn ein Feind, der zwei Meter neunzig groß ist, vor Ihnen stehen würde, dessen gesamte Rüstung mehr als 700 Pfund wiegt? Wenn schon allein seine Waffen und alles Drum und Dran 700 Pfund wogen, wie schwer muß er selbst erst gewesen sein!

Und dennoch war es nicht die Bewaffnung oder die Körpergröße Goliaths, die die Israeliten ängstigte und abschreckte. Was machte den Israeliten Angst? *Es waren die ununterbrochenen Drohungen und psychologischen Einschüchterungen, mit denen Goliath sie Tag für Tag peinigte. Diese seelische Peinigung setzte ihnen so hart zu, daß sie die Macht und Gewalt Gottes völlig aus den Augen verloren.*

Die Schrift sagt über diese ständigen Drohungen Goliaths: *„Und er stellte sich hin, rief den Schlachtreihen Israels zu und sprach zu ihnen: Wozu zieht ihr aus, um euch in Schlachtordnung aufzustellen? Bin ich nicht der Philister und ihr die Knechte Sauls? Bestimmt einen Mann von euch, daß er zu mir herabkommt! Wenn er mit mir zu kämpfen vermag und mich erschlägt, dann wollen wir eure Knechte sein. Wenn ich ihn aber überwinde und ihn erschlage, dann sollt ihr unsere Knechte sein und uns dienen. Und der Philister sagte: Ich verhöhne heute die*

Schlachtreihen Israels! Gebt mir einen Mann, daß wir miteinander kämpfen!“ (V. 8-10)

Diese Drohungen aus dem Mund des gigantischen und bedrohlichen Goliath trafen die Israeliten wie ein Donnerschlag; deshalb heißt es weiter: *„Und Saul und ganz Israel hörten diese Worte des Philisters, und sie waren niedergeschlagen und fürchteten sich sehr*“ (V. 11).

Goliath vermochte die Israeliten psychisch und emotionell zu lähmen, ohne auch nur ein einziges Mal einen Speer oder ein Schwert zu benutzen! Allein mit Worten kaufte er ihnen den Schneid ab; sie waren handlungsunfähig, fassungslos, betäubt und streckten die Waffen. Seine krasse und grotesk-verzerrte Selbstdarstellung war so unverschämt, daß er mit seinen Worten die Israeliten verhexte und schließlich ganz in seinen verbalen Bann zog.

Goliath sagte zu ihnen: *„Ihr wollt gegen mich kämpfen?! Was bildet ihr euch eigentlich ein!“ „Kommt nur und versucht, mich kleinzukriegen, und ich zeige euch, was ich dann mit euch machen werde!“ „Warum zögert ihr? Traut ihr euch etwa nicht, mir gegenüberzutreten und mich anzugreifen?“*

Was meinen Sie, wer Goliath diese miese Tour beigebracht hat? Der Teufel! Der Teufel ist ein Verleumder und Verkläger! Der Teufel möchte Gläubige noch heute mit derselben Masche entmutigen; er will sie handlungsunfähig machen, sie aus der Fassung bringen, sie betäuben und entwaffnen. Die krassen und absurden Behauptungen des Teufels sind so unverschämt, daß er mit seinen Worten oftmals Gläubige verhext und schließlich ganz in seinen verbalen Bann zieht.

Ein derart unerhörtes Verhalten ist noch heute die psychologische Waffe, mit der Satan die Gedanken der Gläubigen attackiert. Er droht ihnen: *„Ich werde dir schon zeigen, wer den längeren Atem hat ...“ „Ich werde dich windelweich schlagen ...“ „Ich werde dich so hart und unversehens treffen, daß du nicht mehr weißt, was mit dir geschieht ...“*

Der Feind versucht, mit diesen lügenhaften Drohungen in Ihr Denken und Ihre Emotionen einzudringen, damit Sie nicht mehr rational denken können. Er bahnt der Angst einen Weg in Ihre Gedankenwelt; er sabotiert Ihr Denken mit Furcht und Verwirrung, und schließlich werden Sie nicht mehr den Mut haben, um Gott im Glauben gehorchen zu können.

Es kommt eine Anklage nach der anderen, die Sie verleumdet und abkanzelt; Ihr Glaube wird vom Teufel diffamiert, schlecht gemacht, verunglimpft und besudelt; mit diesen Taktiken möchte er Sie wieder in die Defensive drängen, wo Sie nur noch ums Überleben kämpfen, aber für das Reich Gottes nichts Großes mehr bewegen.

Die Kinder Israels hörten auf Goliaths Worte und waren vierzig Tage lang kampfunfähig vor lauter Angst; wenn auch Sie die Drohungen des Teufels lange genug auf sich wirken lassen und über sie nachsinnen, werden auch Sie „niedergeschlagen" sein und sich „sehr fürchten". Dann werden Sie im Schatten leben, auf der Verliererseite stehen und sich nicht mehr trauen, neue Herausforderungen anzunehmen aus Angst, Sie könnten versagen, aus Angst, die Leute könnten schlecht über Sie reden, aus Angst, es könnte sich eventuell eine Katastrophe ereignen, aus Angst, aus Angst, aus Angst …

Der Teufel möchte Sie mit denselben „Waffen", die Goliath gegen die Israeliten einsetzte, fangen und vernichten. Mit Einflüsterungen und verlogenen Behauptungen möchte er Ihre Effektivität für das Reich Gottes zunichte machen.

Die nackte Wahrheit über den geistlichen Kampf

Goliath hat etwas sehr Wahres gesagt: *„Wenn ihr mit mir zu kämpfen vermögt und mich erschlagt, dann wollen wir den Rest unseres Lebens eure Knechte sein. Wenn wir aber gewinnen, dann sollt ihr unsere Knechte sein und uns dienen."*

Diese Kampfregel, die Goliath ausgibt, war die nackte Wahrheit, was Krieg zur Zeit Davids anbetraf: Jeder, der den Angreifer herausforderte und überwand, war der Sieger. Jeder, der verlor, mußte den Rest seines Lebens dem anderen als Sklave dienen. Diese „militärischen" Fakten sind noch heute die Regeln, die im geistlichen Kampf gelten!

Wenn Sie über diese trügerischen Emotionen, verleumderischen Anklagen und irreführenden Behauptungen, mit denen der Teufel Sie „neutralisieren" möchte, die Oberhand behalten, dann werden Sie ihn für den Rest Ihres Lebens kleinhalten können. Wenn Sie seinen Einschüchterungen, Drohungen und Prahlereien den Wind aus den Segeln genommen haben, wird er Ihre Gedanken auch nicht länger gefangennehmen können.

Wenn Sie es jedoch nicht lernen, Ihre eigenen Gedanken in Zucht zu nehmen, wird Satan Ihren Sinn und Ihre Emotionen als Werkzeug benutzen, um damit für den Rest Ihres Lebens Ihre Denkprozesse zu steuern. Wenn Sie Ihre Gedanken nicht an die Kandare nehmen, d. h. *wenn Sie es nicht lernen, zu sich zu sprechen, anstatt sich zuzuhören*, wird der Teufel auch in Zukunft lügnerische Emotionen und Illusionen benutzen, um Sie für den Rest Ihres Lebens zu manipulieren, zu beherrschen und zu kontrollieren.

Merken Sie auf, was Goliath sagte: *„Ich verhöhne heute die Schlachtreihen Israels!"* Der Teufel schnauzt uns noch heute mit denselben gotteslästerlichen und schreckenerregenden Statements an: *„Versuch's doch, dir wie ein Christ deine Gesundheit zu bewahren!" „Ich verhöhne dich, wenn du meinst, deine finanzielle Situation werde sich bessern!" „Versuch's doch und geh' in diesen Dienst!" „Ich verhöhne euch, ihr Streiter Gottes!"*

Obwohl die bösartigen Philister nie ihr Schwert erhoben, nie einen Speer warfen und nie einen Schritt vor ihre Zelte setzten, überwältigten sie das Volk Gottes allein durch psychologische Kriegsführung und wortgewaltige Einschüchterung. Weil die Israeliten den Fehler begingen, über die Drohungen Goliaths nachzudenken und sie auf sich wirken zu lassen, bekamen sie Angst und waren schachmatt gesetzt, noch ehe der Kampf begonnen hatte.

Wie oft kam Goliath und sprach seine Drohungen aus? Die Bibel sagt: „Und der Philister trat *morgens und abends* heraus und stellte sich hin, vierzig Tage lang" (V. 16). Tag und Nacht, morgens und abends kam Goliath, um das Volk Gottes mürbe zu machen.

So agiert der Feind natürlich auch heute noch, um den Sinn und die Emotionen von uns Menschen anzugreifen. Er schlägt nicht einmal zu und dann nach einer Woche noch einmal. Nein, statt dessen schlägt er unversehens und wiederholt zu, immer und immer und immer wieder. Morgens und abends kommt er und versucht, unserem Glauben und unserer Zuversicht einen irreparablen Schaden zuzufügen.

Das Fleisch zählt überhaupt nichts

Die Geschichte geht weiter: „David nun war der Sohn jenes Ephratiters von Bethlehem in Juda, mit Namen Isai, der acht Söhne hatte ... Und David war der jüngste, und die drei ältesten waren Saul gefolgt. David aber ging ab und zu von Saul weg, um die Schafe seines Vaters in Bethlehem zu weiden ... Da machte sich David des Morgens früh auf und überließ die Schafe einem Hüter. Er nahm und ging hin, wie Isai ihm geboten hatte *(um seinen Brüdern etwas zu essen zu bringen)*, und kam zum Lagerplatz ... siehe, da kam der Vorkämpfer herauf, mit Namen Goliath, der Philister von Gat, aus den Schlachtreihen der Philister und redete dieselben Worte; *und David hörte es*" (1. Sam 17,12-15.20-23).

Beachten Sie den Satz: *„... und David hörte es"*. Das war Davids erste Begegnung mit dem Riesen! Irgend etwas an Goliaths Worten machte David zornig. Dieser junge Hirte war schockiert darüber, daß ein heidnischer Philister den Gott Israels beleidigte und niemand etwas dagegen zu unternehmen schien! Ja, die anderen waren nicht nur untätig, sondern der nächste Vers sagt: „Als aber alle Männer von Israel den Mann sahen, flohen sie vor ihm und fürchteten sich sehr" (V. 24).

David ärgerte sich gewaltig über die Prahlerei und Arroganz dieses Philisters: „Da sagte David zu den Männern, die bei ihm standen: Was soll mit dem Mann geschehen, der diesen Philister da erschlägt und die Schande von Israel abwendet? Wer ist denn dieser unbeschnittene Philister da, der die Schlachtreihen des lebendigen Gottes verhöhnt?" (V. 26)

Sofort nahm sein älterer Bruder Anstoß an Davids Kühnheit und tadelte ihn für sein forsches Auftreten: „Und Eliab, sein ältester Bruder, hörte zu, als er mit den Männern redete. Und der Zorn Eliabs entbrannte über David, und er sagte: Warum bist du überhaupt hergekommen? Und wem hast du jene paar Schafe in der Wüste überlassen? Ich erkenne deine Vermessenheit wohl und die Bosheit deines Herzens; denn du bist ja nur hergekommen, um dem Kampf zuzusehen" (V. 28).

Wenn junge Männer und Frauen Gottes sich aufmachen, den Feind herauszufordern, wirft man ihnen recht häufig vor, sie seien zu forsch. Unsere älteren Leiter haben recht, wenn sie darauf hinweisen, daß es einen großen Unterschied gibt zwischen Kühnheit, Unverschämtheit und Arroganz. Aber es gibt eben diese echte Kühnheit, die der Heilige Geist hingegebenen Christen schenkt. David war der Kraft des Heiligen Geistes so hingegeben, daß sich diese vom Geist gewirkte Zuversicht in ihm aufbäumte und er seinen göttlichen Zorn einfach nicht mehr zurückhalten konnte!

Ja, David war so voller Vertrauen auf Gott und so entsetzt über die Angst, die diese stattlichen israelitischen Soldaten lähmte, daß er sagte: „Was habe ich denn getan? Ist es nicht der Mühe wert? Und er wandte sich von ihm ab, einem andern zu, und wiederholte die Frage; und das Volk gab ihm dieselbe Antwort wie vorher“ (V. 29-30).

Hier sehen wir David vor uns, der sagt: *„Ist es etwa nicht der Mühe wert zu kämpfen?“ „Gibt es in diesem Lager keinen Soldaten, der Manns genug ist, diesem unbeschnittenen Philister gegenüberzutreten?“ „Warum kämpfen wir denn nicht?“*

David sprach offensichtlich einen Soldaten nach dem anderen an: *„Und du? Wirst du gegen Goliath kämpfen?“* Dann wieder zu einem anderen: *„Was ist mit dir? Kämpfst du gegen ihn?“* Doch es wird deutlich, daß keiner von ihnen das Vertrauen oder den Mut hatte zu glauben, dieser abscheuliche Riese könne je getötet werden.

Die Zuversicht und Kühnheit Davids verbreitete sich wie ein Lauffeuer im ganzen Lager. So können auch Sie davon ausgehen, daß es bekannt werden wird, wenn Sie sich dazu entschließen, in der Kraft Gottes zu wandeln und Festungen in Ihrem Leben niederzureißen! Ihre Kühnheit wird Anlaß für Diskussionen sein und der eine oder andere wird womöglich versuchen, Ihnen Ihr Vorhaben auszureden!

Das Wort Gottes sagt ja: „Und die Worte, die David geredet hatte, wurden bekannt. Und man meldete sie Saul; und der ließ ihn holen. Und David sagte zu Saul: Niemand lasse seinetwegen den Mut sinken! Dein Knecht will hingehen und mit diesem Philister kämpfen“ (V. 31-32).

David war in seinem Herzen bereit, sich von Gott gebrauchen zu lassen, und wollte den Feind tot sehen. Saul staunte sehr über Davids übernatürliche Tapferkeit und sagte zu ihm: „Du kannst nicht zu diesem Philister gehen, um mit ihm zu kämpfen. Denn du bist ein junger Mann, er aber ist ein Kriegsmann von seiner Jugend auf" (V. 33).

Menschlich betrachtet war David zu jung und zu unerfahren im Umgang mit Kriegswaffen, um gegen diesen Riesen antreten zu können. Saul wußte das. Und da er die Sachlage nach *menschlichen, fleischlichen und weltlichen* Kriterien einschätzte, mußte er zu dem Schluß kommen, daß es David mit Goliath nicht aufnehmen könne.

David hingegen wußte, daß Äußerlichkeiten, also das Fleisch, überhaupt nichts zählten, wenn es darum ging, die übernatürliche Kraft Gottes einzusetzen. Er entgegnete Saul: „Dein Knecht weidete die Schafe für seinen Vater. Wenn dann ein Löwe oder ein Bär kam und ein Schaf von der Herde wegtrug, *so lief ich ihm nach ...*" (V. 34-35).

Goliath ist nicht der erste Gegner, dem er sich in seinem Leben stellt; er stand schon früher einmal einem Löwen und einem Bären Auge in Auge gegenüber! Er war fest entschlossen zu verhindern, daß diese Räuber irgendeines seiner Tiere stehlen würden, *auch nicht ein einziges!* David hatte die Herzenshaltung, man müsse den Feind jedesmal besiegen, wenn er angreift.

Wenn der Teufel kommt, um unser Denken und unsere Emotionen zu manipulieren, um Familienmitglieder mit Krankheit zu schlagen, um unsere Finanzen zu verschlingen oder eine Gemeinde bzw. einen Dienst von innen her zugrunde zu richten, brauchen wir diese Herzenshaltung Davids.

Unsere Haltung muß sein: *„Satan, ich gebe diesen Dienst nicht preis!" „Du wirst unsere Finanzen nicht bekommen!" „Du wirst niemanden aus unserer Familie mit Krankheit schlagen!" „Du wirst nicht, du wirst nicht, du wirst nicht ...!"*

Wenn der Feind nicht freiwillig abläßt, nachdem wir ihm dies geboten haben, müssen wir ihm, wie David, „nachlaufen" und ihn dazu zwingen, die Dinge loszulassen, die er sich gegen unseren Willen angeeignet hat. David sagte: „... so lief ich ihm nach und schlug auf ihn ein und entriß es seinem Rachen. Erhob er sich gegen mich, so ergriff ich ihn bei seinem Bart, schlug ihn und tötete ihn. So hat dein Knecht den Löwen und den Bären erschlagen" (V. 35-36).

David hatte in seinem Leben schon so viel göttliche Kraft und göttlichen Sieg erlebt, daß dieser Philister für ihn keine

Bedrohung mehr darstellte! Er hatte sich bereits mit einem wilden Löwen angelegt *und die Treue Gottes erlebt – der Löwe wurde getötet.* Er hatte sich bereits mit einem Bären angelegt *und die Treue Gottes erlebt – der Bär wurde getötet.*

Er schaut zurück und denkt über die Güte Gottes nach, die er in der Vergangenheit schon erfahren hat; das ist auch der Grund, weshalb er sich jetzt diesem Konflikt mit Goliath stellen und ausrufen kann: „So hat dein Knecht den Löwen und den Bären erschlagen. *Und diesem unbeschnittenen Philister soll es genauso ergehen wie einem von ihnen, weil er die Schlachtreihen des lebendigen Gottes verhöhnt hat!*" (V. 36)

David fügt noch hinzu: *„Der Herr, der mich aus den Klauen des Löwen und aus den Klauen des Bären errettet hat, der wird mich auch aus der Hand dieses Philisters erretten.* Und Saul sagte zu David: Geh hin, der Herr sei mit dir!" (V. 37)

Von fleischlichen auf geistliche Waffen umsteigen

Beachten Sie Sauls Reaktion auf Davids Wunsch, von Gott gebraucht zu werden! Die Bibel sagt weiter: „Und Saul legte David seine Rüstung an und setzte einen bronzenen Helm auf sein Haupt und zog ihm einen Schuppenpanzer an. Und David gürtete Sauls Schwert über seine Rüstung ..." (V. 38-39).

David hatte bereits einen Löwen und einen Bären ohne Waffen und ohne Rüstung getötet. Doch weil Goliath so außerordentlich bedrohlich war, hatte Saul den Eindruck, David bräuchte mehr als nur Gottes Treue!

Ja, fast scheint es, als würde er sagen: *„David, dieser Kampf mit Goliath wird viel heftiger sein als deine Kämpfe mit dem Löwen und dem Bären. Deshalb möchte ich dir helfen. Ich möchte dir diesen Helm aufsetzen und dir diesen Schuppenpanzer anlegen. Nimm' auch noch mein Schwert und benutze es, als ob es dein eigenes wäre!"*

Stellen Sie sich nur vor, wie dumm der kleine David in Sauls massiver Rüstung ausgesehen haben muß! Man muß unbedingt davon ausgehen, daß Saul es gut meinte. Er wollte für Davids Sicherheit sorgen und gab ihm eine Waffenrüstung, die der von Goliath entsprach. Dennoch war Sauls Rat völlig unproduktiv. David hatte ja noch nie zuvor eine solche Rüstung angehabt; wäre er mit diesen schweren Waffen in den Kampf gezogen, hätten sie ihn derart behindert, daß er überhaupt nicht in der Lage gewesen wäre, erfolgreich zu streiten.

Aus diesem Grund führt die Bibel weiter aus: „Und David gürtete Sauls Schwert über seine Rüstung und wollte damit gehen, denn er hatte es noch nie versucht. Da sagte David zu Saul: Ich kann nicht damit gehen, denn ich habe es nie versucht. Und David legte sie wieder ab" (V. 39).

Früher hatte David seine Feinde ohne Waffen besiegt. Da er wußte, daß er mit diesen fleischlichen Waffen keinerlei Übung hatte und sie ihm nicht helfen würden, zog er sie wieder aus. Statt dessen nahm er „... seinen Stab in seine Hand und wählte fünf glatte Steine aus dem Bach und tat sie in die Hirtentasche, die ihm als Schleudertasche diente, und nahm seine Schleuder in seine Hand *und ging dem Philister entgegen*" (V. 40).

Merken Sie auf! Es heißt, David sei dem Philister „entgegengegangen". David, ein noch halbwüchsiger Teenager, geht einem Riesen mit einer 700 Pfund schweren Ausrüstung entgegen und hat dabei nichts in der Hand als eine Schleuder und fünf Steine!

Nach menschlichen Kriterien zu urteilen, war David für einen Kampf mit einem solchen Gegner unzureichend gerüstet. Doch nach geistlichen Kriterien zu urteilen, trug David die Waffenrüstung Gottes und kämpfte in der Kraft Gottes. Goliath konnte diese geistlichen Waffen mit seinen natürlichen Augen nicht sehen. Deshalb war ihm auch nicht klar, daß David zum Töten gerüstet war.

In Vers 41-43 heißt es weiter: „Und der Philister ging und kam David immer näher, und der Mann, der den Schild trug, ging vor ihm her. Als aber der Philister hinschaute und David sah, verachtete er ihn *(d. h. er machte sich lustig über ihn)*, weil er noch jung war, und er war rötlich und schön von Aussehen. Und der Philister sprach zu David: Bin ich denn ein Hund, daß du mit Stöcken zu mir kommst? Und der Philister fluchte David bei seinen Göttern."

Goliath hatte mehr erwartet! Er dachte, die Israeliten hätten endlich jemanden gefunden, der es mit ihm aufnehmen könnte. Deshalb ging auch sein Schildträger vor ihm her, der ihn vor den Schlägen seines Herausforderers schützen sollte. Doch als Goliath sich umsah und nur den jungen David erblickte, war er schockiert und fing augenblicklich an, sich über David und über Gott lustig zu machen!

Goliath besann sich, wie in unserem Fall der Teufel, sofort wieder auf seine Art der psychologischen und verbalen Kriegführung! Sein Versuch, David einzuschüchtern und ihn so zu lähmen, wird in der Bibel folgendermaßen beschrieben: „Der Philister sagte zu David: Komm her zu mir, daß ich dein Fleisch den Vögeln des Himmels und den Tieren des Feldes gebe!" (V. 44).

Da die gesamte israelitische Armee durch die unverschämten Aussagen Goliaths seit vierzig Tagen wie gelähmt war, versuchte er es nun auch bei David mit derselben Masche: *Er wollte ihn durch absurde und aufgeblasene Prahlereien und lügenhafte Behauptungen bewegungs- und handlungsunfähig machen!*

Hätte David vom Herrn weggeschaut, die Treue Gottes nicht länger vor Augen gehabt und zwangsläufig über Goliaths Aussprüche nachgedacht, wäre es ihm genauso ergangen wie den Kindern Israels – er wäre nicht mehr fähig gewesen zu handeln.

Doch bevor diese Drohungen in seiner Seele Wurzeln schlagen und lähmende Angst hevorrufen konnten, sagte David zu Goliath: „Du kommst zu mir mit Schwert, Lanze und Krummschwert. Ich aber komme zu dir mit dem Namen des Herrn der Heerscharen, des Gottes der Schlachtreihen Israels, den du verhöhnt hast" (V. 45).

Er fährt fort: „Heute wird der Herr dich in meine Hand ausliefern, und ich werde dich erschlagen und dir den Kopf abhauen. Und die Leichen des Heeres der Philister werde ich heute noch den Vögeln des Himmels und den wilden Tieren der Erde geben. Und die ganze Erde soll erkennen, daß Israel einen Gott hat. Und diese ganze Versammlung soll erkennen, daß der Herr nicht durch Schwert oder Speer errettet. Denn des Herrn ist der Kampf, und er wird euch in unsere Hand geben!" (V. 46-47).

Behalten Sie die Oberhand über die Philister in Ihrem Leben!

Nachdem David Goliath den Krieg erklärt hatte, verschwendete er keine Zeit mehr: „Und es geschah, als der Philister sich aufmachte und näher an David herankam, *da lief David eilends von der Schlachtreihe aus dem Philister entgegen ...“ (V. 48).*

Das muß Goliath *schockiert* haben! Die meisten Gegner waren vor ihm weggelaufen, doch David lief ihm „eilends“ entgegen. Mit anderen Worten: *Als die Stunde der Wahrheit endlich gekommen war, packte David seine Schleuder und seine fünf Steine und lief auf Goliath zu.* Fast kommt es einem vor, als würde David angesichts des herannahenden Goliath sagen: „Jetzt geht's los!“

Was geschah dann? „Und David griff mit seiner Hand in die Tasche und nahm einen Stein heraus, und er schleuderte und traf den Philister an seine Stirn. Und der Stein drang ihm in die Stirn ein, und er fiel auf sein Gesicht zur Erde. *So überwand David mit der Schleuder und mit dem Stein den Philister, und er traf den Philister und tötete ihn ...“* (V. 49-50).

Einen Augenblick! David war noch nicht fertig! Als Goliath auf seinem Gesicht lag, betäubt von diesem kleinen Stein aus Davids Schleuder, ergriff jener die Gelegenheit, um ganze Sache zu machen: *„David aber hatte kein Schwert in der Hand. Und David lief und trat zu dem Philister und nahm dessen Schwert, zog es aus seiner Scheide und tötete ihn vollends und hieb ihm den Kopf damit ab. Als aber die Philister sahen, daß ihr stärkster Mann tot war, flohen sie“* (V. 50-51).

Haben Sie es satt mitanzusehen, wie sich die Philister in Ihrem Leben aufführen? Haben Sie genug von psychologischen Schikanen und emotioneller Pein durch lügnerische Einflüsterungen, Verleumdungen und Anklagen des Feindes? Möchten Sie diesen Anklagegedanken nicht auch am liebsten einen Stein entgegenschleudern, sie zu Fall bringen, sie mundtot machen und ihnen dann den Kopf abhauen, damit sie endlich aufhören, Sie zu traktieren?

Genau deshalb fordert Paulus uns nachdrücklich auf: *„Zieht die ganze Waffenrüstung Gottes an, damit ihr gegen die Listen des Teufels bestehen könnt.“*

Menschliche Erfahrung und Bildung sind gut, und wir brauchen soviel wie möglich davon; doch früher oder später kommt jeder von uns an einen Punkt, an dem er feststellt, daß ihm menschliche Waffen und menschliche Erfahrung in seinem Kampf mit unsichtbaren geistlichen Feinden nichts helfen.

In solchen Augenblicken reichen unsere fleischlichen Waffen nicht mehr aus, und wir müssen auf die geistliche Waffenrüstung umsteigen, die jedem Gläubigen die Kraft schenkt, *„gegen die Listen des Teufels bestehen (zu können)"*.

Der Teufel und seine Arbeitsweise

Dieses Kapitel wäre unvollständig, würde man am Ende nicht auch noch auf den Namen „Teufel" eingehen. Wenn Sie diesen Namen einmal verstanden haben, werden Sie erkennen, daß durch Goliath das ureigenste Wesen Satans am Werk war, um Israel einzuschüchtern.

Der Name „Teufel" stammt vom griechischen Wort *diabolos* ab, einer Zusammensetzung aus *dia* und *ballo*. *Dia* bedeutet „durch" und verweist demnach auf ein „Eindringen"; *ballo* heißt „etwas werfen".

Diaballo bedeutet im engsten Sinn des Wortes „(hin)durchwerfen", so wie man z. B. mit einem Stein eine Membran durchwirft; es geht also um ein „Eindringen" bzw. „Durchdringen".

Wir schließen daraus folgendes: „Teufel" *(diabolos)* ist nicht nur der Eigenname des Erzfeindes des Glaubens, sondern auch eine Beschreibung seiner Arbeitsweise: *Der Teufel versucht, unsere Schutzmauer zu durchdringen und damit unseren Widerstand zu brechen und in unser Territorium einzudringen; sobald ihm dies gelungen ist, kann er unser Denken und unsere Emotionen gefangennehmen.*

So arbeitet der Feind! Wie Steine fliegen Lügen, Andeutungen, Anklagen, Behauptungen und Verleumdungen in Ihre Richtung. Er versucht, Sie mürbe zu machen, und in einem schwachen Moment legt er Sie schließlich in Ketten.

Er versucht, sich „mit Methode und System" einen Weg in Ihre Gedanken zu bahnen *(methodeia)*, und Sie dann so lange zu betrügen, bis Sie seinen Drohungen Glauben schenken; Ihre falsche Sicht der Dinge wird seinen Lügen dann Raum und Macht schenken, so daß sie für Sie zur Realität werden.

Deshalb müssen Sie *„... die panoplia, die ganze Waffenrüstung (Gürtel, Brustpanzer, Schuhe und Beinschienen, Schild, Helm, Schwert und Lanze), die von Gott kommt, anziehen, mit dem alleinigen Ziel, daß Sie über explosive und dynamische*

Kraft verfügen, um stolz und aufrecht, von Angesicht zu Angesicht, den Methoden entgegentreten zu können, mit denen der Verleumder in Ihren Sinn eindringen will" (Paraphrase von Eph 6,11; wörtl. a. d. Engl.).

Kapitel 9

Mit Fürstentümern und Mächten ringen

In den folgenden Versen von Epheser 6 erläutert Paulus, gegen wen wir kämpfen: „Denn wir ringen nicht gegen Fleisch und Blut, sondern gegen Fürstentümer, gegen Mächte, gegen die Beherrscher der Finsternis dieser Welt, gegen geistliche Bosheit in der Himmelswelt“ (Eph 6,12; wörtl. a. d. Engl.).

Beachten Sie vor allem, wie Paulus diesen Vers beginnt. Er sagt: „Denn wir *ringen ...“ Von Beginn des Verses an macht Paulus eine sehr starke, pointierte und dramatische Aussage!*

Das Wort „ringen“ stammt von dem alten Wort *pale* ab und beschreibt einen Kampf, einen Ringkampf oder einen Nahkampf. Die Griechen leiteten auch ihr Wort *palastra*, die Stätte, an der Kampfsportarten praktiziert wurden, von *pale* ab.

Die „Palastra“ war ein riesiges Gebäude, das von außen wie ein Palast aussah; dort pflegte man, wie gesagt, Kampfsportarten und trainierte Athleten. Jeden Vormittag, Nachmittag und Abend fanden sich dort die eifrigsten, entschlossensten und tapfersten Athleten der damaligen Zeit ein, um in diesem herrlichen Gebäude zu trainieren.

In der Palastra brachten sich vor allem drei Gruppen von Athleten in Form: *die Boxer, die Ringer und die Pankratisten („Allkämpfer“).* Diese Sportarten waren unvorstellbar gefährlich und barbarisch. *Warum?* Zur Beantwortung dieser Frage möchte ich die Seiten 159-162 aus meinem Buch *Living in the combat zone* zitieren:

> Zunächst kann man die damaligen Boxer überhaupt nicht mit den heutigen vergleichen. Damals war dieser Sport *außerordentlich brutal,* so brutal, daß die Boxer nicht ohne Helm kämpfen durften. Ohne diesen Schutz hätten sie sich gegenseitig die Köpfe zerschmettert.
>
> In der Antike gab es nur wenige Boxer, die den Tag, an dem sie ihren Beruf freiwillig an den Nagel hängten,

überhaupt erlebten. Die meisten starben im Ring. Die damaligen Zeitgenossen hielten den Boxkampf für die *gefährlichste* und *tödlichste* Sportart überhaupt.

Ja, diese Kämpfer waren so brutal und barbarisch, daß sie im Ring *gepanzerte und mit Nägeln besetzte Handschuhe trugen!* Die Stahlummantelung der Handschuhe war manchmal *gezackt* wie ein Jagdmesser, um dem Gegner klaffende Wunden zuzufügen.

Später benutzten die Boxer auch Handschuhe, die noch schwerer waren und deshalb auch noch viel mehr Schaden anrichteten. Betrachtet man sich frühgriechische Kunstwerke, sieht man oftmals Boxer, deren Gesichter, Ohren und Nasen von jenen gefährlichen Handschuhen völlig deformiert worden waren.

Beim Studium der griechischen Kunst stößt man häufig auf Gemälde von Boxern mit blutiger Nase und Rißwunden im Gesicht von dem gezackten Stahl und den nagelbesetzten Handschuhen. Und es war nicht unüblich, daß ein Boxer das Gesicht des Gegners so fest traf und dabei mit dem abgespreizten Daumen auf dessen Auge zielte, daß dieses aus der Augenhöhle sprang.

Glauben Sie es oder nicht – obwohl dieser Sport so kämpferisch und brutal war, *gab es keinerlei Regeln*, außer daß man die Faust des Gegners nicht festhalten durfte. Das war die einzige Regel! Es gab auch keine „Runden“ wie im heutigen Boxsport. Der Kampf dauerte so lange, bis einer der beiden Boxer im Ring *kapitulierte oder starb*.

Eine Inschrift aus dem ersten Jahrhundert nach Christus sagt über diesen Kampfsport: 'Ein Boxer erringt seinen Sieg mit Blut.' Das war eine unglaublich brutale Angelegenheit!

Auch die Ringer kämpften oft bis zum Tod. Eine beliebte Taktik der damaligen Zeit sah so aus, daß man seinem Gegner von hinten die Arme um die Hüfte schlang, ihn in die Luft hob und dann blitzschnell von hinten sein Rückgrat brach. Auch war es absolut normal, seinen Gegner so lange zu strangulieren, bis er schließlich kapitulierte. Zudem war das Ersticken eine gängige Praxis. Ringen war also ein nicht minder grausamer Sport.

Man duldete jede nur denkbare Technik: *die Finger brechen, durch einen Klammergriff um den Brustkorb die Rippen brechen, sich im Gesicht des Gegners festkrallen, mit abgespreizten Fingern die Augen des Gegners aus den Augenhöhlen hebeln etc.* Obwohl es beim Ringen weniger Verletzungen gab als bei den anderen Kampfsportarten, war es dennoch ein erbitterter Kampf bis zum letzten. Das Ringen war ein sehr, sehr blutiger Sport.

Dann gab es noch die *Pankratisten*. Der *Pankration* („Allkampf") war eine Mischung aus den oben beschriebenen Kampfarten. Das Wort setzt sich zusammen aus *pan* und *kratos*. *Pan* bedeutet „alles" und *kratos* umschreibt „zur Schau gestellte Kraft". Die beiden Worte zusammen beschreiben *„jemanden, der über immense Kraft verfügt, über mehr Kraft als irgendein anderer Mensch"*.

Und genau das war der Sinn des *Pankration*. Die Wettkämpfer wollten beweisen, daß sie unschlagbar und stärker als alle anderen waren!

Um dies zu demonstrieren, war es ihnen gestattet zu treten, zu schlagen, zu beißen, sich festzukrallen, Finger zu brechen, Beine zu brechen und andere schreckliche Dinge zu tun, die der Phantasie des Lesers überlassen bleiben … Kein Bereich des Körpers war tabu. Man konnte jedem Körperteil des Gegners alles nur Denkbare antun, *denn es gab im Grunde überhaupt keine Regeln*.

Eine frühgriechische Inschrift sagt über den *Pankration*: „Wenn dir zu Ohren kommt, dein Sohn sei gestorben, dann glaub' es; doch wenn dir zu Ohren kommt, er habe verloren und sich zur Ruhe gesetzt, dann glaub' es nicht." Warum? Nun, die meisten Pankratisten starben; nur die wenigsten kapitulierten oder wurden besiegt. Wie die anderen Kampfsportarten war auch der *Pankration außerordentlich brutal.*

Nur die Besten überleben

Nun bedient sich Paulus dieser Illustration, um unseren Konflikt mit den unsichtbaren, dämonischen Mächten zu beschreiben, die uns vernichten sollen. Er sagt: „Denn wir ringen nicht gegen Fleisch und Blut, sondern gegen Fürstentümer, gegen Mächte, gegen die Beherrscher der Finsternis dieser Welt, gegen geistliche Bosheit in der Himmelswelt."

Indem er das alte griechische Wort *pale* („ringen") verwendet, vermittelt er die Vorstellung eines *erbitterten Ringkampfs und eines intensiven Konflikts*; gleichzeitig wird unser Kampf gegen dämonische Mächte auch als „Kampfsport" geschildert!

Das heißt, *daß es keine Regeln gibt*, wenn Sie gegen dämonische Feinde kämpfen! *Alles ist erlaubt!* Alle Angriffsmethoden sind legal, und es gibt keinen Schiedsrichter, der „Foul!" rufen würde, wenn der Feind versucht, Sie zu zerbrechen, zu ersticken oder zu erwürgen.

Wer am härtesten und gemeinsten kämpft und am längsten durchhält, wird siegen! Deshalb sollten Sie sich gut rüsten, wachsam und bereit sein, bevor der Kampf beginnt (auf den Seiten 164-187 von *Living in the combat zone* erfahren Sie mehr über diese Vorbereitungen auf den Kampf).

Beachten Sie, was Paulus als nächstes sagt: „Denn wir ringen *nicht gegen Fleisch und Blut ..." Auf den ersten Blick scheint diese Aussage dem zu widersprechen, was ich bisher in diesem Buch geschrieben habe, denn ich sagte ja, der Großteil des geistlichen Kampfes richte sich gegen das Fleisch und die Gedanken.*

Steht meine Aussage im Widerspruch zu Paulus? *Überhaupt nicht!* Es ist wahr, daß Heerscharen unsichtbarer böser Geister, die hinter den Kulissen arbeiten, unsere eigentlichen Feinde sind. Diese üblen Mächte der Finsternis stehen verdeckt hinter jeder Katastrophe und jedem moralischen Versagen. *Aber sie erreichen ihr Ziel erst dann, wenn unser Fleisch mit ihnen kooperiert!* Deshalb treten diese Mächte auf den Plan, um das Fleisch und die Gedanken zu versuchen, zu verführen, irrezuleiten und zu attackieren.

Aus diesem Grund müssen wir zunächst gegen das Fleisch vorgehen, bevor wir den Teufel bekämpfen wollen! Wenn wir beständig das Fleisch kreuzigen und geheiligt leben, sind wir auch in der Lage, jeden feindlichen Angriff auf unser Fleisch zu neutralisieren. Was ist der Grund dafür? *Ein toter Mensch hat nicht mehr die Möglichkeit zu reagieren!* Einen Toten kann man treten, anspucken, verfluchen, versuchen, täuschen, verführen, aber er wird nicht darauf reagieren!

So werden auch die meisten dämonischen Angriffe auf uns keine ernsthaften Konsequenzen nach sich ziehen, wenn wir fortwährend unser Fleisch kreuzigen und uns „der Sünde für tot halten" (Röm 6,6-7.11).

Fürstentümer und Mächte

Welche finsteren Mächte arbeiten nun hinter den Kulissen und wollen das Fleisch und die Gedanken permanent verlocken, irreführen, beherrschen und manipulieren?

Paulus sagt weiter: „Denn wir ringen nicht gegen Fleisch und Blut, *sondern gegen Fürstentümer, gegen Mächte, gegen die Beherrscher der Finsternis dieser Welt, gegen geistliche Bosheit in der Himmelswelt."*

Er teilt damit die dämonischen Mächte in vier Kategorien ein: (1) *„Fürstentümer"*, (2) *„Mächte"*, (3) *„Beherrscher der Finsternis dieser Welt"*, (4) *„Geistliche Bosheit in der Himmelswelt"*.

Bevor wir nun im Detail auf diese einzelnen Gruppen eingehen, möchte ich Ihr Augenmerk noch auf etwas anderes richten: Paulus verwendet in Epheser 6,12 im Zusammenhang mit dem Teufel das Wort „gegen" *viermal in einem Satz.* Was ist so besonders daran? Rein grammatikalisch hätte ein einziges „gegen" genügt, um sich auf alle vier Kategorien zu beziehen. Doch statt dessen entscheidet er sich dafür, es viermal zu benutzen.

Wenn in der Bibel eine Wahrheit derart oft wiederholt wird, dann dient dies stets der *Betonung*. So spricht Jesus in Johannes 14,15 und 16 gleich viermal vom Heiligen Geist als „Beistand". Das zeigt sehr deutlich, daß er versucht, unseren Herzen eine sehr wichtige Aussage über den Heiligen Geist einzuprägen.

In denselben Kapiteln des Johannesevangeliums bezeichnet Jesus den Heiligen Geist dreimal als „Geist der Wahrheit". Auch hier wiederholt er sich, *um einer sehr wichtigen Wahrheit Nachdruck zu verleihen.*

Als Gott bedeutende biblische Personen berief, rief er sie nie bloß einmal, sondern immer zwei- oder dreimal. Als er z. B. Mose rief, sagte er: *„Mose, Mose ...!"* (2. Mos 3,4). Bei Saulus von Tarsus sagte er: *„Saul, Saul ..."* (Apg 9,4). Und Samuel war so wichtig für den Plan Gottes, daß er diesen gleich dreimal beim Namen rief: *„Samuel ... Samuel ... Samuel ..."* (1. Sam 3,4-8).

Wenn Gott uns also eine außerordentlich bedeutsame Wahrheit mitteilen möchte oder eine überaus wichtige biblische Persönlichkeit ruft, wiederholt er sich. So kommen wir zurück zu Epheser 6,12, wo der Heilige Geist *in einem Vers* das Wort „gegen" gleich *viermal* hintereinander verwendet. Daraus schließen wir, daß er uns etwas *sehr, sehr, sehr Wichtiges* sagen möchte.

Das Wort „gegen", das hier viermal verwendet wird, lautet auf Griechisch *pros* (siehe Seite 125) und heißt stets „jemandem die Stirn bieten" oder „jemandem von Angesicht zu Angesicht gegenüberstehen". Genau dieses Wort erscheint in Johannes 1,1, um die Beziehung zwischen Vater und Sohn vor Jesu Menschwerdung zu beschreiben. Dort heißt es: „Im Anfang war das Wort, und das Wort war *bei* Gott ..."

Das Wort „bei" geht auch auf *pros* zurück. Somit könnte man Johannes 1,1 noch exakter wie folgt wiedergeben: *„Im Anfang war das Wort* (Jesus), *und das Wort* (Jesus) *stand Gott von Angesicht zu Angesicht gegenüber ..."*

Hier sehen wir den Vater und seinen Sohn Jesus vor uns, die *eine so innige Gemeinschaft* haben, daß der eine den Atem des anderen quasi im Gesicht spüren kann. Wir gewinnen Einblick in die *Vertrautheit* und die *enge Beziehung*, welche die Personen der Dreieinigkeit zueinander haben.

Nun taucht dasselbe Wort, das auf diese Innigkeit hinweist und beschreibt, wie sich Vater und Sohn „von Angesicht zu Angesicht gegenüberstehen", wieder auf, um zu veranschaulichen, daß wir den unsichtbaren dämonischen Geistern, die uns angreifen wollen, auch „von Angesicht zu Angesicht gegenüberstehen".

Das bedeutet, daß wir in unserem Leben als Christ früher oder später in *direkten Kontakt* mit bösen Mächten kommen werden. Das Wort *pros* könnte in Epheser 6,12 folgendermaßen wiedergegeben werden: „... *von Angesicht zu Angesicht mit Fürstentümern, Auge in Auge mit Mächten, in Frontstellung zu den Beherrschern der Finsternis dieser Welt und direkt konfrontiert mit geistlicher Bosheit in der Himmelswelt.*"

Die Armee des Teufels

Alle ernstzunehmenden Wissenschaftler sind sich darüber einig, daß Epheser 6,12 im militärischen Jargon geschrieben wurde. Offensichtlich hat Paulus einen geistlichen Einblick in die militärische Organisation des Reiches Satans bekommen.

In dessen finsterem Reich steht eine Gruppe von dämonischen Geistern ganz oben, die Paulus „Fürstentümer" nennt. Dieses Wort „Fürstentümer" ist eine Ableitung von *arche*, einem alten Wort, mit dem man symbolisch auf „uralte Zeiten" Bezug nimmt. Noch dazu umschreibt es Individuen, die „den höchsten Rang und die erhabenste Autoritätsposition" innehaben.

Paulus hat sich für das Wort *arche* („Fürstentümer") entschieden, um uns vor Augen zu führen, daß in Satans Reich eine Gruppe von dämonischen Geistwesen ganz oben steht, die ihren höchsten Rang und ihre erhabenste Autoritätsposition schon seit uralten Zeiten innehat, womöglich schon seit Luzifers Fall.

Als nächstes erwähnt er sozusagen die zweite Befehlsebene im Reich der Finsternis – „Mächte".

„Mächte" ist eine Ableitung von *exousia* und umschreibt „delegierte Autorität". Daraus schließen wir, daß es eine untergeordnete Gruppe von dämonischen Geistwesen gibt, die von Satan „delegierte Autorität" empfangen haben, um zu tun, was sie wollen. Diese zweite Gruppe verfügt über „delegierte Autorität", um alle möglichen bösen und niederträchtigen Pläne auszuführen.

Danach spricht Paulus von den „Beherrschern der Finsternis dieser Welt". Was für ein erstaunliches Wort! Auf Griechisch lautet es *kosmokrator* und ist eine Zusammensetzung aus den Worten *kosmos* und *kratos*. *Kosmos* heißt „Ordnung" oder „Anordnung"; *kratos* verweist auf „ungezügelte Kraft".

Fügt man diese beiden Worte nun zu *kosmokrator* zusammen, beschreiben sie eine „ungezügelte Kraft, die gebändigt und irgendwie geordnet wurde". Bei den Griechen veranschaulichte dieses Wort – quasi als Fachausdruck – einen bestimmten Aspekt des militärischen Lebens.

Was hatte nun das Wort *kosmokrator* mit dem militärischen Leben zu tun? Im Militär gab es viele junge Männer, die von Natur aus gute Voraussetzungen, ja man könnte sagen „ungezügelte Kraft“ mitbrachten. Damit diese ungezügelte Kraft auch etwas ausrichten konnte, mußte sie gebändigt und organisiert werden *(kosmos)*.

Aus diesem Grund mußten junge Soldaten, die vor Kraft nur so strotzten, lernen, sich unterzuordnen, Disziplin zu üben, Ordnung zu wahren und sich zu integrieren. Zu diesem Zweck bekamen die Mannschaften eine durchorganisierte, hierarchische Struktur. Am Ende dieses Prozesses hatten sich alle diese Männer mit ihrer ungezügelten Kraft in eine gewaltige, schlagkräftige Truppe verwandelt.

Paulus greift diese Vorstellung auf! Mit der Formulierung „Beherrscher der Finsternis dieser Welt“ sagt er, daß der Teufel mit seinen finsteren Legionen böser Geister so umgeht wie mit Soldaten in einer Armee! Er strukturiert sie zu einer Mannschaft, gibt ihnen Befehle und Aufträge und sendet sie aus wie Truppen, die den Auftrag zum Töten haben.

Es stimmt, daß wir mehr Autorität haben als der Teufel. Wir haben mehr Macht als der Teufel. Und der allmächtige Gott wohnt in uns. Vor diesem Hintergrund fragte ich den Herrn einmal: „Wenn wir mehr Autorität und Macht haben und wenn der Allmächtige in uns wohnt, weshalb hat es dann den Anschein, als würden die Christen andauernd besiegt?“

Ich werde nie vergessen, was der Heilige Geist meinem Herzen zuflüsterte. Er sagte: *„Die Gemeinde muß deshalb so viele Niederlagen einstecken, weil der Teufel etwas hat, das ihr fehlt.“* Ich erwiderte prompt: „Was denn, Herr?“ Dann ging der Knoten auf, und der Herr öffnete mir die Augen über Epheser 6,12. Das Wort *kosmokrator* wurde sehr lebendig in meinem Herzen und auf einmal hatte ich es begriffen!

Kosmokrator („Beherrscher der Finsternis dieser Welt“) ist ein militärischer Fachbegriff, der etwas mit *Disziplin, Organisation und Hingabe* zu tun hat!

Dem Teufel ist es so ernst mit seinem Vorhaben, die Menschheit zu vernichten, daß er seine Dämonen wie *Soldaten* drillt!

Sie stehen, hierarchisch geordnet, in Reih und Glied und alles ist bis ins letzte durchstrukturiert, *während der durchschnittliche, geisterfüllte Christ kaum länger als ein Jahr in einer Gemeinde bleibt, um dann wieder zu wechseln!*

Ja, wir haben mehr Autorität und Macht als der Teufel, und der Allmächtige wohnt in uns. Die Gemeinde Jesu Christi verfügt über ein unermeßliches Potential an „ungezügelter Kraft"; *doch weil es dem Leib gegenwärtig an Disziplin, Organisation und Hingabe fehlt, wird diese Kraft auch nicht gebündelt und zu einem wirksamen Netz verflochten!*

Der Gemeinde Jesu Christi fehlt es nicht an Kraft oder gottgegebener Autorität. Doch Disziplin, Organisation und Hingabe fehlen uns ganz gewaltig. Um diesen Zustand zu ändern, müssen wir uns in den Ortsgemeinden dahinterklemmen und eine Sicht dafür entwickeln, daß wir die Armee des Herrn sind! *Wenn wir genausoviel Disziplin, Organisation und Hingabe aufbringen wie die Schwadronen des Feindes, werden wir auch zunehmend in der Lage sein, diese ehrfurchtgebietende Macht Gottes zu demonstrieren!*

Zuletzt erwähnt Paulus noch die „geistliche Bosheit in der Himmelswelt". Das Wort „Bosheit" geht zurück auf das griechische Wort *poneria* und charakterisiert etwas „Schlechtes, Abscheuliches, Bösartiges, Gemeines, Gottloses oder Böswilliges".

Es ist wichtig, daß Paulus sich dieses Wort bis ganz zum Schluß des Verses aufspart. Indem er diesen Begriff ans Ende setzt, eröffnet er uns das letztendliche Ziel des finsteren satanischen Reiches: Diese Geister werden von der unsichtbaren Welt ausgesandt, um der Menschheit auf eine „schlechte, abscheuliche, bösartige, gemeine, gottlose und böswillige" Weise zuzusetzen.

Biblische Namen, Symbole und Verkörperungen Satans

Alle christlichen Gelehrten, damals wie heute, sind sich einig darüber, daß wir einen Gegner haben, der das Evangelium haßt, die Existenz der Gemeinde verabscheut und rund um die Uhr versucht, die Botschaft Jesu Christi in Mißkredit zu bringen.

Wenn er Zutritt zum Leben eines Christen findet, ist das meist auf Nachlässigkeit zurückzuführen: Er findet ein *Schlupfloch*,

d. h. einen Bereich in unseren Gedanken, der noch nicht an Jesus ausgeliefert und erneuert ist; daraufhin beginnt er, gegen die Gedanken und das Fleisch Krieg zu führen.

Anstatt uns vor diesem Feind zu verstecken, müssen wir uns der Heiligen Schrift zuwenden, um herauszufinden, was sie über den Teufel sagt.

Sowohl im Alten als auch im Neuen Testament findet man viele Namen, Symbole und Verkörperungen des Teufels, die jeweils eine andere Facette seines verdrehten und pervertierten Charakters und seiner Vorgehensweise hervorheben.

Man bezeichnet ihn als:
Abaddon (Offb 9,11)
Apollyon (Offb 9,11)
Beelzebub (Mt 10,25;12,24)
Belial (2. Kor 6,15)
Böser (Mt 6,13)
Brüllender Löwe (1. Petr 5,8)
Drache (Offb 12,9)
Engel des Lichts (2. Kor 11,14)
Fürst der Macht der Luft (Eph 2,2)
Fürst dieser Welt (Joh 12,31)
Menschenmörder (Joh 8,44)
Oberster der Dämonen (Mt 9,34)
Satan (Lk 10,18)
Schlange (Offb 12,9)
Teufel (Eph 6,11; 1. Petr 5,8; Offb 12,9)
Verkläger (Offb 12,10)
Widersacher (1. Petr 5,8)

Diese Namen, Symbole und Verkörperungen Satans lassen sich in vier Kategorien unterteilen: (1) *Satans Zerstörungswut,* (2) *Satans pervertiertes Wesen,* (3) *Satans Herrschsucht,* (4) *Satans Gedankenmanipulation.*

Satans Zerstörungswut

Zwei der siebzehn oben aufgelisteten Namen, Symbole und Verkörperungen Satans spiegeln seine unstillbare Zerstörungswut wider.

In Offenbarung 9,11 wird der Teufel als *Abaddon* und *Apollyon* bezeichnet, wobei *Abaddon* die hebräische Entsprechung des griechischen Namens *Apollyon* ist. Beide Bezeichnungen bedeuten „Zerstörer".

Die eben erwähnte Bibelstelle sagt folgendes über Satan: „Sie haben über sich einen König, den Engel des Abgrundes; sein Name ist auf hebräisch *Abaddon*, und im Griechischen hat er den Namen *Apollyon*."

Dämonen sind Satan wesensgleich und führen seine Anweisungen aus (noch dazu herrscht er, Offenbarung 9,11 zufolge, wie ein König über sie); demnach können Sie mit Sicherheit davon ausgehen, daß sie dieselbe Zerstörungswut haben wie ihr Meister; sie werden ausgesandt, um zu zerstören.

Satans pervertiertes Wesen

Fünf der oben erwähnten Titel haben etwas mit Satans verdrehtem und pervertiertem Charakter zu tun: *Beelzebub, Belial, Böser, Drache,* und *Menschenmörder*.

Beelzebub

Im Alten Testament bezeichneten die Philister anfangs den Gott von Ekron als *Beelzebub*. Wörtlich übertragen bedeutet dieser Name „Herr der Fliegen" (2. Kön 1,2-6) und wurde ursprünglich *Baalzebub* (bzw. *Baal-Sebub*) geschrieben. Im Laufe der Zeit änderten die Juden *Baal-Sebub* in *Beelzebub* um, wodurch der eigentliche Sinn dieses besonderen Namens des Teufels noch mehr verschleiert wurde. Dieser neue Name *Beelzebub* bedeutete nun: „Mistgott".

Diese beiden Namen sind zwei überaus aussagestarke Bilder für Satan. Zunächst wird er als *Baal-Sebub*, als „Herr der Fliegen" dargestellt. Dabei steht uns Satan vor Augen, wie er sich als Herr der Dämonen ausgibt. Die Philister betrachteten dämonische Geistwesen offenbar als eklige, schmutzige „Fliegen".

Zweitens wird er als *Beelzebub*, als „Mistgott" bezeichnet. Indem sie diesen Namen Satans einer solchen Bedeutungsverschiebung unterziehen, vermitteln uns die Juden einen wichtigen Gedanken in Bezug auf den Teufel: Er und seine bösen Geister werden wie eklige, schmutzige Fliegen von einem „Misthaufen" bzw. von einem Umfeld faulender, stinkender Fleischlichkeit angezogen. Dort fühlt sich Satan am wohlsten.

Belial

Der Name *Belial* ist griechischer Herkunft und bedeutet „wertlos". Er steht immer im Zusammenhang mit Schmutz und Bosheit. Jedesmal, wenn er im Alten oder im Neuen Testament verwendet wird, beschreibt er ausgesprochen böse Menschen. So lesen wir z. B. in 1. Samuel 2,12, die Söhne Elis seien „Söhne des *Belial*" gewesen.

Und die Söhne Elis waren wirklich ein gutes Beispiel für dieses Wort *Belial*: Sie trieben Unzucht, stahlen, beteten Götzen an und waren rebellisch. Diese schrecklichen Gewohnheiten waren ihnen so zutiefst wesenseigen, daß Gottes Gericht über sie kam und sie innerhalb eines Tages vom Erdboden verschwunden waren. Sie waren „Söhne des *Belial*"; sie hatten dieses entsetzliche Verhalten von Satan übernommen, dem Ursprung des Wortes *Belial*.

Böser

Den nächsten biblischen Namen des Teufels findet man im sogenannten „Vaterunser". Jesus betete in Matthäus 6,13: „... und führe uns nicht in Versuchung, sondern errette uns von *dem Bösen*." Diese Wiedergabe – „errette uns von *dem Bösen*" – entspricht exakt dem griechischen Original.

Dem entnehmen wir, daß Jesus den Teufel für *„den Bösen"* hielt; er kannte ihn wie kein zweiter; deshalb ist gerade dieser Name aus dem Mund von Jesus so besonders wichtig.

Drache

In Offenbarung 12,9 wird der Teufel auch als *Drache* bezeichnet. Es heißt: „Und es wurde geworfen der große *Drache*, die alte *Schlange*, der Teufel und Satan genannt wird, der den ganzen Erdkreis verführt, geworfen wurde er auf die Erde, und seine Engel wurden mit ihm geworfen."

Aus diesem Vers wird deutlich, daß die Begriffe *Drache* und *Schlange* austauschbar sind; beide beziehen sich auf Satans verdrehtes, wahnsinniges und pervertiertes Wesen. Diese beiden

Namen porträtieren ihn als todbringende, giftspeiende, tötungsbereite Kreatur.

Menschenmörder

Jesus teilte uns auch mit, Satan sei ein *Menschenmörder*. In Johannes 8,44 sagte er zu den Schriftgelehrten und Pharisäern: „Ihr seid aus dem Vater, dem Teufel, und die Begierden eures Vaters wollt ihr tun. Jener war ein *Menschenmörder* von Anfang an und stand nicht in der Wahrheit …"

Dieser mörderische Charakterzug Satans wurde zum ersten Mal offenbar, als er Kain auf den Gedanken brachte, seinen Bruder Abel umzubringen (vgl. 1. Mos 4,8). Diese Mordlust Satans stachelte Herodes an, alle Babys in Bethlehem umzubringen. Und im Tod von Millionen von Christen in der Frühzeit der Gemeinde wie in unserer heutigen Welt, in der die Ungerechtigkeit regiert, spiegelt sich dieses mörderische Wesen Satans wider. *Das Töten gehört zu seinem wahnsinnigen Charakter.*

Satans Herrschsucht

Satans unbändiges Verlangen danach, die geistliche Welt, die Erde, alle menschlichen Regierungen und Institutionen zu *beherrschen und zu lenken*, kommt ans Licht, wenn die Bibel ihn *„Fürst der Macht der Luft"*, *„Fürst dieser Welt"*, und *„Oberster der Dämonen"* nennt.

Fürst der Macht der Luft

Paulus nannte Satan den *„Fürst der Macht der Luft"* (Eph 2,2). Auch dieses Wort „Fürst" geht auf *archon* zurück und bedeutet: „Jemand, der auf dem Stuhl der größten Macht sitzt."

Diese Verweisstelle stimmt exakt mit Epheser 6,12 überein, wo festgehalten wird, daß es unter Satans Oberhoheit verschiedene Befehlsebenen böser geistlicher Mächte gibt. Dem Kontext entnahmen wir, daß „Fürstentümer", „Mächte", „Beherrscher der Finsternis dieser Welt" und „geistliche Bosheit in der Himmelswelt" der Herrschaft Satans unterstehen.

Fürst dieser Welt
Indem er ihn *„Fürst dieser Welt"* nennt, trägt sogar Jesus der Tatsache Rechnung, daß Satan vorübergehend bestimmte Dinge auf Erden kontrolliert.

Sie dürfen nicht vergessen, daß Satan selbst Jesus „alle Reiche der Welt" anbot, als dieser vierzig Tage und Nächte in der Wüste versucht wurde (vgl. Mt 4,1-11). Jesus war in jenen vierzig Tagen mit dem „Fürst dieser Welt" konfrontiert und widerstand ihm, bis dieser floh. Jesus sprach aus eigener Erfahrung, als er dem zeitlich begrenzten Anspruch Satans mit dem Namen „Fürst dieser Welt" Ausdruck verlieh.

Oberster der Dämonen
In Matthäus 9,34 wird Satan auch als *„Oberster der Dämonen"* bezeichnet. Der Begriff „Oberster" ist eine Ableitung des griechischen Wortes *archon* und bezieht sich auf jemanden, der „den ersten Platz einnimmt" oder „auf dem Stuhl der größten Macht" sitzt.

Der Titel „Oberster der Dämonen" zeigt ganz eindeutig, daß Satan der höchste aller teuflischen Geister ist. Das Wort „Oberster" weist auch auf eine gewisse Hierarchie und Organisationsform im Reich Satans hin, die an früherer Stelle bereits erwähnt wurde.

Satans Gedankenmanipulation

Zuletzt wollen wir noch auf die größte Kategorie biblischer Namen, Symbole und Verkörperungen Satans eingehen und festhalten, daß Satan in der Tat ein *Meister der Gedankenspielereien* ist.

Sechs Namen, Symbole und Verkörperungen Satans stehen ganz konkret mit seiner Fähigkeit, Gedanken zu verdrehen, zu täuschen und zu belügen in Verbindung: *Brüllender Löwe, Engel des Lichts, Satan, Teufel, Verkläger* und *Widersacher*.

Brüllender Löwe
„Seid nüchtern, wacht! Euer Widersacher, der Teufel, geht umher wie ein brüllender Löwe und sucht, wen er verschlingen könne" (1. Petr 5,8). Dieser Vers enthält einen weiteren Namen Satans: Er ist ein *brüllender Löwe*. Wieviel Ehrfurcht und Re-

spekt vermag das Brüllen eines Löwen dem Herzen eines zartbesaiteten Menschen einzuflößen!

Doch in diesem Fall ist das Brüllen schlimmer als der Biß. So lesen wir in Kolosser 2,15 die siegesgewisse Feststellung: „Nachdem er dann die Mächte und Gewalten ihrer Würde entkleidet hatte, stellte er sie öffentlich zur Schau und triumphierte (durch das Kreuz) über sie“ (Menge).

Durch das Kreuz und die Auferstehung raubte Jesus Christus diesen dämonischen Mächten die Autorität, die sie vorher noch hatten; sein Sieg über sie war so allumfassend, daß er sie sogar „öffentlich zur Schau stellte“ (vgl. Seite 227-229 von *Living in the combat zone*).

Aber der Teufel will ungeachtet dessen immer noch furchterregend wirken. Seine andauernde Sabotage unserer Gedanken, seine Einflüsterungen über unser Versagen, seine aufgebauschten, unrealistischen Ängste in unserer Seele und seine permanenten Attacken auf unser Denken zermürben die Christen, bis sie geschlagen sind. Dieses ununterbrochene „Brüllen“ in der Seele ist ein weiterer Versuch des Gegners, uns kirre zu machen, auszulaugen und uns dann in Selbstmitleid zu ertränken.

Beachten Sie, wie in 1. Petrus 5 die „Beute“ des Feindes beschrieben wird: *„... (Er) sucht, wen er verschlingen könne.“* Das Wort „suchen“ deutet an, daß nicht jeder auf seine Taktik hereinfällt.

Er sucht nicht *irgend jemanden*, sondern *jene, die er verschlingen kann, d. h. jene, die schwach im Glauben sind, die das Wort Gottes nicht kennen, die um sich selbst kreisen und isoliert sind, die nicht reif genug sind, um gegen diese permanenten, zermürbenden Behauptungen standhalten zu können.*

Solche Leute sind die Beute des „brüllenden Löwen“; sie möchte er „verschlingen“. Dieses Wort „verschlingen“ leitet sich vom griechischen Wort *katapino* ab und heißt wörtlich „ganz hinunterschlucken“.

Engel des Lichts

Satan trägt auch den Namen *Engel des Lichts*. Paulus befaßt sich im zweiten Korintherbrief mit falschen Propheten und Lehrern, selbsternannten Aposteln und anderen Betrügern, die sich klammheimlich in die Gemeinde zu Korinth einschleichen wollten und sagt: „Und kein Wunder, denn der Satan selbst nimmt die Gestalt eines Engels des Lichts an …" (2. Kor 11,14).

Dies ist ein weiteres, sehr anschauliches Bild für den meisterhaften Gedankenspieler; Satan gibt vor, jemand zu sein, der er in Wirklichkeit gar nicht ist! In der Regel sind erneut die Gedanken das Ziel solcher Angriffe; er ist darauf aus, sie mit betrügerischen Behauptungen zu verdrehen.

Satan

Dieser Feind Gottes und der Menschen wird auch noch *Satan* genannt, was sich von dem hebräischen Wort *shatana* herleitet und „hassen" oder „anklagen" bedeutet. Es erscheint mehr als fünfzigmal im Alten und Neuen Testament und oftmals schwingt bei diesem Wort auch „Verleumdung" und „falsche Anklage" mit.

Teufel

Natürlich darf in dieser Aufzählung der Name *Teufel* nicht fehlen. Mehr als vierzigmal wird der Feind im Neuen Testament so bezeichnet! (Zu Herkunft und Bedeutung des Namens „Teufel" siehe Seite 142.)

Der Name *Teufel* ist also nicht nur der Eigenname des Erzfeindes, sondern trifft auch eine Aussage über dessen Arbeitsweise.

Widersacher

Der Name *Widersacher* läßt erhebliche Rückschlüsse auf die Arbeitsweise des Teufels zu. Er stammt von dem griechischen Wort *antidikos* ab, einer Zusammensetzung aus *anti* und *dikos*.

Anti heißt schlicht und einfach „gegen". Doch im älteren und klassischen Griechisch bezeichnete man damit den Geisteszustand eines Mannes oder einer Frau, die „am Rande des Wahnsinns" standen. So eine Person war natürlich außerordentlich gefährlich und würde ihren Mitmenschen großen Schaden zufügen, wenn sie nicht zurückgehalten würde. Somit ist *anti* ein recht abscheuliches Wort.

Dikos, die zweite Hälfte von *antidikos* („Widersacher"), ist der Stamm, von dem sich das Wort „Gerechtigkeit" ableitet. Das

Bedeutungsfeld umfaßt „gerechtes Handeln", „richtiges Handeln", „Fairneß" und „Gerechtigkeit".

Fügt man diese beiden Worte zusammen, kommt jemand dabei heraus, der „ein unerbittlicher Gegner der Gerechtigkeit" ist. Weil *anti* auch etwas mit „Feindseligkeit" zu tun hat, kommen wir zu dem Schluß, daß der Teufel jemand ist, der „der Gerechtigkeit feindselig gegenübersteht" oder „den Wunsch hat, die Gerechtigkeit zu zerstören und auszurotten".

Demnach ist der Teufel nicht einfach nur ein passiver Gegner der Gerechtigkeit oder der Gerechten; *vielmehr verfolgt er sie aktiv und unternimmt alles in seiner Macht stehende, um sie auszulöschen!* Er *haßt* Gerechtigkeit!

Er versucht, den Menschen so oder so – entweder mit aktuellen Versuchungen oder Erinnerungen an die Vergangenheit – psychologisch zur Strecke zu bringen. Mit all diesen Bestrebungen möchte er unseren Gerechtigkeitssinn attackieren, in der Hoffnung, daß wir auf Grund laufen und kein Vertrauen mehr genießen, weder vor Gott noch vor den Menschen.

Genau aus diesem Grund ruft Petrus uns eindringlich auf: „Seid nüchtern, wacht! Euer *Widersacher*, der Teufel, geht umher wie ein brüllender Löwe und sucht, wen er verschlingen könne" (1. Petr 5,8) (vgl. den Punkt „Brüllender Löwe").

Eine Grundvoraussetzung für den geistlichen Kampf

Angesichts dieses Feindes drängte Paulus die Gemeinde in Ephesus, „die ganze Waffenrüstung Gottes" anzuziehen (Eph 6,11).

Doch bevor er dazu aufrief, ermahnte er die Christen dort, *„die Lüge abzulegen"* und *„Wahrheit zu reden, ein jeder mit seinem Nächsten"* (4,25), *„beim Zürnen nicht zu sündigen"*, *„die Sonne nicht über ihrem Zorn untergehen zu lassen"* (4,26) und *„dem Teufel keinen Raum zu geben"* (4,27); *„wer gestohlen hat, stehle nicht mehr"* (4,28), *„kein faules Wort komme aus eurem Mund"* (4,29), *„betrübt nicht den Heiligen Geist Gottes"* (4,30), *„alle Bitterkeit und Grimm und Zorn und Geschrei und Lästerung sei ferne von euch samt aller Bosheit"* (4,31; Schlachter).

Wir dürfen nicht vergessen, daß ein geheiligtes Leben eine Grundvoraussetzung für echten geistlichen Kampf ist. Wenn wir nicht in allen Lebensbereichen die Augen offenhalten, uns nicht dahinterklemmen und sie dem Herrn nicht ausliefern, lassen wir Schlupflöcher offen, durch die Satan auch in Zukunft seine teuflischen Attacken gegen uns reiten kann.

Schreien, Kreischen, Brüllen, Stampfen, Rufen und Tanzen wird überhaupt nichts bewirken, solange wir (absichtlich oder einfach nur aus Nachlässigkeit) „die Lenden" unseres Sinnes unkontrolliert und ungegürtet lassen. Unsere mangelnde Hingabe und die geheimen Ecken und Winkel unseres Lebens, die Jesus noch nie ganz ausgeliefert wurden, werden uns lähmen und kampfunfähig machen, wenn es darauf ankommt, den Attacken Satans entgegenzuwirken.

Andererseits ist ein geheiligter und hingegebener Mensch, der seinen Sinn sorgsam umgürtet und die ganze Waffenrüstung Gottes angezogen hat, eine ehrfurchtgebietende Waffe in den Händen des allmächtigen Gottes!

Paulus erläutert in Epheser 6,10-18 die Grundelemente des geistlichen Kampfes, die wir kennen und in unserem persönlichen Leben praktisch anwenden müssen.

Er erklärt uns auch, daß uns eine besondere, übernatürliche Kraft zur Verfügung gestellt wurde, damit wir erfolgreich gegen die unsichtbaren Mächte kämpfen können, die auf uns gehetzt werden.

Gott läßt uns nicht nackt vor den Feind treten; er hat uns eine geistliche Ausrüstung gegeben, mit der wir alle gegen uns gerichteten Strategien des Feindes kontern und zunichte machen können.

Römischer Soldat mit Gürtel, Brustpanzer, Beinschienen, Schuhe mit Spikes, Schild, Helm und Schwert (1. Jh.).

Kapitel 10

Der Gürtel der Wahrheit

Mit diesem Kapitel beginnen wir unsere Betrachtung der einzelnen Teile dieser Waffenrüstung, die Gott der Gemeinde gegeben hat. Paulus sagt in Epheser 6,14-18:

> **So steht nun, eure Lenden umgürtet mit Wahrheit, angetan mit dem Brustpanzer der Gerechtigkeit und beschuht an den Füßen mit der Bereitschaft des Evangeliums des Friedens. Bei alledem ergreift den Schild des Glaubens, mit dem ihr alle feurigen Pfeile des Bösen auslöschen könnt. Nehmt auch den Helm des Heils und das Schwert des Geistes, das ist Gottes Wort. Mit allem Gebet und Flehen betet zu jeder Zeit im Geist ...**

Wie gesagt, erwähnt Paulus die geistliche Waffenrüstung in Epheser 6 nicht zum ersten Mal. Auch im 1. Thessalonicherbrief, dem ältesten Buch des Neuen Testaments, zählt Paulus Teile einer Waffenrüstung auf.

So heißt es in Kapitel 5, Vers 8: „Wir aber, die dem Tag gehören, wollen nüchtern sein, angetan mit dem Brustpanzer des Glaubens und der Liebe und als Helm mit der Hoffnung des Heils."

Verglichen mit der Auflistung in Epheser 6 präsentiert diese frühere Version offensichtlich eine sehr begrenzte Ausrüstung. Damals war die Sicht des Paulus zu diesem Thema noch so wenig entwickelt, daß er vom „Brustpanzer des Glaubens und der Liebe" sprach. Die einzige Waffe, die er in diesem frühen Text noch erwähnt, ist der Helm des Heils.

Paulus' erweiterte Version der Waffenrüstung

Was ereignete sich in der Zeit zwischen diesen beiden Texten? Im ersten Thessalonicherbrief ist die Abhandlung des Paulus noch recht kurz, doch im Epheserbrief führt er eine umfassende Liste mit geistlichen Waffen auf.

Folgendes war geschehen: Im Laufe der Jahre sprach der Heilige Geist zu Paulus, so wie er auch zu uns spricht. Als Paulus begann, über das wenige, das er von der Waffenrüstung wußte, nachzusinnen, öffnete der Heilige Geist ihm die Augen für die wahren Ausmaße dieses Themas. Nach einigen Jahren hatte Paulus vom Heiligen Geist eine voll ausgereifte Sicht der geistlichen Waffenrüstung bekommen.

In Epheser 6 finden wir nun das ganze Bild, die vollständige Offenbarung des Heiligen Geistes über die Rüstung, die Gott den Gläubigen zur Verfügung gestellt hat.

Es ist interessant, mit welchen Worten Paulus diesen Text einleitet: *„So steht nun …"*. Das griechische Wort für „stehen" lautet *histemi* und heißt „aufrecht stehen". Man denkt dabei an jemanden, der so viel Zuversicht hat, daß er mit hoch erhobenem Haupt und im Brustton der Überzeugung sagt: „Ich stehe fest."

Paulus denkt dabei offenbar an einen römischen Soldaten, einen Soldaten, der stolz darauf ist, Soldat zu sein. Und genau dieses Bild malt uns der Heilige Geist in diesem Vers vor Augen. Wenn Sie die Waffenrüstung angezogen haben, haben Sie allen Grund, aufrecht zu stehen und auf Gott zu vertrauen!

Mit dem nächsten Teil des Verses – *„… eure Lenden umgürtet mit Wahrheit …"* – kommen wir nun zum ersten Teil der Ausrüstung, die Paulus in dieser erweiterten Version auflistet: *den Gürtel.*

Zur Erinnerung …

Auf dem Kopf trug der römische Soldat einen großen, verzierten und auffälligen *Helm*.

Der *Brustpanzer* reichte von seinem Hals bis über die Hüften nach unten (ab den Hüften in Form eines Rocks); er war aus vielen kleinen Metallplättchen zusammengesetzt und wurde deshalb auch als „Schuppenpanzer" bezeichnet.

An den Beinen hatte er *Beinschienen*, an den Füßen *Schuhe* mit gefährlichen Spikes.

Beachten Sie, daß ein römischer Soldat durch seine Ausrüstung vollständig geschützt war. Es ist auch bemerkenswert, wieviel Metall so ein Soldat tragen mußte! Helm, Brustpanzer, Beinschienen und Schuhe waren aus Metall; auch der *Schild*, den er mittels eines Rings am Gürtel befestigen konnte, bestand teilweise aus Metall.

Noch dazu hatte der römische Soldat ein *Schwert* und eine *Lanze*, die er in einem besonderen Rückenköcher an seinem *Gürtel* trug.

Die wichtigste Waffe

„So steht nun, eure Lenden umgürtet mit Wahrheit ...“

Anfangs war ich der Meinung, der Gürtel müsse genauso prächtig gewesen sein wie all die anderen Ausrüstungsteile und Waffen, die in diesem Text aufgeführt werden. Doch in Wirklichkeit war er der häßlichste, unansehnlichste und unauffälligste Teil der Ausrüstung eines römischen Soldaten.

Angesichts des herrlichen Brustpanzers stellt sich die Frage, ob überhaupt noch jemand auf den Gürtel achten würde? Würden Sie mit dem Gürtel anfangen, wenn Sie beschreiben wollten, wie jemand gekleidet ist? Man kann ihn ja kaum sehen. Vielleicht würden Sie als erstes die Jacke erwähnen, dann das Hemd, die Krawatte und vielleicht die Schuhe. Aber Sie würden sicher nicht beim Gürtel anfangen, oder?

Diesen unwichtigen Gürtel braucht man scheinbar nicht weiter zu beachten. Doch diese Einstellung ändert sich schnell, wenn man ihn ablegt! Dann erkennt man auf einmal, wie wichtig er eigentlich ist! Nehmen Sie ihn ab und Sie verlieren womöglich Ihre Hose; wenn Ihre Hose rutscht, hängt bald auch Ihr Hemd heraus; und wenn Ihr Hemd heraushängt, sehen Sie unmöglich aus!

Wenn Sie keinen Gürtel tragen, „fallen Sie auseinander“. Wo Sie auch hingehen, Sie sind ständig damit beschäftigt, Ihre Hose nicht zu verlieren. Sie fühlen sich verunsichert und werden schnelle Bewegungen auf jeden Fall vermeiden!

Deswegen war der Gürtel des römischen Soldaten so wichtig: Er hielt alle Teile seiner Ausrüstung zusammen. Wenn er alles am Mann hätte, seinen Gürtel jedoch vergäße, würde alles auseinander fallen. *Man sagte, der Gürtel wäre der entscheidendste Teil der Ausrüstung eines römischen Soldaten.*

Hätte der Soldat keinen Gürtel, könnte er auch seinen Schild nirgendwo aufstützen. Hätte er keinen Gürtel, könnte er sein Schwert und seine Lanze nirgends befestigen. Hätte er keinen

Gürtel, würde sein Brustpanzer im Wind hin- und herflattern. *Der Gürtel hielt alles zusammen!* Mit ihm konnte der Soldat zielstrebig und selbstbewußt in den Kampf ziehen, weil er die Gewißheit hatte, daß alle Waffen an ihrem Fleck bleiben würden; deshalb konnte er sich auch schnell bewegen und im Kampf wild um sich schlagen.

So sagt die Bibel: *„So steht nun, eure Lenden umgürtet mit Wahrheit …“*

Ein Teil der Ausrüstung, den man sehen kann

Die meisten Teile Ihrer geistlichen Waffenrüstung sind unsichtbar. Mit menschlichen Augen kann man weder den „Brustpanzer der Gerechtigkeit“ noch die „Schuhe der Bereitschaft des Evangeliums des Friedens“, noch den „Schild des Glaubens“, noch den „Helm des Heils“, noch das „Schwert des Geistes“, noch die „Lanze des Betens und Flehens“ sehen. *Diese Waffen sind unsichtbar.*

Sie haben nur eine geistliche Waffe, die man sehen *kann*, nämlich den „Gürtel der Wahrheit“.

Der Gürtel der Wahrheit ist das niedergeschriebene Wort Gottes! Es handelt sich dabei um die einzige Waffe, die eine physische, natürliche Erscheinungsform angenommen hat; sie ist aus der unsichtbaren Welt in unsere Hände gelangt; sie ist real greifbar! *Sie ist die wichtigste Waffe, die uns zur Verfügung steht.*

Wären Sie dazu aufgefordert worden, einen römischen Soldaten zu beschreiben, dann hätten Sie vielleicht gesagt: „Oh, schauen Sie sich seinen Helm an! Und die Schuhe und den Brustpanzer! Dieser Schild ist vielleicht toll und das Schwert und diese Lanze! Ach ja, beinahe hätte ich's vergessen: Einen Gürtel hat er auch noch.“

Doch der Heilige Geist wählte eine andere Reihenfolge. Er fing in der Mitte an und begann seine Beschreibung der geistlichen Waffenrüstung beim Gürtel. Gott will uns damit etwas sagen: „Das Ding in der Mitte ist am allerwichtigsten. Wenn man ihm diese „Waffe“ wegnimmt, fällt der ganze Mensch auseinander.“

Im übertragenen Sinn heißt das: Wenn Sie das Wort Gottes ignorieren und aufhören, es tagtäglich in Ihrem Leben praktisch umzusetzen, haben Sie sich damit willentlich dafür entschieden, Ihr gesamtes geistliches Leben „auseinanderfallen“ zu lassen!

Der Unterschied zwischen *logos* und *rhema*

Es ist wichtig zu wissen, daß das Wort Gottes zweierlei Erscheinungsformen hat: Es gibt das *logos*, das niedergeschriebene Wort, und das *rhema*, ein brandaktuelles, offenbartes Wort von Gott, das in unseren Herzen besonders lebendig wird.

Seien Sie sich dessen bewußt, daß Sie nicht immer dann ein *rhema* empfangen werden, wenn Sie eines haben möchten; das *logos* hingegen, das geschriebene Wort, die Bibel, steht ihnen immer zur Verfügung. *Wenn alles andere scheitert, ist die Bibel immer noch in Reichweite!*

Das hört sich vielleicht nicht so aufregend an, wie auf übernatürliche Weise ein Wort vom Herrn zu bekommen. Aber vergessen Sie nicht, daß Paulus das Wort Gottes mit dem Gürtel eines römischen Soldaten vergleicht. Dieser war nicht ansehnlich; vielmehr wirkte er alltäglich und außerordentlich gewöhnlich. Jeder Soldat hatte so „ein altes Ding“!

Und es gibt Leute, die sehen die Bibel genauso. Sie haben so viele Bibeln in ihrem Haus verteilt, daß sie sie überhaupt nicht mehr wertschätzen. Sie lassen sie links liegen und sagen: „Ich werde mich nicht mehr damit befassen; ich habe die Bibel gelesen und mit ihr gearbeitet, doch jetzt habe ich genug davon. Sie gibt mir nichts mehr.“

Legen Sie die Bibel (Ihren „Gürtel der Wahrheit“) weg, und allmählich werden Sie dieses *Bewußtsein*, ein Gerechter zu sein, verlieren. Legen Sie diesen Gürtel der Wahrheit ab, und allmählich werden Sie dieses *Gefühl* des inneren Friedens verlieren. Legen Sie diesen Gürtel beiseite, und Sie werden merken, wie Sie Ihre Freude am Heil verlieren. Wenn Sie diesen Gürtel der Wahrheit aus Ihrem Leben verbannen, werden Sie sehr bald nicht mehr in der Lage sein, Gott zu glauben und im Glauben zu wandeln.

Ohne daß die Bibel in Ihrem Leben eine aktive und tragende Rolle spielt, können Sie *absolut unmöglich* ein „funktionsfähiger“ Christ sein. Vielleicht reicht die Schubkraft aus vergangenen Zeiten noch ein wenig, aber weit werden Sie damit nicht mehr kommen.

Wenn Sie sich den Gürtel abschnallen, d. h. das Wort Gottes links liegenlassen, dann ist es nur noch eine Frage der Zeit, bis Sie geistlich auseinanderfallen. Dämonische Angriffe werden jene unsichtbare Barriere durchbrechen, durch die Sie früher geschützt wurden, und in Ihrem Leben wird das Chaos Einzug halten.

Der einzige Weg zu geistlichem Erfolg

Gott hat es mir ermöglicht, in den vergangenen Jahren in hunderten von Gemeinden zu dienen und in mehreren tausend Gottesdiensten zu sprechen. Auf unseren Reisen sind uns einige Dinge aufgefallen:

Einige Leute haben versucht, ihre Gemeinde auf Lobpreis und Anbetung aufzubauen. Lobpreis und Anbetung sind herrlich, aber man kann darauf keine Gemeinde aufbauen. *Lobpreis und Anbetung sind nicht der Gürtel!*

Andere haben sich bemüht, Gemeinden auf gesellschaftlichen Treffs aufzubauen. Solche Veranstaltungen sind gut und wichtig für eine Ortsgemeinde, können jedoch nicht die einzige Grundlage einer Gemeinde sein. *Gesellschaftliche Treffs und Gemeinschaft innerhalb der Gemeinde sind nicht der Gürtel!*

Wieder andere haben den Versuch unternommen, ihre Gemeinde einzig und allein auf Gebet zu gründen. Natürlich ist das Gebet etwas Gutes! In unserer Zeit brauchen wir unbedingt eine neue Ausrichtung auf das Gebet, und dennoch *ist Gebet nicht der Gürtel! Nur der Gürtel wird alles zusammenhalten – jeden einzelnen persönlich, die Gläubigen untereinander und die Gemeinden innerhalb des Leibes Christi.*

Die Bibel ist der einzige Teil der geistlichen Waffenrüstung, den man mit Händen greifen und festhalten und mit den Augen sehen kann. Es ist so wichtig für uns, das Wort Gottes zu haben; deshalb machte Gott es möglich, daß es aus der unsichtbaren Welt in unsere Welt kam, damit wir es mit unseren Händen festhalten und in unserem Besitz haben könnten. *Es ist eine wichtige Waffe und der wichtigste Teil der Waffenrüstung, den Gott uns gegeben hat.* Denken Sie darüber nach: *Diese Waffe können Sie tatsächlich in Händen „halten“!*

Paulus meint, dieser „Gürtel der Wahrheit“ sei von so zentraler Bedeutung, daß er einen einfachen, durchschnittlichen

Christen dahingehend verändern könne, daß „... der Mensch Gottes vollkommen sei, zu jedem guten Werk völlig zugerüstet" (2. Tim 3,17).

Wenn *Sie* mit der geistlichen Waffenrüstung leben wollen, dann müssen Sie damit beginnen, das Wort Gottes in die Hand zu nehmen und es kontinuierlich in Ihrem Leben anzuwenden; stellen Sie es in den Mittelpunkt, lassen Sie es die tragende Rolle in Ihrem Leben spielen und machen Sie es zu Ihrem „Gürtel", der Ihre anderen Waffen zusammenhält. Die Bibel muß bei Ihnen zu Hause der „Chef" sein, das Gesetz, der Herrscher und *die* Autorität in Ihrem Leben.

Was ist Ihr Ziel? Wollen Sie geistlich erfolgreich sein? Wollen Sie die Philister schlagen, von denen Sie immer wieder attackiert werden? Wollen Sie geistlich gerüstet sein?

Das niedergeschriebene Wort Gottes hat die Macht, uns „zu jedem guten Werk völlig zuzurüsten". Das Wort „zurüsten" stammt von dem griechischen Wort *exartizo* ab und bedeutet so viel wie „vollständig ausstatten" oder „lückenlos versorgen". Man beschrieb damit Wagen oder Schiffe, die mit Gerätschaften „vollständig ausgestattet" waren.

Indem Paulus dieses Wort verwendet, sagt er uns, das inspirierte Wort Gottes werde uns mit den „Gerätschaften" versorgen, die wir brauchen, um in der Kraft Gottes wandeln und unsere siegreiche Position gegenüber dem Teufel behaupten zu können.

Wie lebt ein Gerechter?

Wenn Sie diesen Gürtel anziehen und anbehalten, rückt auch alles andere an seinen Platz. Möchten Sie es zum Beispiel lernen, die Ihnen von Gott verliehene Gerechtigkeit zu genießen?

Der Autor des Hebräerbriefes sagt: „Denn während ihr nach der Länge der Zeit schon Lehrer sein müßtet, bedürft ihr umgekehrt noch der Belehrung in den Anfangsgründen der göttlichen Offenbarungsworte und seid dahin gekommen, daß ihr Milch statt fester Nahrung nötig habt. *Denn jeder, der noch auf Milch angewiesen ist, versteht sich noch nicht auf das Wort der Gerechtigkeit; er ist eben noch ein unmündiges Kind*" (Hebr 5,12-13; Menge).

Diesem Vers zufolge entscheidet man sich durch die Vernachlässigung des Wortes Gottes bewußt dafür, sein Verständnis von Gerechtigkeit *nicht* weiterzuentwickeln. Umgekehrt gilt jedoch: Verbringen Sie Zeit mit dem Wort Gottes, sinnen Sie darüber nach, beten Sie darüber, arbeiten Sie damit, und Sie werden eines feststellen: Dieses herrliche Bewußtsein, gerecht zu sein, wird Sie begleiten und Teil Ihres Denkens werden!

Ignorieren Sie das Wort Gottes, und es ist lediglich eine Frage der Zeit, bis Sie in fast jedem Lebensbereich unter Selbstverdammnis leiden. Christen, die bei ihrer Bekehrung von Gott für gerecht erklärt werden, sind sich dieser gottgegebenen Gerechtigkeit nicht bewußt, wenn Sie das Wort Gottes in Ihrem Leben nur so nebenher laufen lassen.

Wenn Sie mit dem Brustpanzer der Gerechtigkeit leben und ihn genießen wollen, dann ziehen Sie vorher den Gürtel der Wahrheit an, das geschriebene Wort, die Bibel. Das Wort wird die Tatsache, daß Sie gerecht sind, in Ihrem Leben zu einer Realität machen.

Wie bekommt man Frieden?

Möchten Sie in Ihrem Leben mehr Frieden erfahren? Paulus sagt, wie dies möglich ist: „Und der Friede Gottes regiere in euren Herzen …“ (Kol 3,15; LÜ).

Dem Augenschein nach zu urteilen, gibt es nicht allzu viele Menschen, die die „Regentschaft des Friedens Gottes“ in ihrem Herzen erleben. Weil unsere Terminkalender übervoll sind und unser Tagesablauf von Hektik und Eile bestimmt wird, fühlen sich die meisten Menschen innerlich gehetzt und permanent frustriert.

Im Herzen der überwiegenden Mehrheit aller Christen regiert nicht der Friede; statt dessen befinden sie sich auf einer emotionellen Achterbahnfahrt: Sie haben Gefühle, auf die sie sich nicht verlassen können, von denen sie sich nicht leiten lassen können und von denen sie betrogen werden können. *Aus diesem Grund müssen Sie es zulassen, daß der Friede Gottes in Ihrem Herzen regiert.*

Das Wort „regieren“ in diesem Vers lautet auf Griechisch *brabeuo* und charakterisiert einen „Schiedsrichter“ oder „jemanden, der bei einem öffentlichen Spiel das Sagen hat“. Diese Person war der Spielleiter und entschied, wer Sieger war! Mit diesem Wort will Paulus eigentlich folgendes sagen: *„Mach' den*

Frieden Gottes zum Schiedsrichter über dein Leben, und laß' ihn das Sagen haben ...“

Wie soll das zugehen, daß der Friede in Ihrem Leben eine derart dominante Rolle spielt? Wie schaffen Sie es, nicht mehr dem Diktat Ihrer Gedanken, Emotionen, Ängste und Frustrationen zu unterliegen?

Paulus fährt fort: „Das Wort des Christus wohne reichlich in euch; in aller Weisheit lehrt und ermahnt euch gegenseitig, mit Psalmen, Lobliedern und geistlichen Liedern singt Gott in euren Herzen ...“ (Kol 3,16).

Beachten Sie vor allem den Auftrag: *„Das Wort des Christus wohne reichlich in euch ...“* Dieser Satz enthält zwei Schlüsselwörter: „wohnen“ und „reichlich“.

„Wohnen“ ist eine Ableitung des Wortes *enoikeo*, das soviel bedeutet wie „Wohnung nehmen“. Man denkt dabei an jemanden, der in ein Haus einzieht oder sich in einem Haus heimisch fühlt.

„Reichlich“ stammt von *plousios* ab und vermittelt die Vorstellung von „extravagantem Luxus“ oder einem „verschwenderischen Lebensstil“.

Anders formuliert sagt Paulus folgendes: *„Laßt das Wort Christi in eurem Leben Wohnung machen, so daß es sich in euch absolut heimisch fühlt; beherbergt es so liebevoll, so extravagant und so luxuriös ihr nur könnt ...“*

Was geschieht, wenn Sie dem Wort Gottes in Ihrem Leben diese Priorität einräumen? *Der Friede Gottes wird herrschen, in ihrem täglichen Leben Schiedsrichter sein und das Sagen haben.*

Wie wird unser Glaube stark?

Wie bekommen Sie einen Lebenswandel, der von einem starken und gewissen Glauben geprägt ist? Wie wird der „Schild des Glaubens“ zu einer täglichen Realität in ihrem Leben?

Paulus sagt in Römer 10,17: „So kommt der Glaube nun durchs Hören, das Hören jedoch durch das Wort Gottes“ (wörtl. a. d. Engl.).

Sie haben gesagt, Sie möchten im Glauben wandeln? Dann vertiefen Sie sich in das Wort Gottes, und bleiben Sie in dieser Haltung. Räumen Sie ihm den wichtigsten Platz in Ihrem Leben ein! Nur das Wort Gottes kann einen beständigen und dauerhaften Glauben in Ihnen bewirken.

Ich hoffe, Sie haben mittlerweile erkannt, warum der Heilige Geist in diesem Text über die geistliche Waffenrüstung beim Gürtel anfing: *Wenn Sie sich den Gürtel der Wahrheit nicht fest umgeschnallt haben, werden Sie nicht in der Lage sein, im täglichen Leben mit all den anderen Waffen praktische Erfahrungen zu machen.*

Helm und Schwert

Nun noch ein kurzer Abstecher zum „Helm des Heils"! Das Wort „Heil" leitet sich von der griechischen Wurzel *sozo* ab; es vermittelt die Vorstellung von „Befreiung, Sicherheit, Bewahrung, klarer Verstand und Heilung".

Wäre es nicht großartig, die von Christus erkaufte Befreiung, Sicherheit, Heilung und einen klaren Verstand als tägliche Begleiter zu haben? Würde Ihnen das zusagen? Dann müssen Sie Ihren Helm aufsetzen! Wie macht man das?

Sowohl in Epheser 6,17 als auch in 1. Thessalonicher 5,8 wird das Heil als „Helm" bezeichnet. Da der Helm ja den Kopf (im übertragenen Sinn die Gedanken) schützt, stellt sich die Frage: Wo ist nun der Zusammenhang zwischen dem Heil (oder der Errettung) und den Gedanken?

Paulus sagte zu Timotheus: „... und weil du von Kind auf die heiligen Schriften kennst, *die Kraft haben, dich weise zu machen zur Errettung ..." (2. Tim 3,15).*

Gottes Wort kann uns durch seine Kraft geistesgegenwärtig und zur Errettung weise machen. Indem wir uns mit unserem Denken im Wort Gottes vertiefen, bewirkt allein schon das Wort in uns bis zu einem gewissen Grad Befreiung, Sicherheit, Bewahrung, einen klaren Verstand und Heilung.

Die Heilige Schrift setzt Ihnen einen Helm auf! Indem Sie Ihr Denken nach der Vorgabe des Wortes Gottes erneuern, wird dieses zu Ihrem geistlichen Helm.

Neben diesem Helm des Heils steht uns, Epheser 6 zufolge, auch noch ein mächtiges Schwert, nämlich das „Schwert des Geistes" zur Verfügung. Wünschen Sie sich einen konsequenteren Umgang mit diesem „Schwert des Geistes" in Ihrem täglichen Leben? Wie kann man das lernen? *Wo findet man dieses Schwert überhaupt?*

Wo fand der römische Soldat sein Schwert, wenn er es brauchte? Es steckte in einer Scheide, die mit einer Halterung an seinem *Gürtel* befestigt war! Deshalb mußte er ständig seinen Gürtel tragen, um das Schwert griffbereit zu haben.

Wofür steht der Gürtel im sechsten Kapitel des Epheserbriefes? *Für das geschriebene Wort Gottes.* Daraus schließen wir, daß ein dringend notwendiges „Wort vom Herrn" in den meisten Fällen direkt aus der Bibel kommen wird, so wie der Soldat sein Schwert aus der Scheide am Gürtel zog. *Gürtel und Schwert waren aufs engste verbunden.*

Oft hört man Leute klagen: „Herr, ich brauche *ein Wort*! Herr, du mußt jetzt ganz speziell zu mir reden! Siehst du denn nicht, daß ich eine Krise habe? Ich brauche unbedingt *ein Wort* von dir!" Sie möchten um jeden Preis einen Traum oder eine Vision bekommen oder jemanden finden, der ihnen die ersehnte Antwort prophezeit. Oder sie gehen in die Gemeinde, in der Hoffnung, daß dort jemand ein Wort der Weisheit und der Erkenntnis für sie hat.

Ich preise Gott für Träume, Visionen, Prophetien, Worte der Weisheit und der Erkenntnis. Doch es gibt etwas, das leichter „abrufbar" ist als ein Wort der Erkenntnis, ein Wort der Weisheit oder eine Weissagung.

Sie brauchen also ein spezielles *Wort* vom Herrn? Brauchen Sie ein *rhema*, ein „Schwert des Geistes"? So bekommen Sie es: Befassen Sie sich intensiv mit dem Wort Gottes, und während Sie die Bibel lesen und studieren, wird Sie Ihr *rhema* höchstwahrscheinlich direkt „anspringen".

Wie der Autor des Hebräerbriefes sagt: „Denn das Wort Gottes ist lebendig und wirksam und schärfer als jedes zweischneidige Schwert und durchdringend bis zur Scheidung von Seele und Geist, sowohl der Gelenke als auch des Markes, und ein Richter der Gedanken und Gesinnungen des Herzens" (Hebr 4,12).

Wenn Sie im Wort Gottes leben, befinden Sie sich in einer Position, in der Sie vom Wort leicht bis ins Herz getroffen werden können. Sie haben ein Schwert, „durchdringend bis zur Scheidung von Seele und Geist, sowohl der Gelenke als auch des Markes", das „ein Richter der Gedanken und Gesinnungen des Herzens" ist.

Was geschieht, wenn Sie den Gürtel – die Heilige Schrift – links liegenlassen und Ihr Glück woanders versuchen? Schon viele Christen sind diesen Weg gegangen. Sie waren so töricht, ihren Gürtel abzulegen, d. h. die Bibel beiseite zu schieben, und zu sagen: „Ich hab's mit der Bibel probiert, aber mir reicht's. Ich kann auch ohne regelmäßigen Umgang mit dem Wort Gottes ein Christ mit Autorität und Vollmacht sein."

Wer so denkt, hat den Gürtel schon abgeschnallt und weggelegt. Ja, eine Zeitlang kann man so leben, doch in kürzester Zeit gerät alles aus den Fugen. Schon bald hören Sie auf einmal etwas scheppern und siehe – Ihr Brustpanzer fällt Ihnen hinunter! Das Schwert fliegt klirrend auf die Erde! Ihre Lanze rutscht und kracht auf den Boden!

Was ist geschehen? Sie haben Ihren Gürtel abgenommen; somit hatten Sie nichts mehr, was Ihr geistliches Leben zusammenhalten könnte. Jetzt sind Sie nackt; Sie haben sich in eine gefährliche Situation hineinmanövriert, da der Feind Sie jetzt mit Schwierigkeiten und Problemen schlagen kann. Vergessen Sie nie: *Es ist das Wort, das alles andere trägt!*

Sie selbst entscheiden über Sieg oder Niederlage

Sie müssen einen Punkt unbedingt verstehen: Wenn Sie nicht täglich in der Kraft Gottes und im Wort Gottes leben, leben Sie auch nicht mit Ihrer gottgegebenen geistlichen Waffenrüstung.

Wenn sich das Wort Gottes in Ihrem Leben nicht auswirkt, haben Sie auch nichts, womit Sie die anderen Teile der Waffenrüstung tragen könnten. Das heißt, daß es für Sie gar keinen Kampf gibt; er ist zu Ende, bevor er überhaupt begonnen hat. Sie haben Ihren Sieg verwirkt, indem Sie die wichtigste Waffe schon von Anfang an verworfen haben – das Wort Gottes.

Das Wort bewahrt das Bewußtsein, ein Gerechter zu sein, und Sie brauchen dieses Bewußtsein. Das Wort hält auch den Frieden fest, und Sie brauchen Frieden. Der Friede ist nicht nur eine entscheidende Defensiv-, sondern auch eine Offensivwaffe.

Ohne den Helm des Heils als Schutz Ihrer Gedanken kommen Sie ins Schwimmen, wenn der Feind seine Streitaxt schwingt, und verheddern sich in Unglaube und Zweifel. Letzlich wird er versuchen, Ihnen Ihre Befreiung, Ihren klaren Verstand und Ihre Heilung zu rauben.

Manche Leute sitzen im Dunkeln in ihrem Gebetskämmerchen und hoffen auf ein *rhema* von Gott! Sie werden Ihr *rhema* bekommen, wenn Sie das Licht einschalten, Ihre Bibel aufschlagen und anfangen, über Gottes Wort nachzudenken. Und plötzlich wird Sie einer dieser Bibelverse förmlich anspringen und zu einer gewaltigen Waffe in Ihren Händen und auf Ihrer Zunge werden.

Die „Zeugungsfähigkeit" Gottes

Beachten Sie auch, daß der Gürtel die Lenden des römischen Soldaten bedeckte. *Auf diese Weise sollten seine Fortpflanzungsorgane geschützt werden.*

Weil der Gürtel das Wort Gottes repräsentiert und geschichtlich betrachtet ein Schutz für die Geschlechtsorgane des Mannes war, können wir etwas anderes Wichtiges daraus schließen: *Es wird offensichtlich, daß unsere „geistliche Zeugungsfähigkeit" im direkten Zusammenhang mit unserer Beziehung zum Wort Gottes steht.*

Wenn das Wort Gottes in Ihrem Leben nicht aktiv und wirksam ist, werden Sie geistlich unfruchtbar – Sie tun nichts, Sie bringen nichts hervor, Sie haben keine Salbung und keine Heilungskraft. *Wer sich vom Wort Gottes abwendet, verliert seine geistliche Zeugungsfähigkeit.*

Sogar Gott selbst schafft, wirkt und zeugt durch das Wort:

„Durch Glauben verstehen wir, daß die Welten durch Gottes Wort bereitet worden sind …" (Hebr 11,3).

Gott schuf die Welten durch sein Wort!

Was geschah mit Ihnen, als Sie sich bekehrten? In 1. Johannes 3,9 heißt es: „Jeder, der aus Gott geboren ist, tut nicht Sünde, denn sein *Same* bleibt in ihm; und er kann nicht sündigen, weil er aus Gott geboren ist."

Das Wort „Same" leitet sich von *sperma* ab, das ja auch ins Deutsche übernommen wurde.

Das ist eine bildhafte Darstellung der Wiedergeburt! So wie eine Frau durch den Samen eines Mannes schwanger wird und in ihrem Mutterleib ein Kind empfängt, so legt Gott – den Worten des Johannes zufolge – seinen eigenen göttlichen „Samen“ in unseren menschlichen Geist, wenn wir von neuem geboren werden.

Ist dieser Same einmal in unserem Inneren, fängt er augenblicklich an, das Leben und den Charakter Christi in uns hervorzubringen.

Es liegt an diesem göttlichen „Samen“ (*sperma*), daß wir nicht mehr so weiterleben können wie vor unserer Bekehrung. Das Leben, der Charakter, das Wesen und die Eigenschaften Gottes stecken in diesem „Samen“ (so wie die Augenfarbe, die Haarfarbe und das Temperament im Samen eines Mannes angelegt sind). Sobald das Wesen Gottes in uns hineingepflanzt ist, bricht dieses göttliche Leben ein für allemal die Macht der bereits vergebenen Sünde *und das Leben Gottes beginnt, unser Leben zu regieren und zu beherrschen!*

Was ist nun der „Same“ Gottes? Petrus sagt es uns: „Denn ihr seid wiedergeboren nicht aus vergänglichem Samen, sondern aus unvergänglichem *durch das lebendige und bleibende Wort Gottes*“ (1. Petr 1,23).

Gott schuf die Welten durch sein Wort und schuf Sie mit seinem göttlichen „Samen“ von neuem; alles, was Gott zeugt, zeugt er mit Hilfe seines Wortes.

Ein Fehler, den Christen sehr häufig machen

Vielleicht haben Sie Gott erst vor kurzem gefragt: „Warum ist mein Leben so ein furchtbares Durcheinander?“ Vielleicht wundern Sie sich: „Was ist nur mit meinem inneren Frieden geschehen? Wo ist der Sieg, den ich früher immer hatte?“

Ich glaube, der Herr antwortet Ihnen darauf mit Gegenfragen: „Wo ist der Gürtel, den ich dir gegeben habe?“ „Warum lebst du nicht in meinem Wort?“ „Wer hat dir den Gürtel abgenommen?“

Wenn Sie den Gürtel abnehmen, rutscht Ihnen die Kleidung hinunter! Deshalb möchte ich Ihnen, wenn Sie in den geistlichen Kampf gehen wollen, folgenden ernstlichen Rat geben: Gehen Sie nicht ohne Ihren Gürtel, denn schon nach dem ersten Schlag des Feindes würde sich Ihre Rüstung auflösen und verselbständigen.

Andere Christen machen den Fehler, daß sie denken: „Ich weiß, ich sollte heute mehr Zeit mit dem Wort verbringen, aber die Zeit hab' ich einfach nicht. Ich warte einfach auf den nächsten Gottesdienst, denn unser Pastor ist ja so ein guter Bibellehrer! Ich weiß, daß er mir dann gute Nahrung geben wird."

Schließlich kommt der heißersehnte Gottesdienst. Danach geht man wieder nach Hause; tags darauf fällt einem ein, daß man Zeit mit der Bibel verbringen sollte, aber man meint dann: „Nun, ich warte einfach auf den nächsten Gottesdienst. Der gestrige war ja *so* gut! Ich weiß, daß der nächste noch besser werden wird!"

Ich möchte Ihnen eine Frage stellen: Bitten Sie immer noch Ihre Mutter, Sie anzuziehen? Was würde Ihre Mutter denken, wenn Sie sie fragten: „Mutter, könntest Du mich bitte anziehen?" Sie würde erwidern: „Was meinst Du damit? Soll ich dir allen Ernstes dein Kleid (deinen Anzug) anziehen? Du bist kein Kind mehr. Zieh' dich gefälligst selbst an!"

Doch das ist es, was viele Christen tun! Wenn sie am Sonntag oder unter der Woche in den Gottesdienst gehen und wissen, daß sie die ganze Woche die Heilige Schrift vernachlässigt haben, dann stellen sie sich hin und sagen: „Prediger, zieh' mich bitte an! Schnallst du mir bitte den Gürtel um? Prediger, bitte zieh' mich doch an!"

Die Predigt Ihres Pastors darf nicht das *einzige* Wort sein, das Sie bekommen; vielmehr wollte der Heilige Geist es so haben, daß dieses Wort den Gürtel, *den Sie bereits tragen*, nur noch ein wenig fester schnallt.

Wenn Christen sich selbst jeden Tag das Wort Gottes holen, dann in den Gottesdienst gehen und die Predigt des Wortes hören, so wird ihr Gürtel noch fester geschnallt. Ihr Bewußtsein, daß sie gerecht sind, wird gestärkt. Ihr Friede und alles andere wird noch fester.

Wenn diese beiden Komponenten des Bibelstudiums Hand in Hand gehen, kann man den Leib Christi wirklich als „angezogen" bezeichnen!

Warum begann der Heilige Geist seine Beschreibung der Waffenrüstung in Epheser 6 mit dem Gürtel? Weil er die vorrangige Bedeutung dieses Gürtels der Wahrheit hervorheben wollte. So sagte er durch Paulus: „So steht nun, eure Lenden umgürtet mit Wahrheit ..."

Was David über die zentrale Bedeutung des Wortes sagt
Vermutlich hat keine biblische Persönlichkeit die zentrale Bedeutung des Wortes Gottes so gut verstanden wie David. Besonders aus Psalm 119 hört man seine Liebe zum Wort heraus:

> Glücklich sind, die im Weg untadelig sind, die *im Gesetz des Herrn* wandeln.
>
> Glücklich sind, die *seine Zeugnisse* bewahren, die ihn von ganzem Herzen suchen …
>
> Du hast *deine Vorschriften* geboten, daß man sie eifrig beobachte.
>
> Oh, daß doch meine Wege beständig wären, um *deine Ordnungen* zu halten!
>
> Dann werde ich nicht beschämt werden, wenn ich beachte alle *deine Gebote* …
>
> *Deine Ordnungen* will ich halten …
>
> Wodurch hält ein Jüngling seinen Pfad rein? Indem er sich bewahrt nach *deinem Wort.*
>
> Mit meinem ganzen Herzen habe ich dich gesucht. Laß mich nicht abirren von *deinen Geboten*!
>
> In meinem Herzen habe ich *dein Wort* verwahrt, damit ich nicht gegen dich sündige.
>
> Gepriesen seist du, Herr! Lehre mich *deine Ordnungen*!
>
> Mit meinen Lippen habe ich erzählt *alle Bestimmungen deines Mundes*.
>
> An *dem Weg deiner Zeugnisse* habe ich Freude, mehr als an allem Reichtum.
>
> *Deine Vorschriften* will ich bedenken und beachten *deine Pfade*.
>
> An *deinen Satzungen* habe ich meine Lust. *Dein Wort* vergesse ich nicht …

> Ein Gast bin ich im Land. Verbirg nicht vor mir *deine Gebote*! (Ps 119,1-19)

Sehen Sie, wie wichtig das Wort für David war! Erkennen Sie, wie sehr er den „Gürtel der Wahrheit" in seinem Leben brauchte, wie sehr er ihn liebte? Er sagte: „Ich *muß* das Wort haben! Ich denke darüber nach. Ich weiche nicht von ihm. Bitte, Herr, verbirg' es nicht vor mir. Offenbare es mir. Ich verspreche, daß ich dem Wort gemäß leben werde. Ich werde darüber nachsinnen. Ich werde es halten."

Der Schlüssel zum Sieg und zum Erfolg

David hatte begriffen, daß das Wort der Schlüssel zu einem durch und durch siegreichen und erfolgreichen Leben war. In den Versen 20 bis 24 bekennt er:

> Meine Seele zermürbt sich vor Verlangen nach *deinen Bestimmungen* zu aller Zeit.
>
> Gescholten hast du die Übermütigen, die Verfluchten, die abirren von *deinen Geboten*.
>
> Wälze von mir Hohn und Verachtung! Denn *deine Zeugnisse* habe ich bewahrt.
>
> Sitzen auch Oberste und verhandeln gegen mich, dein Knecht sinnt nach über *deine Ordnungen*.
>
> *Deine Zeugnisse* sind auch meine Lust, meine Ratgeber sind sie.

Wenn Sie in den geistlichen Kampf ziehen, müssen Sie wissen, daß sich Ihnen, wie David, böse Mächte in den Weg stellen werden. Doch die Bibel sagt, Gott werde Hohn und Verachtung von Ihnen abwenden, weil Sie über seine Ordnungen nachsinnen. Mit anderen Worten: Der „Gürtel der Wahrheit" wird Sie in die Lage versetzen, diese dunklen Mächte abzuwehren.

David sagt in den Versen 57 bis 59:

> Mein Teil ist der Herr! Ich habe versprochen, *deine Worte* zu bewahren.

> Ich suche deine Gunst von ganzem Herzen; sei mir gnädig nach *deinem Wort* (LÜ).
>
> Ich habe meine Wege überdacht und meine Füße gekehrt zu *deinen Zeugnissen.*

David sagt: „Herr, dein Wort wird in meinem Leben den allerersten Platz einnehmen!"

Er fährt fort in Vers 60 bis 63:

> Ich bin geeilt und habe nicht gezögert, *deine Gebote* zu halten.
>
> Stricke der Gottlosen haben mich umgeben. *Dein Gesetz* habe ich nicht vergessen.
>
> Um Mitternacht stehe ich auf, um dich zu preisen wegen *der Bestimmungen deiner Gerechtigkeit.*
>
> Ich bin der Gefährte aller, die dich fürchten, derer, die *deine Vorschriften* einhalten.

Der beste Rat

Hier in Vers 63 finden Sie den besten Rat, den Sie in Ihrem Leben je bekommen werden! David sagt: „Ich bin der Gefährte aller, die dich fürchten, derer, die deine Vorschriften einhalten."

Das Wort und auch ich raten Ihnen, sich solche Leute als Gefährten zu suchen, die im Wort Gottes wandeln. *Sie brauchen Leute um sich, die wie Sie die zentrale Rolle des Wortes Gottes verstanden haben.*

David erklärt: „Meine Gefährten lieben das Wort Gottes genausoviel wie ich." Seien Sie weise in der Wahl Ihrer Freunde. Pflegen Sie den Umgang mit Menschen, die ihren Wandel mit dem Herrn und sein Wort genauso ernstnehmen wie Sie.

In Vers 129 und 130 verkündet David:

> Wunderbar sind *deine Zeugnisse*, darum bewahrt sie meine Seele.
>
> Die Eröffnung *deiner Worte* leuchtet, sie gibt Einsicht den Einfältigen.

Erneut proklamiert er: „Herr, dein Wort ist Dreh- und Angelpunkt meines Lebens!“

Dies setzt sich fort in den Versen 131 bis 134:

> Ich habe meinen Mund weit aufgetan und gelechzt, denn ich sehne mich nach *deinen Geboten.*
>
> Wende dich zu mir und sei mir gnädig nach dem Anrecht derer, die deinen Namen lieben!
>
> Befestige meine Schritte durch *dein Wort*, und gib keinem Unrecht Macht über mich!
>
> Erlöse mich von der Bedrückung durch Menschen, und ich will *deine Vorschriften* einhalten.

Beachten Sie, wie dringend David das Wort braucht: Er *lechzt* danach! Er sagt, er wisse, daß Gott ihn befreien werde, weil er Gottes Gebote hält.

Vers 135 und 136:

> Laß dein Angesicht leuchten über deinen Knecht, und lehre mich *deine Ordnungen*!
>
> Wasserbäche fließen herab aus meinen Augen, weil man *dein Gesetz* nicht hält.

David sagt: „Sie hören nicht auf dein Wort; deshalb werden sie vernichtet. Sie halten deine Gebote nicht; deshalb werden sie getötet. Sie werden ruiniert. Ihre Sünde und Missetat holt sie ein!“

Warum sagt er so etwas? Er wußte, daß wir vor dem Untergang gerettet werden, wenn Gottes Wort in unserem Leben die Hauptrolle spielt. In den Versen 153 bis 157 sagt er weiter:

> Sieh mein Elend an und errette mich! Denn *dein Gesetz* habe ich nicht vergessen.
>
> Führe meinen Rechtsstreit und erlöse mich! Belebe mich nach *deiner Zusage*!
>
> Fern von den Gottlosen ist das Heil, denn nach *deinen Ordnungen* suchen sie nicht.

> Deiner Erbarmungen sind viele, Herr. Belebe mich nach *deinen Bestimmungen*!
>
> Zahlreich sind meine Verfolger und meine Bedränger. Doch von *deinen Zeugnissen* bin ich nicht abgewichen.

Mit anderen Worten: Menschen, die das Wort Gottes nicht suchen, erleben auch nicht, welchen Segen ihr Heil mit sich bringt (V. 155). Fast scheint es, als wollte David sagen: „Angesichts dieser Leute flüchte ich mich in dein Wort."

Er fährt fort in Vers 158 bis 160:

> Die Treulosen habe ich gesehen, und es ekelte mich an, weil sie *dein Wort* nicht bewahrten.
>
> Sieh, daß ich *deine Vorschriften* liebhabe. Nach deiner Gnade, Herr, belebe mich!
>
> Die Summe *deines Wortes* ist Wahrheit, und *jedes Urteil deiner Gerechtigkeit* währt ewig.

David sagt: „Ich werde von Gottes Wort nicht abweichen. Es hat immer recht. Es ist die Mitte meines Lebens. Es befreit mich, bewahrt mich und hält mich am Leben." Wir sehen, das Leitthema von Psalm 119 ist die zentrale Bedeutung des Wortes Gottes in Davids Leben. Zweifellos trug David den „Gürtel der Wahrheit".

Viele Leute zitieren Offenbarung 12,11, wo es heißt: „Und sie haben ihn *(den Teufel)* überwunden um des Blutes des Lammes und um des Wortes ihres Zeugnisses willen, und sie haben ihr Leben nicht geliebt bis zum Tod!"

Welches „Zeugnis" ist damit gemeint? Das Wort Gottes. Es ist das einzige Zeugnis, das wir haben!

Der Weg zum Sieg

Die Bibel sagt: „So steht nun, eure Lenden umgürtet mit Wahrheit ..." Wenn Sie sich diesen Gürtel des Wortes umschnallen und sich fest vornehmen, es zum Mittelpunkt Ihres Lebens zu machen, dann sind Sie schon auf dem Weg zum Sieg!

Nachdem Sie das Wort Gottes „angezogen" haben, fühlen Sie sich anfangs vielleicht noch nicht besonders gerecht; doch wandeln Sie weiter im Wort, und das Bewußtsein, daß Sie gerecht sind, wird in Ihnen wachsen!

Vielleicht spüren Sie am Anfang auch noch keinen großartigen Frieden, doch die Bibel verspricht: „Wer seinen Sinn fest auf dich richtet, den bewahrst du in vollkommenem Frieden ..." (Jes 26,3; wörtl. a. d. Engl.).

Wie richtet man seinen Sinn fest auf den Herrn? Indem Sie im Wort Gottes wandeln und es ihm gestatten, reichlich in Ihnen zu wohnen. Dann wird der Friede Gottes in Ihrem Herzen regieren.

Brauchen Sie ein Schwert? Brauchen Sie ein besonderes *rhema*, ein Wort vom Herrn? Das Wort Gottes ist lebendig, wendig und wirksam; es ist schärfer als jedes zweischneidige Schwert.

Brauchen Sie Glauben? „So kommt der Glaube nun durchs Hören, das Hören jedoch durch das Wort Gottes" (Röm 10,17; wörtl. a. d. Engl.).

Brauchen Sie einen Schild? Vertiefen Sie sich in Gottes Wort. Hören Sie auf das Wort Gottes. Sinnen Sie über das Wort Gottes nach. Es wird Ihnen einen Schild in die Hand geben.

Wenn Sie den „Gürtel der Wahrheit" anhaben, können Sie in Ihrem geistlichen Leben auch über all die anderen Waffen verfügen. Der Gürtel hält alles zusammen, nichts fällt herunter. Mit dem Gürtel können Sie sich schnell und leicht bewegen und direkt auf den Feind zulaufen.

Ohne den Gürtel geraten Sie in große Schwierigkeiten!

Wenn Sie sich gegen die Attacken des Feindes auf Ihren Körper, Ihre Gedanken, Ihre Familie, Ihre Freunde, Ihre Finanzen und Ihr Geschäft wehren wollen, dann möchte ich Ihnen auf der Grundlage des Wortes Gottes mit großem Ernst raten, diesen Gürtel zu nehmen und ihn umzuschnallen.

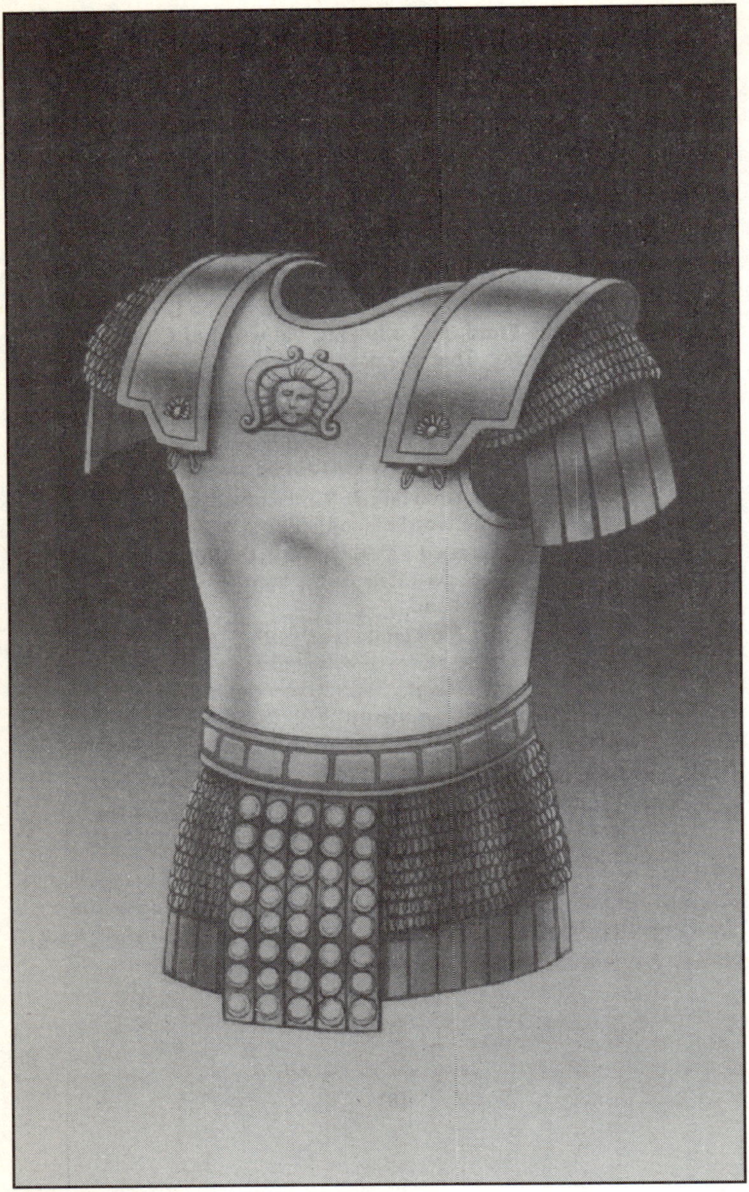

Messingbrustpanzer eines römischen Soldaten (1. Jh.).

Kapitel 11

Der Brustpanzer der Gerechtigkeit

Im folgenden Vers nennt Paulus den nächsten Teil unserer geistlichen Waffenrüstung: „So steht nun, eure Lenden umgürtet mit Wahrheit, *angetan mit dem Brustpanzer der Gerechtigkeit ...“ (Eph 6,14).*

Die Gerechtigkeit ist eine Waffe; sie ist unser Brustpanzer! Vielleicht fragen Sie sich nun: „Warum ist die Gerechtigkeit eine Waffe? Weshalb bezeichnet Paulus sie als 'Brustpanzer'? Und wie dient sie uns als Waffe?“

Die Gerechtigkeit ist eine Waffe, weil Paulus sie in Epheser 6 als Waffe bezeichnet. Er erwähnt sie in einem Atemzug mit dem „Gürtel der Wahrheit“, dem „Schild des Glaubens“, dem „Helm des Heils“, dem „Schwert des Geistes“ und der „Lanze des Betens und Flehens“. In 2. Korinther 6,7 wird die Gerechtigkeit noch einmal als Waffe beschrieben. Dort heißt es: „...im Reden der Wahrheit, in der Kraft Gottes; mit den *Waffen der Gerechtigkeit* zur Rechten und zur Linken ...“ Ohne Zweifel wird hier von der Gerechtigkeit als von einer „Waffe“ gesprochen.

Auch in Jesaja 59,17 wird erwähnt, daß die Gerechtigkeit eine Waffe sei: *„Er zog Gerechtigkeit an wie einen Panzer ...“*

Um verstehen zu können, weshalb Paulus in Epheser 6 die Gerechtigkeit mit einem Brustpanzer vergleicht, braucht man zunächst einige Informationen über den Panzer eines Soldaten, wie Paulus ihn vor Augen hatte.

Der Brustpanzer war der schönste, strahlendste und auffälligste Teil der Ausrüstung eines römischen Soldaten. Wenn man so einen Soldaten sah, stachen weder sein Gürtel noch seine Schuhe, noch sein Schwert oder sein Helm ins Auge, so wichtig sie auch waren. Das erste, was dem Betrachter auffiel, war der wunderschöne Brustpanzer des Soldaten (in Kapitel 8 befaßten wir uns bereits mit dem Aussehen und dem immensen Gewicht dieses Panzers).

Die Schönheit des Brustpanzers

Der Panzer war überaus kunstvoll gearbeitet und schön anzusehen. Er bestand in der Regel aus Messing, gelegentlich auch aus Bronze. Wenn so ein römischer Soldat in seinem Brustpanzer umherging, geschah etwas Erstaunliches:

Wenn man zwei Metallstücke lange Zeit aneinander reibt, beginnen Sie, metallisch zu schimmern. Der Glanz, den Metall an sich schon hat, wird dadurch noch verstärkt. Genau das geschah, wenn ein römischer Soldat in seinem Brustpanzer umherging: Jene kleinen, schuppenartigen Metallteilchen rieben aneinander, wodurch jedes einzelne einen herrlichen metallischen Schimmer bekam.

Messing ist goldfarben und strahlt und funkelt, wenn die Sonne darauf scheint, besonders wenn es von hoher Qualität ist. Dazu kam noch, daß die Sonnenstrahlen vom Brustpanzer reflektiert wurden. Insgesamt bot sich dem Betrachter ein atemberaubendes visuelles Schauspiel.

Somit wurde der Brustpanzer eines römischen Soldaten noch schöner, indem er getragen und benutzt wurde. Hätte man ihn in einem dunklen Raum aufbewahrt und nie benutzt, wäre er allein schon aufgrund der natürlichen Schönheit des Messings ein Schmuckstück gewesen. Doch indem der Soldat ihn trug und damit herumging, wurde der Panzer im Laufe der Zeit noch prächtiger.

Wurden Sie schon einmal beim Autofahren von einem Stück Metall geblendet, das das Sonnenlicht reflektierte und so hell war, daß Sie die Straße kaum noch sehen konnten? Können Sie sich einen römischen Soldaten vorstellen, dessen Brustpanzer in der Sonne noch mehr als gewöhnlich schimmert und strahlt?

Wie war es wohl, wenn eine ganze Legion römischer Soldaten in der Sonne marschierte? Das Tal oder Feld, in dem sie marschierten, wurde hell erleuchtet. Das lag eben an diesen schimmernden und strahlenden Brustpanzern.

Unsere Gerechtigkeit ist eine Waffe, eine echte Waffe; sie wird als „Brustpanzer" bezeichnet. Sie dient nicht nur der *Verteidigung*, indem sie uns vor feindlichen Schlägen schützt, sondern auch dem *Angriff*, weil sie uns bei unserer Attacke hilft.

Jemand will Ihnen weh tun

Wer nicht im Kampf steht, braucht auch all diese Waffen nicht. Man zieht die Rüstung an, weil es jemanden gibt, der einem sehr weh tun möchte!

Deswegen haben wir den Brustpanzer als Schutz. In Epheser 6,11 lasen wir bereits, daß wir gegen „die Listen des Teufels bestehen" können, wenn wir „die ganze Waffenrüstung Gottes" anhaben. Der Teufel möchte Sie angreifen; er möchte Ihnen einreden, Sie seien *nicht* gerecht, Sie seien ohne Wert für Gott oder die Menschen.

Wir hielten bereits fest, daß das Wort „Teufel" im Griechischen *diabolos* heißt und jemanden beschreibt, der die Schutzmauer eines Menschen durchdringen und schließlich in seine Gedanken eindringen will. Weil er eben darauf aus ist, das Denken und die Emotionen zu unterwandern und zu lähmen, freut er sich ganz besonders über Christen, die nicht wissen, daß sie gerecht sind. Sie sind eine leichte Beute für ihn!

Er spottet: „Du bist der schlechteste Christ, der je auf Erden gelebt hat. Glaubst du etwa, Gott könne irgend etwas mit dir anfangen? Gott kann dich nicht gebrauchen, du dummes Ding!"

Sollten Sie sich Ihren „Brustpanzer der Gerechtigkeit" nicht fest umgeschnallt haben, werden diese Verleumdungen höchstwahrscheinlich ihr Ziel erreichen; und wenn sie einmal Ihr Denken und Ihre Gefühlswelt durchdrungen haben, werden sie wirkungsvolle Schläge austeilen und Sie schwer verletzen.

Menschen, die nicht wissen, daß sie „gerecht" gemacht (d. h. gerechtfertigt) wurden, haben einen permanenten Hang zur Selbstverdammnis. Weshalb? Eben weil der Teufel ihnen Gedanken der Verdammnis einflüstert. Menschen, die nicht wissen, daß sie „gerecht" gemacht wurden, fühlen sich schuldig, weil der Teufel ihnen Lügen einredet, die sich in ihrem Denken breitmachen und ihnen das Gefühl vermitteln, völlige Versager zu sein.

Doch wenn andererseits ein Christ weiß, daß Gott ihn gerechtfertigt hat, d. h. wenn er diesen „Brustpanzer der Gerechtigkeit" anhat und dieser auch richtig sitzt, ist es bedeutungslos, wie viele Pfeile der Feind auf ihn abschießt, da ohnehin keiner den Panzer durchdringen kann. Kein einziger verdammender Gedanke, keine Unterstellung, kein Gefühl der Schuld wird ihr

Ziel erreichen, wenn Sie den „Brustpanzer der Gerechtigkeit" tragen.

Doch leider stehen neunzig Prozent des Leibes Christi unter Selbstverdammnis und gehen mit hängenden Schultern und gesenktem Haupt durchs Leben. Der Feind hat so viele Christen so lange schikaniert, daß sie nicht mehr in der Lage sind, voll Zuversicht zu beten. Andere hat er davon überzeugt, daß sie niemals *gut genug* sein werden, um von Gott gebraucht werden zu können.

Aber Vers 14 unseres Textes ist eine Aufforderung, aufrecht zu stehen, Brust heraus, Kopf hoch, und wie ein stolzer, siegreicher Soldat durchs Leben zu gehen.

Sobald Sie verstanden haben, daß Gott Ihnen die Gerechtigkeit zum Geschenk gemacht hat und diese Gerechtigkeit Ihnen nun als imposanter Brustpanzer dient, wird sich Ihre Einstellung positiv verändern! Mit einem Mal wird Zuversicht in Ihnen aufkeimen. Das Wissen um die Gerechtigkeit schenkt Zuversicht und verleiht einem Christen gewaltige Autorität.

Mit dieser Zuversicht werden Sie sich aufmachen, für Gott alles Mögliche zu tun. Bisweilen werden Sie in Ihrer gottgegebenen Gerechtigkeit so kühn und zuversichtlich sein, daß jene, die Sie nicht kennen, Ihren neu gefundenen Mut nicht verstehen und Ihnen womöglich vorwerfen werden, Sie seien egozentrisch oder arrogant.

Nein, Sie sind ein Christ, der eben herausgefunden hat, daß er „Gottes Gerechtigkeit in Christus" ist (vgl. 2. Kor 5,21).

Sie haben festgestellt, daß Gott Ihnen ein prächtiges, strahlendes und glänzendes „Kleidungsstück" geschenkt hat, nämlich den „Brustpanzer der Gerechtigkeit". Sie haben entdeckt, daß Sie die Lügen und Drohungen des Teufels nicht länger hinnehmen müssen, eben weil Sie ***„gerüstet zum Kampf"*** sind!

Die richtige Einstellung zum Kampf

Als die römischen Soldaten in den Kampf zogen, bekamen sie von ihrem befehlshabenden Offizier zu hören: „Kommt ja nicht ins Lager zurück, ohne den Feind vernichtet zu haben. Wenn ihr den Feind nicht tötet, braucht ihr euch hier nie wieder blicken zu lassen."

„Es wäre besser, ihr würdet im Kampf fallen, als wieder zurückzukommen und uns zu berichten, der Feind habe gewonnen. Entweder kommt ihr als Sieger, oder ihr kommt überhaupt nicht mehr.“

Sie können davon ausgehen, daß solche Aussagen die Einstellung der Soldaten nachhaltig beeinflußten. Sie fingen augenblicklich an, sich geistig auf den Kampf einzustellen! Wochen- und monatelang bereiteten sie sich darauf vor. Sie taten alles, um die richtige psychische Verfassung und Motivation zu bekommen, *denn wie erfolgreich sich ein Soldat im Kampf schlägt, hängt letztendlich davon ab, was sich in seinen Gedanken abspielt und wie stark sein Wille ist.*

Wenn man psychisch und emotional schon am Boden ist, *bevor* man in den Kampf zieht, sollte man besser zu Hause bleiben! Warum? Nun, die negative innere Einstellung hat schon im voraus über den Ausgang des Kampfes entschieden – Sie werden verlieren!

Wer jedoch dieses Bewußtsein, gerecht zu sein, in seinem Leben fördert und es lernt, sich selbst vor dem Hintergrund des Erlösungswerks am Kreuz zu sehen, wird mit göttlicher Zuversicht und Kühnheit erfüllt werden, und mit dieser inneren Einstellung ist man immer auf der Seite des Siegers!

Sie müssen sich geistig vorbereiten. Aus diesem Grund sagt Petrus: „Deshalb umgürtet die Lenden eurer Gesinnung, seid nüchtern und hofft völlig auf die Gnade, die euch gebracht wird bei der Offenbarung Jesu Christi“ (1. Petr 1,13).

Er greift hier das Bild eines griechischen Wettläufers auf. Um schneller und besser laufen zu können, nimmt er seinen Rock und steckt den Saum unter dem Gürtel hinein. So werden seine Beine nicht mehr durch den herunterhängenden Rock behindert. Er „umgürtet“ sozusagen seinen Rock.

Analog dazu trägt Petrus uns – bildhaft gesprochen – auf, alle losen Enden unseres Denkens zu packen, nach oben zu ziehen, unter den Gürtel zu stecken und dann den Lauf ungehindert zu vollenden. Mit anderen Worten: Um diesen Lauf vollenden und diesen Kampf kämpfen zu können, *müssen wir uns geistig und emotional vorbereiten.*

Doch nur wer wirklich weiß, daß er gerecht ist, kann sich emotional und geistig vorbereiten, denn dieses Wissen wird seine Einstellung positiv beeinflussen! Wer die unerschütterliche Gewißheit hat, daß er den „Brustpanzer der Gerechtigkeit" trägt, kann jeden Feind bekämpfen und jedem Gegner gegenübertreten.

Sie müssen unbedingt wissen, daß Gott Sie gerecht gemacht hat! Es ist von außerordentlicher Bedeutung, daß dieses Wissen ein Eckstein Ihrer geistigen Verfassung wird. Sogar wenn Sie felsenfest davon überzeugt sind, daß Sie als Gerechter vor Gott stehen, wird der Teufel immer noch versuchen, Ihnen einzureden, Sie seien *nicht* gerecht.

Bibelstellen über Gerechtigkeit

Um die Tatsache, daß Gott uns Gerechtigkeit verliehen hat, auf ein solides Fundament zu stellen, möchten wir kurz einige Bibelstellen zu diesem Thema beleuchten.

Paulus sagt in 2. Korinther 5,21: „(Jesus), der Sünde nicht kannte, hat er (Gott) für uns zur Sünde gemacht, damit wir Gottes Gerechtigkeit würden in ihm."

Wir sind gerecht! Wenn Sie über diese Wahrheit nachdenken, wenn sie Ihnen gegenwärtig wird und Ihr Denken erfüllt, wird sich auch Ihre Haltung ändern. Es wird in Ihrem Bewußtsein fest verankert sein, daß Sie gerecht sind!

Wenn Ihre ganze Herzenshaltung vom Bewußtsein der Gerechtigkeit bestimmt wird, wenn Sie nicht länger sagen, Sie *wollen* gerecht sein, sondern vielmehr erkennen, daß Sie gerecht *sind*, dann haben Sie auch Zuversicht!

Eine weitere wichtige Schriftstelle über die Gerechtigkeit ist Römer 3,21-22: „Jetzt aber ist ohne Gesetz Gottes Gerechtigkeit geoffenbart worden, bezeugt durch das Gesetz und die Propheten: *Gottes Gerechtigkeit aber durch Glauben an Jesus Christus für alle, die glauben..*"

Diesen Versen zufolge ist die gottgegebene Gerechtigkeit der rechtmäßige Besitz all jener, die glauben. Wie könnte man noch deutlicher sagen, daß alle Gläubigen mit Gerechtigkeit gekleidet sind?

Paulus sagt in Römer 5,17: „Denn wenn durch die Übertretung des einen (Adam) der Tod durch den einen geherrscht hat, *so werden viel mehr die, welche die Überschwenglichkeit der*

Gnade und der Gabe der Gerechtigkeit empfangen, im Leben herrschen durch den einen, Jesus Christus."

Mit anderen Worten: Ein Christ erlebt *Veränderung*, wenn Gott ihm in seiner Gnade Gerechtigkeit verleiht, er sie ergreift und erkennt, daß er wirklich gerecht ist; er sieht sich nicht mehr als kleiner, unwichtiger, geschlagener Christ. Das hat Auswirkungen auf seine innere Einstellung; er bekommt eine solche Gewißheit, daß er das Leben voller Mühsal hinter sich läßt und ein Leben beginnt, in dem er als König herrscht!

Vielleicht liegt Ihnen nun die Frage auf der Zunge: „Wenn alle Christen gerechtfertigt wurden, um im Leben zu herrschen, warum stehen dann so viele von ihnen ständig auf der Verliererseite?"

Die Antwort: Weil ihre Gedanken noch nicht vom Wort Gottes erneuert wurden und sie diese richtige Denkweise noch nicht angenommen haben! Da sie meinen, sie seien unwürdig, verhalten sie sich auch wie Unwürdige. Da sie meinen, sie seien minderwertig, verhalten sie sich auch wie Minderwertige. Da sie meinen, sie seien ungerecht, verhalten sie sich auch wie Ungerechte.

Sobald Sie feststellen, daß Sie gerechtfertigt sind, heben Sie das Haupt und sagen: „Schaut mich an! Ich gehe mit dem Brustpanzer der Gerechtigkeit durchs Leben. Ich bin die Gerechtigkeit Gottes in Jesus Christus."

Diese Erkenntnis bewirkt Veränderung im Leben eines Christen!

Eine neue Quelle der Zuversicht

Wenn Sie anfangen, täglich mit Ihrem Brustpanzer der Gerechtigkeit durchs Leben zu gehen, werden Sie eine ganz neue und unglaubliche Zuversicht bekommen.

Johannes sagt: „Dies habe ich euch geschrieben, damit ihr wißt, daß ihr ewiges Leben habt, die ihr an den Namen des Sohnes Gottes glaubt. *Und dies ist die Zuversicht, die wir zu ihm haben ..." (1. Joh 5,13-14).*

Das Wort „Zuversicht" lautet im griechischen Original *parresia* und wird an anderer Stelle mit „Freimütigkeit" oder „Offenheit" übersetzt. Man denkt dabei an jemanden, der so „freimütig" und „offen" ist, daß er fast schon arrogant wirkt.

Johannes fährt fort: „Und dies ist die Zuversicht (griech.: „große Freimütigkeit"), die wir zu ihm haben, daß er uns hört, wenn wir etwas nach seinem Willen bitten. Und wenn wir wissen, daß er uns hört, was wir auch bitten, so wissen wir, daß wir das Erbetene haben, das wir von ihm erbeten haben" (1. Joh 5,14-15).

Das Wissen, ein Gerechter zu sein, wird Ihr Gebetsleben verändern! Wenn Sie nicht wissen, daß Sie als Gerechter vor Gott stehen, können Sie auch nicht voll Zuversicht beten. Wenn Ihnen nicht bewußt ist, daß Sie die Gerechtigkeit als Brustpanzer haben, fehlt all Ihrem Handeln die Zuversicht.

Die Menschen erleben Niederlagen in ihrem Gebetsleben, weil sie nicht wissen, daß sie gerecht sind. Wenn jemand seinen „Brustpanzer der Gerechtigkeit" nicht trägt, schlägt sich das in seinem Gebetsleben nieder: Mißerfolg und Niederlage ziehen sich wie ein roter Faden durch seine Gebete.

Doch wer Tag für Tag mit diesem Brustpanzer durchs Leben geht, betet mit Vollmacht und Autorität. Er weiß, daß er aufgrund dieser Gerechtigkeit direkt in die Gegenwart Gottes kommen und mit großer Freimütigkeit beten kann.

Kraftlose oder kraftvolle Religion

In Apostelgeschichte 3 lesen wir von einer Begebenheit aus dem Leben von Petrus und Johannes: „Petrus aber und Johannes gingen um die Stunde des Gebets, die neunte, zusammen hinauf in den Tempel. Und ein Mann, der von seiner Mutter Leibe an lahm war, wurde herbeigetragen; man setzte ihn täglich an die Pforte des Tempels, die man *die schöne* nennt, damit er Almosen erbat von denen, die in den Tempel gingen …" (V. 1-2).

Dieser Mann wurde also täglich an die Pforte des Tempels gesetzt, die man „die schöne" nannte. „Die schöne" war nicht der eigentliche Name der Pforte; man wollte damit vielmehr beschreiben, wie sie aussah. Jener Bereich des Tempels war so herrlich, daß das Volk nur noch von der „schönen Pforte" sprach. Wunderbar verzierte Säulen und andere prächtige architektonische Details zierten sie.

Doch so schön die Pforte auch war – sie hatte den Lahmen nie heilen können. Sie ist ein Bild für tote und leblose Religion: Äußerliche Schönheit und förmliches Verhalten (an jenem Ort herrschte absolute Ruhe aus Angst davor, man könnte „unehrerbietig“ oder „unreligiös“ sein).

Alles Streben nach formaler Korrektheit und pietätvollem Verhalten konnte jenem Mann nicht helfen. Das ist ein Symbol dafür, was tote Religion den Menschen anbieten kann – *absolut nichts.*

Die Geschichte erzählt weiter, was der Lahme tat, als er Petrus und Johannes sah: „Als dieser Petrus und Johannes sah, wie sie in den Tempel eintreten wollten, bat er, daß er ein Almosen empfinge. Petrus aber mit Johannes blickte fest auf ihn hin und sprach: Sieh uns an!“ (V. 3-4).

Die Bibel sagt, Petrus habe „fest auf ihn hingeblickt“. Daß die Vorsilbe „hin“ wörtlich „hinein“ (griech.: *eis*) bedeutet, weist darauf hin, daß Petrus direkt auf den Lahmen zuging und ihm tief in die Augen schaute. Sobald er sich dessen Aufmerksamkeit gewiß war, sagte er: „Sieh uns an!“

Warum sagte Petrus das? *Er wußte, daß er dem Lahmen etwas anbieten konnte, das dessen Leben verändern würde!* Wenn es erst einmal in Ihr Bewußtsein vorgedrungen ist, daß Sie einen „Brustpanzer der Gerechtigkeit“ tragen, würden Sie am liebsten zu *jedem* sagen: „Schau mich an!“ Wie Petrus werden auch Sie wissen, daß Sie etwas anbieten können, das die anderen brauchen. Diese Erkenntnis, ein Gerechter zu sein, wird sich in Ihrem Umgang mit anderen Menschen widerspiegeln.

Die nächsten Verse lauten: „Er aber gab acht auf sie, in der Erwartung, etwas von ihnen zu empfangen. Petrus aber sprach: Silber und Gold besitze ich nicht; *was* ich aber habe, das gebe ich dir ...“ (V. 5-6).

„Was ich aber habe“ ist eine wirklich schlechte Übersetzung. Es müßte eigentlich heißen: „*Wen* ich habe, gebe ich dir ...“ Was Petrus dem Mann geben konnte, war nicht „etwas“, sondern „jemand“ – Jesus Christus! Dann ließen Petrus und Johannes die Kraft Gottes in den Körper des Lahmen strömen und er wurde geheilt!

Woher hatten die beiden diese Zuversicht? Sie wußten, daß sie gerechtfertigt waren! Gerechtfertigt sein heißt, daß man ganz anders über sich selbst, über andere Menschen und Lebensumstände denkt. *Wenn Sie begriffen haben, was es heißt, gerechtfertigt zu sein, und diese Erkenntnis positive Auswirkungen auf*

Sie gehabt hat, dann haben Sie auch die Gewißheit, die Sie brauchen, um das Werk Gottes zu tun.

Bevor Sie sich in den Kampf mit dem Feind stürzen, brauchen Sie diese Gewißheit. Der Gegner wird versuchen, Sie abzukanzeln und anzuklagen. Er wird Ihnen einreden wollen, Sie seien für nichts zu gebrauchen. Er wird Sie davon überzeugen wollen, daß Gott mit Ihnen nichts anfangen könne und daß Ihnen ohnehin niemand zuhören werde.

Aus diesem Grund müssen Sie unbedingt wissen, daß Gott Ihnen einen „Brustpanzer der Gerechtigkeit" gegeben hat. *Wenn Sie diesen Brustpanzer tragen, wird alles anders.*

Gerechtigkeit – eine Verteidigungswaffe

Gerechtigkeit ist eine Verteidigungswaffe. Über diesen speziellen Aspekt sagt Jesaja: „Freuen, ja freuen will ich mich in dem Herrn! Jubeln soll meine Seele in meinem Gott! *Denn er hat mich bekleidet mit Kleidern des Heils, den Mantel der Gerechtigkeit mir umgetan …*" (Jes 61,10).

Ein Mantel umhüllt, *bedeckt und schützt* uns von Kopf bis Fuß. Mit dieser Formulierung möchte Jesaja sagen, daß die Gerechtigkeit uns verteidigen wird.

In Kapitel 51 verkündet er: „Hört auf mich, *die ihr Gerechtigkeit kennt*, du Volk, in dessen Herzen mein Gesetz ist: Fürchtet nicht die Schmähung der Menschen und erschreckt nicht vor ihren Hohnreden! Denn wie ein Kleid wird die Motte sie verzehren und wie Wolle die Schabe sie verzehren. *Aber meine Gerechtigkeit wird in Ewigkeit bestehen und mein Heil von Generation zu Generation*" (Jes 51,7-8).

Wenn Sie in Gerechtigkeit gekleidet sind, brauchen Sie sich nicht davor zu fürchten, was der Teufel oder Menschen Ihnen antun könnten. Ihre Gerechtigkeit wird Sie schützen und bewahren, während Ihre Feinde verzehrt werden, wie die Motte ein Kleid und die Schabe Wolle verzehrt. Doch Gottes Geschenk der Gerechtigkeit hat in Ihrem Leben Bestand; es bleibt von Generation zu Generation!

Wenn Sie in Gerechtigkeit wandeln, wird sie zu einer Verteidigungswaffe gegen die Verleumdungen, Anklagen und hinterlistigen Strategien des Feindes.

Not kann den Gerechten nie auf Dauer beeinträchtigen. So heißt es in Psalm 37,17: *„Denn die Arme der Gottlosen werden zerbrochen, aber der Herr stützt die Gerechten."*

Der Gerechte übersteht jeden Angriff. Auch wenn der Feind versucht, ihm den Boden unter den Füßen wegzuziehen, erklärt Sprüche 10,30: *„Der Gerechte wird nimmermehr wanken ..."* (LÜ).

Wie wichtig ist es, kontinuierlich als Gerechter zu leben? Es ist wichtig, wenn Sie nicht „wanken" wollen. Wenn Ihr Brustpanzer der Gerechtigkeit am Anfang der Konfrontation mit dem Feind nicht richtig sitzt, wird er alles in seiner Macht stehende tun, um Sie ins „Wanken" zu bringen!

Gerechtigkeit – eine Angriffswaffe

Der Brustpanzer des römischen Soldaten war schön anzusehen und ein großartiger Schutz vor Angriffen; aber er hatte noch eine weitere Funktion:

Wie bereits gesagt, war dieser Panzer aus besonders glänzendem und leuchtendem Messing gefertigt. Wenn der Soldat sich aufrecht hinstellte und die Nachmittagssonne sich auf dem Metall spiegelte, wurde man regelrecht geblendet, wenn man auf den Panzer schaute.

Wer so geblendet wurde, war natürlich unfähig, weiterzukämpfen. In diesem Sinne kann man den Brustpanzer durchaus auch als *Angriffswaffe* bezeichnen.

Analog dazu gilt: Wenn auch Sie wirklich anfangen, als Gerechter durchs Leben zu gehen, wird die Finsternis vor Ihnen fliehen, sobald Sie nur auf der Bildfläche erscheinen. Böse Mächte fliehen immer vor einem Gerechten, weil sie den Glanz der Gerechtigkeit nicht ertragen können!

Die Gerechtigkeit wird Sie nicht nur in geistlicher Hinsicht zurüsten; auch *im Natürlichen* wird sie sich bemerkbar machen: *Wer als Gerechter lebt, wird auffallen!*

Wenn Sie in Gerechtigkeit gekleidet sind, erkennen Sie, daß Sie gerüstet sind, daß Sie in Christus gekleidet sind. Wenn Sie diesen Brustpanzer tragen, sind Sie so strahlend und vollmächtig wie Jesus selbst! Wenn der Panzer richtig sitzt, strahlt die Herrlichkeit Gottes durch Ihr Leben in das Leben Ihrer Mitmenschen hinein.

Deshalb: Brust heraus und Kopf hoch! Sie sind die „Gerechtigkeit Gottes“ in Christus Jesus! Sie tragen den „Brustpanzer der Gerechtigkeit“.

Jeder römische Soldat hatte so einen herrlichen Panzer aus Messing. Dieser wurde wie gesagt um so schöner, je öfter man ihn trug. Dasselbe geschieht, wenn Sie anfangen, als Gerechter vor Gott zu wandeln: Ihr Brustpanzer wird immer mehr strahlen.

Setzen Sie sich in Bewegung! Marschieren Sie! Gehen Sie vorwärts und lassen Sie sich vom Feind nicht den Segen rauben, den jeder genießt, der als Gerechter vor Gott steht.

Wenn Sie täglich Ihren „Brustpanzer der Gerechtigkeit“ anziehen, wird das Bewußtsein, ein Gerechter zu sein, Ihre falschen Gefühle der Minderwertigkeit und der Selbstverdammnis allmählich niederringen. Immer mehr wächst in Ihnen die Gewißheit: „Ich bin gerecht.“

Wenn Sie als Gerechter durchs Leben gehen, werden Sie mit jedem Schritt wohlgefälliger in den Augen Gottes und der Glanz Ihrer Gerechtigkeit immer gefährlicher für die Augen des Feindes.

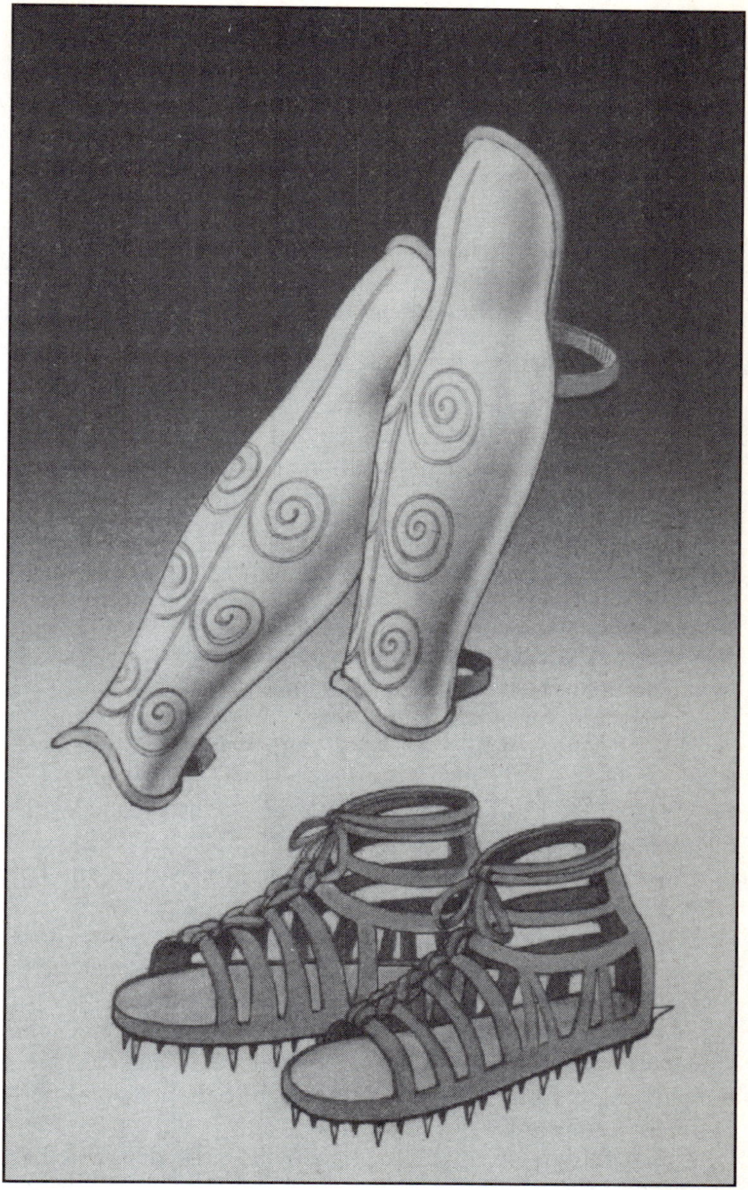

Metallene Beinschienen und Schuhe mit Spikes eines römischen Soldaten (1. Jh.).

Kapitel 12

Die Schuhe der Bereitschaft des Evangeliums des Friedens

Paulus setzt seine Ausführungen über die geistliche Waffenrüstung in Epheser 6 mit den Worten fort: „... und beschuht an den Füßen mit der Bereitschaft des Evangeliums des Friedens" (V. 15).

Die Schuhe eines römischen Soldaten waren keine gewöhnlichen Schuhe. Zunächst waren sie aus Bronze oder Messing (meistens Messing) und bestanden aus zwei Teilen: (1) der *Beinschiene* und (2) dem eigentlichen *Schuh*. Diese Schuhe waren für jeden Gegner höchst gefährlich (wie die Beinschienen und Schuhe aussahen, wurde bereits in Kapitel 8 beschrieben).

Paulus hatte exakt diese Schuhe vor Augen, als er von den „Schuhen der Bereitschaft des Evangeliums des Friedens" sprach. Wenn man sich nun vergegenwärtigt, wie diese Schuhe aussahen und wie gefährlich die spitzen Spikes sein konnten, ist es um so erstaunlicher, daß Paulus in diesem Zusammenhang vom „Frieden" spricht.

Seinen Worten zufolge ist der „Friede" eine ehrfurchtgebietende Waffe, eine *Defensiv-*, aber auch eine *Offensivwaffe*. Der Friede dient nicht nur unserem *Schutz*; er ist eine brutale Waffe, die, wenn wir sie richtig einsetzen, den geistlichen Feind dort hält, wo er hingehört – *unter unseren Füßen!* Mit einem Tritt wird er zermalmt!

Paulus bedient sich in diesem Vers des Wortes *„beschuht"*. Es leitet sich ab von *hypodeo*, einer Zusammensetzung aus *hypo* und *deo*. *Hypo* bedeutet „unter"; *deo* heißt „binden". Zusammengenommen vermittelt *hypodeo* die Vorstellung, daß man sich etwas „sehr fest unter die Füße bindet". Man darf also nicht meinen, man würde nur locker in diesem Schuh stehen; nein, vielmehr wird er *sehr fest* geschnürt.

Paulus fordert uns mit Hilfe dieses Wortes auf, den „Frieden" in unserem Leben „festzuschnüren". Wenn der Friede nur sehr locker mit unserem Leben verbunden ist, dann wird er durch die

Anforderungen des täglichen Lebens schon sehr bald verschoben werden. Deshalb braucht der Friede einen festen Sitz; wir müssen ihn so an unseren Sinn und unsere Emotionen „binden“, wie sich ein römischer Soldat seine Schuhe festschnürte.

Wenn der Friede in unserem Leben fest verankert ist, dann sind wir auch bereit zu handeln! Deshalb fährt Paulus fort: „… und beschuht an den Füßen mit der *Bereitschaft …“*. *„Bereitschaft“ ist eine Übersetzung des griechischen Wortes hetoimasia*, das man auch mit „Bereit-Sein“ oder „Vorbereitung“ wiedergeben könnte.

Steht *hetoimasia* jedoch im Zusammenhang mit dem militärischen Leben, beschreibt es einen Kriegsmann, der einen „festen Stand“ hatte. Weil er gewiß war, daß seine Schuhe nicht rutschen würden, war er bereit, in den Kampf zu ziehen und sich dem Feind zu stellen.

Deshalb vermittelt dieses Wort „Bereitschaft“ (*hetoimasia*) die Vorstellung von etwas „Solidem“ oder „Festem“ bzw. einer „festen Grundlage“. Weil Paulus dieses Wort mit Bedacht wählte, um den Frieden in unserem Leben zu beschreiben, sagt er klar und deutlich, daß wir einen „festen Stand“ haben, wenn der „Friede“ unsere Grundlage ist.

Dieser „Friede“ verleiht uns ein so stabiles Fundament, daß wir voll Zuversicht und Glauben hinausgehen können, ohne uns von dem, was wir sehen oder hören, beunruhigen zu lassen. Dieser aggressive Zug des Friedens versetzt uns in die Lage, dem Feind bzw. einer Herausforderung in die Augen zu sehen, ohne dabei von dem, was wir sehen, hören oder fühlen, beunruhigt zu werden.

Paulus sagt weiter: „… und beschuht an den Füßen mit der Bereitschaft des Evangeliums des *Friedens*.“ „Friede“ heißt im Griechischen *eirene*; dieses alte Wort umschreibt einen „vorherrschenden“ oder „siegreichen Frieden“. Verwendet man es – wie Paulus in seinen Briefen – als Grußwort, heißt es: „Ich wünsche dir Segen und Wohlergehen in allen Lebensbereichen.“

Paulus will damit folgendes verdeutlichen: Wenn jemand die Botschaft des Evangeliums in sein Herz aufnimmt, gehen Segen und Wohlergehen damit einher. Ja, das Wort „Friede“ (*eirene*) impliziert sogar, daß der Segen Gottes in unserem Leben so stark und wirksam sein wird, daß er – wie ein Eroberer – sozusagen

„aufräumt“: Das Chaos, das früher in unserem Leben allgegenwärtig war, wird hinweggefegt und an seine Stelle tritt „vorherrschender Friede“ in allen Lebensbereichen.

Sobald dieser übernatürliche Friede zu schwinden droht und das Chaos wieder die Oberhand zu gewinnen scheint, ist das ein wichtiger Hinweis darauf, daß man bedrängt wird.

Doch Chaos und mangelnder Friede allein bedeuten nicht automatisch, daß man vom Feind angegriffen wird. Vielleicht ist dieser Zustand auch ein Warnsignal dafür, daß man ein biblisches Prinzip mißachtet hat oder Gott ungehorsam gewesen ist.

Gehen Sie dann nicht gleich gegen den Teufel vor, sondern schauen Sie zuerst einmal in den Spiegel! Der Teufel ist nicht immer für Ihre Probleme verantwortlich. Seien Sie ehrlich zu sich selbst und zu Gott. Prüfen Sie, ob *Sie selbst* dafür verantwortlich sind, daß Sie so wenig Frieden haben.

Bevor Sie die Schuld für persönliches Versagen in Ihrem Leben jemand anderem in die Schuhe schieben oder herumposaunen, der Teufel habe es auf Ihren „Frieden“ abgesehen, sollten Sie Ihr eigenes Verhalten unter die Lupe nehmen und untersuchen, ob *Sie* nicht irgendwo selbst unterwegs ein Schlupfloch offengelassen haben, das diese Misere ausgelöst hat.

Gottes vollkommenem Plan zufolge, soll dieser vorherrschende und siegreiche Friede Ihr Leben beherrschen! Wenn diese Art Frieden in Ihrem Sinn, Ihren Emotionen und Ihrer Seele „festgeschnürt“ ist, kann der Teufel nur wenig unternehmen, um Sie ins Wanken zu bringen! Dieser Friede verleiht Ihnen einen „festen Stand“. Gleichgültig, wie schwer Sie vom Feind oder von Lebensumständen bedrängt werden, *mit diesem vorherrschenden und siegreichen Frieden werden Sie Ihre Stellung halten!*

Zwei Arten von Frieden

Ein Christ kann zwei Arten von Frieden in seinem Leben erfahren: den *Frieden mit Gott* und den *Frieden Gottes*.

Sobald ein Mensch das erste Mal zu Gott gekommen und ihm Errettung zuteil geworden ist, hat er *Frieden mit Gott*. Nachdem er Buße getan hat und der feindselige alte Mensch beerdigt ist, bekommt sein Herz zum ersten Mal *Frieden mit Gott*. Paulus formuliert es so: „Unter (Christus) als dem Haupt soll Frieden werden – der Frieden, den er gestiftet hat, als er am Kreuz sein Blut vergoß … Das gilt auch für euch. Einst wart ihr Gott fern, ihr wart ihm feind und habt das durch eure bösen Taten gezeigt. Aber weil Christus in einem menschlichen Leib den Tod auf sich nahm, hat Gott mit euch Frieden gemacht" (Kol 1,20-21; Gute Nachricht).

Friede mit Gott ist sozusagen der geistliche Zustand aller Gläubigen. Dieser *Friede mit Gott* entsteht, sobald die Grenze zwischen Gott und Mensch verschwindet und der entfremdete Mensch im *Einklang* mit Gott steht. Das ist natürlich der Kern einer echten Bekehrung, denn bei der Bekehrung erlebt man zum ersten Mal diesen *Frieden mit Gott*.

Neben diesem *Frieden mit Gott*, der das Geburtsrecht eines jeden Gläubigen ist, gibt es auch noch den *Frieden Gottes*. Und es ist durchaus möglich, *Frieden mit Gott* zu haben, ohne je den *Frieden Gottes* im Herzen erfahren zu haben. Der *Friede Gottes* ist etwas ganz anderes als *Frieden mit Gott*.

Viele Menschen haben allein aufgrund ihres Bekehrungserlebnisses *Frieden mit Gott*, aber sie leben nicht im *Frieden Gottes*. Der vorherrschende und siegreiche Friede, der den menschlichen Verstand übersteigt, ist in ihrem Leben nicht gegenwärtig; statt dessen sind sie ständig besorgt, ängstlich, problemorientiert und rastlos.

Genau deshalb wurde uns der „Friede" als Waffe gegeben. *Der Friede Gottes ist eine schützende Waffe*. Er schützt uns vor Besorgnis, Ängstlichkeit, Problembezogenheit und allen anderen Dingen, mit denen uns der Teufel den Genuß eines erfüllten Lebens vermiesen möchte.

Regierender Friede

Paulus sagt: „Und der Friede Gottes regiere in euren Herzen …" (Kol 3,15; LÜ). Wie bereits erwähnt, ist das Wort „regieren" in diesem Vers (griech.: *brabeuo*: „Schiedsrichter sein" oder „das Sagen haben") ein Schlüssel zum Verständnis dieses überwindenden, siegreichen, vorherrschenden und übernatürlichen *Friedens Gottes*.

Mit diesem Bild des Schiedsrichters möchte Paulus uns sagen, daß man an einen Punkt kommen kann, an dem dieser

Friede Gottes, und nicht mehr Besorgnis, Ängstlichkeit und Problemorientiertheit, in unserem Leben das Sagen hat und alle Entscheidungen trifft. Man könnte Kolosser 3,15 wie folgt wiedergeben: *„Laß' den Frieden Gottes in deinem Leben das Sagen haben ..." „Mach' den Frieden Gottes zum Schiedsrichter über dein Leben und deine Taten ..." „Laß' den Frieden Gottes in deine Emotionen und Entscheidungen hineinsprechen ..."*

Der Teufel macht sich Bereiche unseres Denkens, die noch nicht erneuert sind, zunutze und möchte mit uns quasi in einer emotionellen Berg-und-Tal-Bahn fahren – heute himmelhoch jauchzend, morgen zu Tode betrübt.

Ohne die Attacken des Teufels würden allein die sich andauernd wechselnden Lebenssituationen ausreichen, um uns ständig hin- und herzuwerfen. Gerade weil wir in schweren Zeiten leben, müssen wir es lernen, den Frieden Gottes in unseren Herzen „regieren" zu lassen!

Wenn dieser übernatürliche Friede in Ihrem Herzen regiert und sozusagen „Schiedsrichter" über Ihre Gefühle und Entscheidungen ist, wird der Teufel in Ihrem Leben keinen Halt finden; *es ist ihm nicht möglich, mit Ihren Emotionen oder Gedanken zu spielen, weil sie vom Frieden Gottes regiert werden!*

Verstehen Sie nun, warum Paulus den „Frieden" zu einem Teil der geistlichen Waffenrüstung macht? Wenn Sie im Frieden Gottes wandeln, prallen die Angriffe des Feindes an Ihnen ab und verpuffen. Diese Vorstöße können einem Christen, der im überwältigenden, siegreichen und vorherrschenden Frieden Gottes wandelt, nichts anhaben.

Friede – eine Verteidigungswaffe

Sie dürfen nicht vergessen, daß Paulus den „Frieden" mit Hilfe der Schuhe eines römischen Soldaten veranschaulichte. Um herauszufinden, was er sich dabei dachte, müssen wir uns überlegen, wie so ein Schuh gemacht war und welchen Zweck die gefährlichen Spikes hatten.

Die *Beinschiene* begann oberhalb des Knies und reichte über das Schienbein hinab bis zum Fuß. Warum bedeckte sie den ganzen unteren Teil des Beins? Warum war sie aus massiver Bronze oder Messing gefertigt?

Sie mußte verhindern, daß sich der Soldat im Kampf seine Beine quetschte, verwundete oder brach, was katastrophale Auswirkungen gehabt hätte: Eine Quetschung würde seine Fähigkeit, Schläge auszuteilen und auf Schläge zu reagieren, stark einschränken; mit einer offenen Wunde würde er viel Blut verlieren und geschwächt werden; mit einem gebrochenen Bein läge er nur noch am Boden und könnte sich kaum mehr verteidigen. In dieser Position der Unterlegenheit wäre es dem Feind noch dazu ein leichtes, ihn mit einem Schwertstreich zu enthaupten!

Angesichts dieser potentiellen Gefahren, brauchte der römische Soldat einen zuverlässigen Schutz für seine Beine. Mit einer Beinverletzung würde sein Kampf recht beschwerlich und mühselig sein.

So ein Soldat war bisweilen in einer kniffligen und gefährlichen Mission unterwegs. Manchmal mußte er dabei auf *felsigen Wegen* gehen und *schwierige Hindernisse* überwinden.

Ohne die schützende Beinschiene würde er sich seine Beine dabei schwer verletzen oder quetschen. Sie ermöglichte es ihm, felsiges und schwieriges Gelände zu durchforschen, *ohne davon auch nur einen Kratzer oder einen blauen Fleck zu bekommen.*

So bekommen auch wir von Gott Aufträge, die uns in unwegsames Terrain führen können. Wenn nun dieser schützende *Friede Gottes* in Ihrem Leben nicht wirksam ist, werden Sie aus „steinigen" Beziehungen und „rauhen" Situationen höchstwahrscheinlich Schrammen davontragen.

Doch wenn der *Friede Gottes* in Ihrem Herzen, in Ihren Gedanken und in Ihrer Gefühlswelt regiert, können Sie durch gefährliches und felsiges Gelände marschieren, ohne davon Schrammen oder Wunden zu bekommen! So versetzt der *Friede Gottes* Sie in die Lage, jede Mission, die Gott Ihnen überträgt, erfolgreich durchzuführen!

So ein römischer Soldat mußte sich oft auch durch *dorniges* Gestrüpp kämpfen. Vielleicht waren auch Sie schon einmal gezwungen, sich einen Weg durch niedrige Dornensträucher zu bahnen; dann wissen Sie, wie gemein solche Dornen sein können. Wenn man sich darin verheddert, können sie einem das ganze Bein zerschneiden!

Doch ein römischer Soldat blieb meist unversehrt! Seine Beine bluteten nicht, wiesen keine Abschürfungen oder schwere Verletzungen durch Dornen auf, *weil sie von den Messingbeinschienen völlig umhüllt und gut geschützt waren.* Dieser obere Teil des Schuhwerks war ein Schutz vor Beinverletzungen.

So kann es auch in Ihrem Leben vorkommen, daß Sie sich erfolgreich durch felsiges Gelände gekämpft haben und der Sieg zum Greifen nahe ist, der Feind jedoch genau dann versucht, sie in ein dorniges Dickicht zu drängen. Ein dorniges Hindernis kann eine finanzielle Misere sein, Eheprobleme, körperliche Krankheit oder ein Schlag gegen Ihren Dienst oder Ihre Arbeitsstelle.

Wenn der *Friede Gottes* in Ihrem Leben regiert, werden Sie die Dornen genauso überwinden wie den felsigen Steig. Der vorherrschende, siegreiche *Friede Gottes* wird regieren, und Sie werden diesen beschwerlichen Weg gehen, ohne daß sich Ihre Gedanken oder Emotionen an den Dornen stechen.

Ein römischer Soldat hatte auch deshalb Beinschienen, weil manche Feinde ihren Gegner zunächst durch einen Tritt gegen das Schienbein zu Fall brachten und daraufhin den wehrlos am Boden liegenden Kontrahenten mit einem Schwerthieb enthaupteten.

Manche Feinde überfielen ihren Gegner völlig überraschend und brachen ihm mit einen vehementen Tritt die Beine. Lag er dann erst einmal am Boden, zog man das Schwert und schlug ihm den Kopf ab.

Die *Beinschienen* schützten den römischen Soldaten vor solchen Attacken. Es war außerordentlich schwierig, wenn nicht unmöglich, mit Tritten gegen eine schützende Beinschiene aus Messing das Bein zu brechen. Solange ein römischer Soldat seine Beinschienen anhatte, konnte er sicher sein, daß kein Feind ihm die Beine brechen und ihm dann denn Kopf abschlagen würde. Aufgrund der Beinschienen wurden seine Beine *nie verletzt, nie verkratzt und nie gebrochen.*

Der Friede beschützt uns

Verstehen Sie nun, warum Paulus den Frieden für eine Verteidigungswaffe hielt? Wenn Sie im *Frieden Gottes* wandeln, wird dieser Friede Sie vor Schnitten, Stichen, Quetschungen und offenen Wunden schützen. Er ist wie eine schützende Beinschiene und schützt Ihr Denken und Ihre Emotionen vor Verletzungen und Ängsten, die Ihr Glaubensleben beeinträchtigen könnten.

Mit dem *Frieden Gottes* bewältigen Sie „felsige", schreckliche und schlimme Zeiten, ohne größere Verletzungen davonzutragen.

Wenn der *Friede Gottes* in Ihrem Leben regiert, können Sie „dornige" Situationen durchmachen und mit einem Mal fällt Ihnen auf: „Das ist wirklich eine schwierige Phase, *aber ich habe noch nie so eine Freude verspürt*! Warum machen mir die Schwierigkeiten gar nichts aus? Warum hat mich das nicht verletzt? *Anscheinend habe ich absoluten Frieden!*"

Sie kennen vielleicht auch Menschen, die, mit natürlichen Augen betrachtet, sehr schwere Zeiten durchmachten, und dennoch Kraft hatten und sich einen freudigen Gesichtsausdruck bewahrten. Womöglich haben Sie sich gefragt: „Wie überstehen die diese Situation, ohne den Verstand zu verlieren? Wie schaffen die das bloß?"

Es kann nur eine Antwort darauf geben: *Sie hatten den Frieden Gottes*. Wenn Sie im *Frieden Gottes* wandeln, kann es sein, daß es Ihnen gar nicht auffällt, wie prekär Ihre Lage im Grunde ist! Sie werden so eingehüllt vom *Frieden Gottes*, daß Sie die Dornen nicht wahrnehmen. Wenn Sie im schützenden *Frieden Gottes* wandeln, bemerken Sie womöglich gar nicht, daß der Feind versucht, Ihnen den Todesstoß zu versetzen (obgleich dies für all Ihre Freunde offensichtlich ist). Der *Friede Gottes* schützt Sie wie die Beinschiene den römischen Soldaten.

Schutz vor den Angriffen des Teufels

Eins müssen Sie wissen: Der Teufel wird versuchen, gegen Ihr Schienbein zu treten und Sie zu Fall zu bringen! *Das garantiere ich Ihnen!*

Probieren Sie es aus: Investieren Sie Glauben für eine Heilung und warten Sie ab, ob sich der Teufel zurücklehnt und nur unbeteiligt zuschaut, ohne Ihnen kräftig einzuheizen! Er will nicht, daß Sie geheilt werden. Um Sie von Ihrem Ziel abzubringen, kann es gut sein, daß er Ihnen Zunder gibt!

Investieren Sie Glauben, daß Gott Ihnen Wohlergehen schenkt und warten Sie ab, ob der Teufel einfach nur danebensteht und zusieht, wie die Segnungen Gottes in Ihrem Leben immer zahlreicher werden!

Der Teufel möchte nicht, daß Sie das Beste bekommen, das Gott zu geben hat! Wenn Sie geistlich wachsen und die verheißenen Segnungen empfangen, wird er darauf aus sein, es ihnen tüchtig zu geben und sie fertigzumachen. Er wird auf Sie eindreschen, so fest er nur kann.

Wer schützt Sie davor? Wer schützt Ihr Denken und Ihre Emotionen? *Der Friede Gottes*. Der Friede Gottes ist eine Waffe, die Sie in solchen schwierigen Situationen verteidigen und bewahren wird.

Dieser übernatürliche Friede läßt die Anschläge Satans wirkungslos verpuffen. Wenn er Ihren Frieden nicht durcheinanderbringen kann, kann er auch *Sie* nicht durcheinanderbringen! Er wird es versuchen, doch der *Friede Gottes* lähmt ihn. In solchen Fällen kann er Sie nicht wirksam bekämpfen, weil Sie im *Frieden Gottes* eingetaucht sind. Dieser Friede ist einer der wichtigsten Teile Ihrer geistlichen Waffenrüstung!

Vielleicht denken Sie: „Mann, o Mann! Ich werde bis in die Grundfesten erschüttert. Momentan spüre ich jeden einzelnen Schlag, und es sind *wirklich feste* Schläge! Bisher kam ich mir vor wie auf einem felsigen und dornigen Weg. Durch diese Tortur habe ich etliche Kratzer und Schrammen bekommen. Ich spüre ja jetzt noch die blauen Flecke, Kratzer und Stiche, so als ob die Dornen noch immer in meinem Sinn und in meinen Emotionen stecken würden!"

Wenn das auf Ihr Leben zutrifft, dann brauchen Sie unbedingt den *Frieden Gottes*. Er wird sie schützen und in schweren und schier unerträglichen Zeiten durchtragen.

Geistliche Konfrontationen werden Ihr geistliches Wachstum anfechten. Deshalb müssen Sie in diesem vorherrschenden und siegreichen *Frieden Gottes* leben; wenn nicht, wird der Feind Sie in irrationale Gedanken und Empfindungen verstrikken, was zur Folge hat, daß Sie für das Reich Gottes nichts mehr ausrichten können.

Ein Wächter des Herzens

Paulus formuliert in Philipper 4,7 einen ähnlichen Gedankengang: „... und der Friede Gottes, der allen Verstand übersteigt, wird eure Herzen und eure Gedanken bewahren in Christus Jesus."

Für „bewahren" steht im griechischen Original *tereo* („bewahren", „bewachen", „schützen" oder „in Garnison legen"). Dazu muß man sich eine Gruppe römischer Soldaten vorstellen, die über etwas, das geschützt werden muß, „Wache halten".

Indem Paulus sich für dieses Wort entscheidet, deutet er an, daß der *Friede Gottes* Ihr Herz und Ihre Gedanken bewahren und bewachen wird! Dieser Friede wird Ihr Herz und Ihre Gedanken umgeben, so wie hochrangige Persönlichkeiten oder strategisch bedeutsame Orte von römischen Soldaten umgeben wurden.

So wie es die Aufgabe jener Soldaten war, Störeinflüsse fernzuhalten, so verhindert auch der *Friede Gottes*, daß sich Besorgnis, Ängstlichkeit, Problembezogenheit und alle anderen Listen des Teufels in Ihrem Leben breitmachen. Wenn dieser Friede in Ihrem Leben wirksam ist, übersteigt er den menschlichen Verstand und fungiert als Ihr Beschützer, Wächter, Bewahrer und Verteidiger.

So heißt es in Jesaja 26,3: „Wer seinen Sinn fest auf dich richtet, den bewahrst du (d. h. „den beschützt, bewahrst und verteidigst du wie ein Soldat") in vollkommenem Frieden …" (Jes 26,3; wörtl. a. d. Engl.).

Spikes für einen sicheren Stand

Hatten Sie schon einmal das Gefühl, als wollte der Teufel Sie wieder zurücktreiben, nachdem Sie im Willen Gottes Neuland erobert hatten?

Hat Gott je zu Ihnen gesprochen und Sie aufgefordert, sich auf eine bestimmte Verheißung zu stellen, nur um dann vom Teufel eingeredet zu bekommen, das werde nie geschehen und Sie würden ohnehin versagen? Haben Sie schon einmal derartige gedankliche Angriffe erlebt?

Vielleicht glauben Sie, daß Gott in Ihrem Leben ein Wunder wirken werde, doch der Teufel macht sich auf, Ihren Glauben zu untergraben und Ihnen den Weg ins „verheißene Land" zu versperren. *Doch wenn Ihnen der Friede einen festen Stand verleiht, kann Sie nicht einmal eine Herde Elefanten umwerfen!*

Die zweieinhalb bis siebeneinhalb Zentimeter langen Spikes dienten dem römischen Soldaten in zweierlei Hinsicht:

Zunächst verliehen sie ihm einen festen Stand. Einen Kämpfer, der mit siebeneinhalb Zentimeter langen Spikes fest auf der Erde steht, kann man nur sehr schwer abdrängen, geschweige denn umwerfen!

Gott schenkt uns übernatürlichen Frieden, um uns einen festen Halt zu geben. Mit diesem Frieden im Herzen können wir ausrufen: „Gleichgültig, was ich sehe oder höre – ich gebe nicht nach! Es ist mir egal, was auf mich zukommt – der *Friede Gottes* läßt mich fest stehen und ich werde mich nicht wegdrängen lassen, solange das Werk Gottes in diesem Bereich meines Lebens noch nicht vollendet ist."

Mit anderen Worten: *Der Friede Gottes schenkt uns einen sicheren Stand.* Der Teufel mag angreifen, so oft er will, doch ein Christ, der den *Frieden Gottes* lebendig in seinem Herzen hat, wird nie nachgeben. *Dieser Friede hält ihn dort, wo er ist!*

Einen Menschen, in dessen Innersten der *Friede Gottes* wirksam ist, kann man mit einer großen Palme vergleichen, die von einem schweren Sturm hin- und hergebeutelt wird. Der Wind kann den Baum vor- und zurückbiegen, doch wenn wieder Ruhe einkehrt, nimmt auch der Baum seine ursprüngliche aufrechte Position wieder ein. Auch wenn der Sturm große Kraft hatte, wurde der Baum dennoch von seinen Wurzeln festgehalten.

So finden wir bei Paulus öfter Formulierungen wie *„So steht nun …"* (Eph 6,14), *„Steht fest im Glauben …"* (1. Kor 16,13) oder *„Denn ihr steht durch den Glauben"* (2. Kor 1,24).

Haben Sie schon einmal versucht, fest im Glauben zu stehen? Haben Sie schon einmal beharrlich an ein Wunder geglaubt? Hatten Sie schon einmal den unerschütterlichen Standpunkt, Ihre finanzielle Situation werde sich bessern? Haben Sie schon einmal versucht, im Glauben daran festzuhalten, daß eine Beziehung geheilt werden kann? Man muß im Leben viel öfter „fest stehen", als man auf den ersten Blick meint!

Ich möchte Sie auf ein interessantes Detail hinweisen: Im Neuen Testament finden wir Formulierungen wie *„fest stehen"* meistens im Zusammenhang mit *Glauben.* Wenn Sie fest im Glauben stehen, wird der Feind versuchen, diesen Glauben zu eliminieren, weil er weiß, daß er auf diese Weise Ihren Untergang herbeiführen kann. Der Feind will nicht, daß Sie Ihren Stand behaupten.

Was hält Sie fest, wenn Sie im Glauben standhaft sein möchten? Wie können Sie sich halten, wenn Ihnen der Wind entgegenbläst?

Der *Friede Gottes* wird Sie festhalten, so wie die Wurzeln einen Baum festhalten, wenn der Sturm kommt. Wenn der Friede Ihr Stand ist, werden Sie nicht weichen.

Vielleicht ist jemand in Ihrer Familie unheilbar krank. Den Worten des Arztes zufolge hat er nicht mehr lange zu leben. Ihre Freunde raten Ihnen, diese Tatsache zu „akzeptieren" und die Emotionen zu verarbeiten, die der schleichende Tod des geliebten Menschen in Ihnen auslöst. Der Teufel flüstert Ihnen zu, der Kranke werde auf keinen Fall mehr gesund.

Doch genau in diesem Augenblick, d. h. *wenn Sie drauf und dran sind, sich zu entscheiden, ob Sie im Glauben fest stehen wollen oder nicht*, wird alles Mögliche auf Sie einstürmen, um Sie ins Wanken zu bringen. Sie müssen sich fest auf den Boden des Wortes Gottes stellen und proklamieren: „Ich kümmere mich weder um medizinische Gutachten noch um die Einflüsterungen des Teufels. Gott wird im Leben von ... wirken. Ich werde nicht weichen, bis Gott etwas tut! Ich werde an diesem Stand des Glaubens festhalten!"

Nur mit Hilfe des *Friedens Gottes* werden Sie sich diesen zuversichtlichen Standpunkt bewahren. Warum? Nun, alle anderen Aussagen und Ratschläge möchten Sie nur überreden, von der Verheißung des Wortes Gottes abzuweichen.

Vielleicht befinden Sie sich in einer Finanzkrise. Vielleicht investieren Sie Glauben, daß Gott das Blatt noch wenden kann, doch der Teufel redet ihnen ein: „Du machst pleite. Du wirst deinen guten Ruf einbüßen. Die ganze Stadt wird über dich reden. Gott wird dieses Wunder, für das du seit langem betest und Glauben hast, nicht herbeiführen! Ich weiß, daß du der Gemeinde Geld gespendet hast! Doch das hättest du besser behalten, denn jetzt würdest du es dringend brauchen! Hättest du dein Geld nicht dem Herrn gegeben, würdest du jetzt auch nicht so in der Tinte sitzen!"

Wie können Sie angesichts eines solchen teuflischen Angriffs auf Ihre Gedanken und Emotionen unerschütterlich im Willen Gottes bleiben? Wie wird Ihr Stand des Glaubens gefestigt? Wie können Sie in beharrlichem Glauben auf dem Wort Gottes stehenbleiben? *Durch den Frieden Gottes!*

Im Glauben fest verwurzelt

Wenn der Friede Gottes in Ihrem Leben wirksam ist, stehen Sie wie jemand mit Spikes an den Schuhen fest auf der Erde! *Sie sind fest verwurzelt durch den übernatürlichen Frieden Gottes.*

Viele Christen empfangen nichts von Gott, weil sie nicht im *Frieden Gottes* wandeln. Gleich bei der ersten Herausforderung, gleich beim ersten verleumderischen Gedanken, den der Teufel ihnen einflüstert, werfen sie das Handtuch und folgen ihrem Gefühl.

Sie sagen zum Teufel: „Okay, du kannst das Land haben, das ich im Glauben behalten wollte. Es gehört dir. Du hast recht: Mein Verwandter wird nie geheilt werden. Es stimmt: Ich werde pleite gehen. Ich schmeiß' alles hin. Ich stimme dir zu: Ich hätte dem Wort Gottes nicht gehorchen und meinen Zehnten und meine Spenden nicht dem Herrn geben sollen."

Der Teufel wird immer versuchen, Ihnen einzureden, Sie hätten deshalb finanzielle Schwierigkeiten, weil Sie Ihr Geld dem Herrn gegeben haben. Er wird Sie immer wieder an die zwanzig Mark erinnern, die Sie damals spendeten, so als ob Sie mit zwanzig Mark aus den roten Zahlen kommen würden.

Im Laufe Ihres Christenlebens haben Sie reichlich Gelegenheit, die Stimme des verleumderischen Verklägers zu hören. Deshalb müssen Sie lernen, im Wort Gottes fest verwurzelt zu sein und im Glauben diesen Stand zu verteidigen, regungslos und unerschütterlich angesichts der Drohungen und Lügen des Teufels.

Der Friede ist eine göttliche Waffe, die Sie von diesen hinterhältigen Angriffen abschottet. Der *Friede Gottes* wird Sie bewahren, wenn der Teufel Ihnen Gedanken des Zweifels einflüstert. Der *Friede Gottes* wird Ihr Herz und Ihren Sinn bewachen, auch wenn der Teufel Sie um Ihren Verstand bringen möchte. *Der Friede Gottes bewahrt Sie!*

Friede – eine Angriffswaffe

Bisher haben wir uns in diesem Kapitel hauptsächlich mit der *defensiven* und schützenden Funktion des Friedens beschäftigt; nun werden wir uns mit seiner *offensiven* Seite befassen.

Paulus sagte in Römer 16,20: „Der Gott des Friedens aber wird den Satan unter euren Füßen zertreten, und zwar in Bälde" (Menge).

Richten Sie Ihr Augenmerk zunächst auf das Wort „zertreten". Die griechische Urform *suntribo* bezeichnete in der Geschichte den Vorgang, bei dem Trauben in der Kelter „zertreten und ausgepreßt" werden, um Wein zu gewinnen. Sind Sie schon einmal versehentlich auf eine Weintraube getreten, so daß das Fruchtfleisch unter Ihrer Ferse herausspritzte? Ziemlich eklig, oder nicht? Genau das ist mit „zertreten" gemeint.

Das Wort „zertreten" (*suntribo*) verwendete man auch für das Brechen oder Zermalmen von Knochen. Dieser Vorgang impliziert, daß die Knochen danach nicht mehr zusammenwachsen oder heilen können. *Sie werden so schrecklich mißhandelt, zerbrochen und zermalmt, daß praktisch nichts mehr von ihnen übrigbleibt*!

Lesen wir nun mit diesem Bild im Hinterkopf noch einmal Römer 16,20 und stellen wir fest, daß es für Satan nur eine rechtmäßige Position gibt, nämlich unter unseren Füßen, unterworfen, zerquetscht wie eine zertretene Weintraube und (bildlich gesprochen) mit gebrochenen und zermalmten Knochen!

Es ist wichtig, darauf hinzuweisen, daß Gott es ist, der Satan unter unseren Füßen zertritt. Wir arbeiten dabei mit ihm zusammen, denn allein wären wir kein ebenbürtiger Gegner für diesen Erzfeind. Er ist ein gefallener Engel und hat sich noch einen Großteil seiner früheren Intelligenz bewahrt. Er ist schlau, listig, durchtrieben und hat große Kraft.

Deshalb sagt Paulus auch: „*Der Gott des Friedens* aber wird den Satan *unter euren Füßen* zertreten …" Sie und Gott arbeiten als Partner zusammen. Sie allein könnten den Teufel nie unter Ihren Füßen halten, doch mit Gott als Ihrem Partner hat der Teufel nicht die geringste Chance, je unter Ihren Füßen hervorzukommen!

Jesus hat durch seinen Tod und seine Auferstehung die Macht Satans über Sie völlig zunichte gemacht. Seine siegreiche Auferstehung von den Toten hat Satan zertreten, zerquetscht und zermalmt. Unsere gottgegebene Mission besteht nun darin, diesen bereits errungenen Sieg umzusetzen und zu demonstrieren, welch elende Niederlage Satan erlitten hat!

Der Teufel versucht womöglich, sich zum Herrn über Sie zu machen; vielleicht versucht er, seinen schlechten Einfluß in Ihrem Leben geltend zu machen. Doch die meisten seiner Anschläge sind lediglich leere Drohungen und Trugbilder, die er uns vorgaukelt, um uns Angst zu machen. Wenn er Sie dazu bringt, seinen teuflischen Lügengeschichten Glauben zu schenken, gerät Ihr Glaube ins Wanken, Ihr fester Stand fängt an zu bröckeln und der Teufel wird tatsächlich vorübergehend eine Vormachtstellung über Sie einnehmen, auf die er kein Anrecht hat. *Der einzige Platz, der dem Teufel rechtmäßig zusteht, ist dieser kleine Fleck unter Ihren Füßen!*

Der Sieg gehört bereits Ihnen! Ihre Heilung, Ihr Wunder, Ihr finanzieller Segen – all das gehört bereits Ihnen! Jesu Tod und Auferstehung war ein vollendetes, vollständiges und vollkommenes Werk!

Es ist Zeit, sich in Bewegung zu setzen!

Ich möchte Ihnen einen überaus wichtigen Punkt in Erinnerung rufen: In Josua 1 gab Gott den Kindern Israels das verheißene Land *ohne Vorleistung ihrerseits*. Doch damit sie in den Genuß dieses Privilegs kamen, mußten sie das Land einnehmen und ihren Fuß auf das Gebiet setzen, das Gott ihnen gegeben hatte. So sagte Gott zu Josua: „Jeden Ort, auf den eure Fußsohle treten wird – euch habe ich ihn gegeben …“ (Jos 1,3).

Doch im verheißenen Land waren Riesen und verschiedene Hindernisse zu überwinden. Um sich die Verheißung zu eigen zu machen, mußten die Israeliten gehen und kämpfen. Sie mußten um das Königreich Ai, um die Stadt Jericho etc. kämpfen. Jene, die zu der Zeit das Land besaßen, würden ihr Eigentum nicht ohne weiteres aufgeben und vor dem Volk Gottes kapitulieren. Doch nach einiger Zeit war das Königreich Ai vernichtet und die Mauern Jerichos eingestürzt; das Volk Gottes blieb siegreich, *weil Gott auf seiner Seite war.*

Möglicherweise kommt es Ihnen so vor, als würden Sie in bestimmten Bereichen Ihres Lebens ständig bedrängt und besiegt. Vielleicht haben Sie Gewohnheiten, die Sie schon seit langer Zeit knechten, oder persönliche Schwierigkeiten, die schlichtweg unüberwindbar scheinen.

All dies wurde am Kreuz zunichte gemacht; das Potential dieser Probleme, in Ihrem Leben Macht ausüben, wurde vernichtet.

Jetzt ist es Zeit, daß Sie sich in Bewegung setzen! So wie die Israeliten sind auch Sie frei. Doch jetzt müssen Sie in das Land hineingehen und es einnehmen!

Wenn der Teufel so töricht ist zu meinen, er könnte sich Ihnen in den Weg stellen, dann vergessen Sie nicht, daß Gott mit Ihnen ist! Er ist Ihr Partner! Marschieren Sie voran und beanspruchen Sie, was Ihnen gehört; sollte sich der Teufel weigern zu gehen, dann betrachten Sie dies als Gelegenheit, ihn „wie eine Weintraube zu zertreten und zerquetschen, so daß praktisch nichts mehr von ihm übrigbleibt". *Das ist Ihre Chance, aller Welt zu zeigen, daß er verloren hat!*

Mit dem „Gott des Friedens" auf Ihrer Seite sind Sie viel größer als der Teufel! Also: Kopf hoch, Brust heraus und stampfen Sie mit der Ferse fest auf die Erde! Hören Sie nicht auf die Märchen des Teufels. Wenn er Ihnen droht, *dann treten Sie noch fester nach unten, um ihn daran zu erinnern, daß er von dort unten auf keinen Fall mehr herauskommt!*

Was ist mit „in Bälde" gemeint?

Wir lasen soeben in Römer 16,20: „Der Gott des Friedens aber wird den Satan unter euren Füßen zertreten, *und zwar in Bälde*" (Menge). Was ist damit gemeint?

Die griechische Wendung *en tachei* („in Bälde") ist eine Ableitung des Wortes *tachos* und beschreibt, *wie* eine Gruppe römischer Soldaten auf einer Straße marschiert.

In der Ausbildung lernten diese antiken Kämpfer, beim Marschieren in Formation kurze, kräftige, stampfende Schritte zu machen. Wenn nun so eine Gruppe Soldaten durch die Stadt marschierte, konnte man überall hören, wie sie mit ihren Schuhen über das Kopfsteinpflaster stampften.

Das Stampfen ihrer Schuhe auf der Straße diente der Bevölkerung als Warnung: Was man da hörte, waren immerhin römische Soldaten; sie waren stolz und man hatte ihnen beigebracht, vor keinem Hindernis Halt zu machen! Wenn eine alte Frau vor ihnen auf dem Pflaster stolperte und hinfiel, war das ihr Problem, nicht das der Soldaten! Sie hätte es wissen müssen, daß man vor ihnen nicht über die Straße geht.

Sie hatten Anweisung, in solchen Fällen unbeirrt weiterzumarschieren und mit ihren schweren, stampfenden Schritten über das Pflaster zu donnern. Wären diese Soldaten mit den Spikes an den Schuhen festen Schrittes über diese arme alte Frau hinwegmarschiert, wäre nicht mehr viel von ihr übriggeblieben!

Paulus bedient sich nun dieser Illustration, um unsere siegreiche Position in Jesus Christus zu veranschaulichen. Mit dem Wort „in Bälde", das die stampfenden, donnernden, kurzen, kräftigen Schritte der römischen Soldaten umschreibt, malt er uns ein sehr drastisches Bild vor Augen!

Wenn sich der Teufel vor Ihnen aufpflanzen und sich Ihnen und dem Werk Gottes in Ihrem Leben widersetzen möchte, dann bleiben Sie gar nicht erst stehen und bitten Sie ihn nicht, wegzugehen! Marschieren Sie weiter! Stampfen und donnern Sie weiter im Gehorsam gegenüber dem Plan Gottes und *fügen Sie im Vorwärtsgehen dem Feind soviel Schaden wie möglich zu!*

Wie Paulus sagte: „Der Gott des Friedens aber wird den Satan unter euren Füßen zertreten, und zwar in Bälde" (Röm 16,20; Menge). Es besteht kein Zweifel: *Der Friede Gottes ist eine ehrfurchtgebietende und mächtige Waffe!*

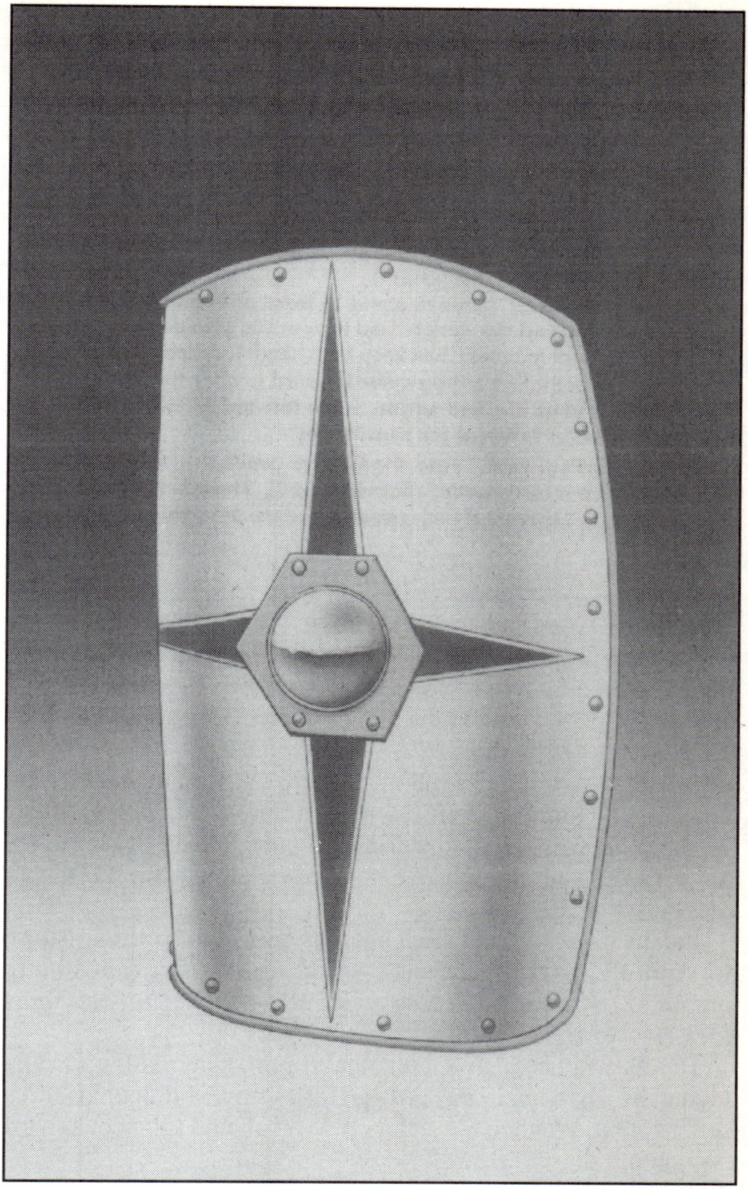

Rechteckiger, lederner Schild eines römischen Soldaten (1. Jh.).

Kapitel 13

Der Schild des Glaubens

Nach der Waffe des Friedens geht Paulus gleich zum nächsten Teil der geistlichen Waffenrüstung weiter: „Bei alledem ergreift den Schild des Glaubens, mit dem ihr alle feurigen Pfeile des Bösen auslöschen könnt“ (Eph 6,16).

Am Anfang dieses Abschnitts über den „Schild des Glaubens“ ist es ein Muß, noch einmal darauf hinzuweisen, daß Schild und Gürtel untrennbar miteinander verbunden sind. Der massive Schild des römischen Soldaten ruhte, wenn er nicht gebraucht wurde, an einer Klemme am Gürtel.

Wie bereits in Kapitel 10 erläutert wurde, steht der Gürtel für das geschriebene Wort Gottes, die Bibel. Der Schild ist an diesem Gürtel befestigt und steht für den *Glauben. Mit anderen Worten: Der Glaube hängt am Wort Gottes!*

Wenn das Wort Gottes in Ihrem Leben lediglich eine Nebenrolle spielt, ist es nur eine Frage der Zeit, bis Ihr Glaube ins Wanken gerät und schwindet; denn ob Sie glauben oder nicht hängt davon ab, ob das Wort Gottes in Ihrem Leben eine Rolle spielt oder nicht. Der Glaube und das Wort Gottes sind *untrennbar miteinander verbunden.*

Aus diesem Grund sagt Paulus auch: „So kommt der Glaube nun durchs Hören, das Hören jedoch durch das Wort Gottes“ (Röm 10,17; wörtl. a. d. Engl.). Der Glaube und das Wort Gottes hängen so eng zusammen, daß man sagen kann: Kein Wort, kein Glaube!

Paulus begann seinen Text über die geistliche Waffenrüstung mit dem „Gürtel der Wahrheit“, weil *das Wort Gottes am Anfang und im Mittelpunkt all dessen steht, was uns als Christen sonst noch zur Verfügung steht.*

Das Bewußtsein, ein Gerechter zu sein, hängt voll und ganz davon ab, inwieweit das Wort Gottes im Mittelpunkt Ihres Lebens steht. Wenden Sie sich vom Wort ab und schon bald wird es auch mit diesem Bewußtsein vorbei sein.

Auch die Fähigkeit, ein Leben voller Frieden zu führen, hängt von der zentralen Rolle des Wortes Gottes in unserem Leben ab.

Ist es das Herz unseres Glaubenslebens, wird der Friede Gottes freigesetzt, gewinnt er an Einfluß und bewahrt Herz und Sinn. Wenden Sie sich vom Wort ab, weicht schon bald dieser herrliche innere Frieden den Sorgen und Ängsten des Lebens.

Analog dazu gilt: Die Fähigkeit, einen starken Glauben zu haben, hängt davon ab, ob Sie das Wort Gottes zum Dreh- und Angelpunkt Ihres Lebens machen oder es links liegenlassen. Wenn das Wort Gottes keine herausragende Bedeutung für Sie hat, haben Sie keine Chance, im Glauben zu wachsen, denn der Glaube ist, wie bereits erwähnt, eine Auswirkung dessen, daß das Herz eines Menschen mit dem Wort Gottes genährt wurde.

Inwieweit sich die Tatsache, daß Sie errettet sind, auch in Ihrem Leben praktisch auswirkt und niederschlägt, hängt entscheidend davon ab, inwieweit Ihr Sinn mit dem Wort Gottes erneuert wird. Obwohl Sie wiedergeboren und für den Himmel bestimmt sind, werden Sie nur dann die Vorteile Ihres Heils jetzt, *in diesem Leben*, genießen können, wenn Sie die umgestaltende Kraft des Wortes Gottes an Ihren Gedanken arbeiten lassen.

Wenn der „Gürtel der Wahrheit" in Ihrem Leben keinen Platz hat, wird Ihnen automatisch auch das „Schwert des Geistes" fehlen (das Schwert des römischen Soldaten steckte ja in einer Scheide am Gürtel). Dies ist ein weiteres Bild dafür, wie notwendig das geschriebene Wort Gottes in Ihrem Leben ist. Denn das *rhema*, das Sie so dringend brauchen, kommt vielleicht direkt aus der Bibel, wenn der Heilige Geist Ihnen einen bestimmten Vers „rot unterstreicht" und ganz neu vor Augen stellt.

Sie werden nicht immer dann ein *rhema* bekommen, wenn Sie es brauchen, um Ihr Leben auf festen Grund zu stellen und Wegweisung zu erhalten. Dank sei Gott für diese speziellen Worte der Offenbarung! Sie erfüllen das Herz mit Freude, wenn man sie bekommt! Doch gründen Sie Ihr Christenleben nicht ausschließlich auf solche „Worte vom Herrn".

Lernen Sie statt dessen, Ihr Leben auf das verläßliche, jederzeit „abrufbare" Wort Gottes, die Bibel, den „Gürtel der Wahrheit", zu gründen. Dieser Teil der Waffenrüstung ist immer in Reichweite und stets zuverlässig, ja man kann ihn sogar richtig anfassen! Wenn Sie diese wichtigste Waffe erst einmal in Händen halten, dann werden Sie im Lauf der Zeit auch alles andere bekommen, was Sie für ein siegreiches Leben als Christ brauchen.

Der Schild des Glaubens

Ein römischer Soldat hatte zwei verschiedene Schilde. Den einen brauchte er für öffentliche Paraden und Feierlichkeiten, den anderen für die Schlacht.

Die erste Art Schild bezeichnete man im Griechischen mit dem Wort *aspis*. Der *aspis*-Schild war klein und rund und vornehmlich ein dekoratives Ausrüstungsstück, das bei öffentlichen Feiern und Paraden zu Ehren kam.

Er sah wirklich großartig aus! Er war übersät mit allen möglichen Gravuren, Zeichen und gehämmerten Mustern; in der Mitte dieses kleinen Schilds konnte man oft die bildhafte Darstellung eines früheren siegreichen Feldzugs sehen. Der *aspis*-Schild sah herrlich aus, war jedoch zu klein, um in einer militärischen Konfrontation gute Dienste leisten zu können.

Es ist der zweite Schildtyp, der einem römischen Soldaten zur Verfügung stand, den Paulus in obiger Bibelstelle (Eph 6,16) als „Schild des Glaubens" bezeichnet. Das hier verwendete Wort für „Schild" lautet im Griechischen *thyreos* und war ursprünglich die Bezeichnung für eine breite und hohe „Tür". Die Römer nannten ihre Kampfschilde so, eben weil sie *die Form einer Tür* hatten: Sie waren sehr breit und sehr lang, so wie die Tür eines Hauses und das genaue Gegenteil des anderen Schildtyps, der viel zu klein war, um einen Soldaten vor den Geschossen und Pfeilen der Feinde zu schützen.

Der *aspis*-Schild hätte einen Soldaten im Gefecht unmöglich schützen können. Obwohl er rein äußerlich großartig wirkte und in öffentlichen Zeremonien und Paraden schön anzusehen war, hätte er viel zu wenig vom Körper des Soldaten abgedeckt und ihn somit äußerst verwundbar gemacht.

Doch der zweite Schildtyp bedeckte den ganzen Körper! Da sich der Heilige Geist bei seinem Bild für den Glauben für den zweiten Schildtyp (*thyreos*) und nicht für den ersten (*aspis*) entschied, möchte er uns vermitteln, daß *Gott* uns genug Glauben gab, um für uns einen vollständigen Schutz zu gewährleisten (so wie der römische Soldat durch seinen Schild auch vollständig geschützt wurde).

In Römer 12,3 heißt es: „…wie Gott einem jeden das Maß des Glaubens zugeteilt hat." Wieviel Glauben hat Gott Ihnen zugeteilt? Er hat Ihnen genug Glauben gegeben, um zu gewährleisten, daß Sie im Leben vollständig abgedeckt sind!

Machen Sie sich keine Gedanken oder Sorgen darüber, daß Gott anderen mehr Glauben gegeben hat als Ihnen. Seien Sie versichert, daß er Ihnen genug Glauben verliehen hat, um sicherzustellen, daß Sie von Kopf bis Fuß tadellos abgedeckt sind! *Dieser Glaube schützt Sie wie ein breiter, hoher Schild und ist in der Lage, jede Not abzudecken, in die Sie im Lauf Ihres Lebens je geraten werden.*

Der Schild eines römischen Soldaten bestand meistens aus mehreren Schichten Leder, die eng miteinander verbunden waren. In der Regel waren es sechs Schichten aus besonders gegerbtem Leder, die den Schild beinahe so hart wie Stahl machten.

Eine Schicht Leder ist schon sehr widerstandsfähig; doch stellen Sie sich vor, wie hart und robust sechs übereinanderliegende Schichten Leder sein müssen! Somit kann man sagen, daß der Schild eines römischen Soldaten *ausgesprochen fest* und *ungemein widerstandsfähig* war.

Analog dazu läßt sich sagen, daß auch unser Glaube ausgesprochen fest und ungemein widerstandsfähig ist – fester und widerstandsfähiger, als Sie meinen! Der Feind kann auf Ihren Glauben losgehen und immer wieder auf ihn einschlagen und dennoch wird dieser den Angriff überstehen. Der „Schild des Glaubens", den Gott Ihnen gegeben hat, ist ein starker, dauerhafter und widerstandsfähiger Glaube.

Schildpflege

Weil der Schild des römischen Soldaten aus Leder bestand, war es wichtig, ihn sorgfältig zu pflegen!

Sechs Schichten Leder sind fest und robust, doch nach einer Weile werden sie steif und spröde, wenn man sie nicht pflegt. Ein Soldat mußte also wissen, wie man seinen Schild pflegt.

Aus diesem Grund stand die „Schildpflege" jeden Tag auf dem Dienstplan eines Soldaten. Jeden Morgen nach dem Wekken holte er sich seinen Schild und dazu ein kleines Fläschchen Öl. Er tränkte einen Lappen mit dem Öl und begann, damit die ledernen Teile des Schildes einzureiben; so blieb es weich, geschmeidig und biegsam.

Versäumte man diese tägliche Pflicht und behandelte man den Schild nicht jeden Tag mit Öl, begab man sich indirekt in Todesgefahr. Da der lederne Schild ohne die tägliche Pflege hart und spröde wurde, würde er durch die Beanspruchung im Kampf reißen und auseinander fallen. In diesem Sinne würde das Versäumnis des Soldaten letztlich tödliche Folgen haben.

Wollte der römische Soldat lange leben, war es ein Muß für ihn, jeden Tag seiner militärischen Laufbahn den Schild mit Öl einzureiben.

Da dieser Schild ein Bild für unseren *Glauben* ist, schließen wir daraus, daß unser Glaube *immer wieder die Salbung* des Heiligen Geistes braucht.

Ohne eine neue Berührung mit der Kraft des Geistes wird Ihr Glaube hart, starr und spröde. Wenn Sie Ihren Glauben vernachlässigen, sich nicht um seine Weiterentwicklung kümmern und sich nie nach einer neuen Salbung des Heiligen Geistes ausstrecken, wird er auch nicht weich, geschmeidig und biegsam genug sein, um einem eventuellen Angriff standhalten zu können. *Wird der Glaube vernachlässigt, bricht er bei einer Konfrontation fast immer entzwei.*

Viele Christen begehen den unglaublichen und tragischen Fehler, daß sie meinen, sie könnten noch heute von vergangenen Erfahrungen mit dem Herrn zehren. Gott sei Dank für diese früheren Erfahrungen, doch wir können uns auf keinen Fall auf den Lorbeeren vergangener Tage ausruhen!

Man hört oft den Vorwurf, die Einstellung von Menschen, die den Aspekt des Glaubens in ihrem Leben betonen, zeuge mehr von Anmaßung als von echtem Glauben. Doch die gröbste Anmaßung besteht darin, seinen Glauben nicht mehr weiterzuentwickeln, ihm eine frische Salbung mit der Gegenwart und der Kraft des Heiligen Geistes zu verwehren und dann auch noch vollmächtig leben zu wollen!

Gehen Sie nicht automatisch davon aus, daß Ihr Glaube immer tipptopp ist! *Gehen Sie lieber auf Nummer Sicher und immer davon aus, daß Ihr Glaube eine frische Salbung braucht!* Mit dieser Einstellung werden Sie sich stets nach den Dingen ausstrecken, die notwendig sind, damit Ihr Glaube frisch und lebendig bleibt.

Es gab noch einen weiteren Grund, weshalb die Schilde der römischen Soldaten aus Leder waren: Bevor sie in den Krieg zogen, tauchten sie ihre Schilde so lange in eine Wanne voll Wasser, bis diese sich mit Wasser *vollgesaugt* hatten. Was hatte das für einen Sinn?

Die Feinde benutzten oft Feuerpfeile! Wenn nun so ein gefährlicher, brennender Pfeil auf einen mit Wasser vollgesaugten Schild traf, wurde er durch die nasse Oberfläche augenblicklich ausgelöscht! Mit diesem Schild war der römische Soldat im Vorteil und konnte das feindliche Feuer stets auslöschen!

In unserem Leben gilt: Wer seinen Glauben stets im „Wasserbad des Wortes" (Eph 5,26) tränkt und ihn sich vollsaugen läßt, wird die feurigen Pfeile des Feindes mit der Kraft dieses „Wassers" auslöschen können.

Damit der römische Soldat seinen Schild sinnvoll einsetzen konnte, waren *Öl* und *Wasser* erforderlich.

Auch wir müssen genauestens auf den Zustand unseres „Schildes des Glaubens" achten: Wir müssen unbedingt sicherstellen, daß immer wieder eine frische Salbung des Heiligen Geistes in unser Leben kommt und müssen unseren Glauben im „Wasserbad des Wortes" tränken.

Ein Glaube, der sich mit dem Wort vollgesogen hat, vermag das Feuer des Feindes stets zu löschen!

Was ist mit „bei alledem" gemeint?

„*Bei alledem* ergreift den Schild des Glaubens …" (Eph 6,16).

Manche Christen sind der irrigen Ansicht, der „Schild des Glaubens" sei wichtiger als alle anderen Teile der Waffenrüstung. Doch das kann gar nicht sein! Der „Gürtel der Wahrheit", das geschriebene Wort, die Bibel, ist der wichtigste Teil unserer Ausrüstung!

Woher wissen wir, daß das Wort Gottes wichtiger ist als der Glaube? *Der Glaube kommt ja durch das Wort Gottes!* Wie könnte er dann wichtiger sein als der „Gürtel der Wahrheit"? Wir dürfen das Pferd nicht am Schwanz aufzäumen! Und dennoch wird die Wendung „bei alledem" in Epheser 6,16 in manchen Bibelübersetzungen mit „vor allem" wiedergegeben.

Gehen wir deshalb der Formulierung „bei alledem“ auf den Grund.

„Bei alledem“ ist die Übersetzung der griechischen Wendung *epi pasin*; *epi* heißt „über“, *pasin* bedeutet „alle“, kann jedoch auch mit „alles“ wiedergegeben werden. *Epi pasin* weist nun nicht darauf hin, daß ein Teil der Rüstung wichtiger sei als ein anderer; vielmehr beschreibt es *die Position eines Ausrüstungsteils in Relation zu den anderen.* Deshalb könnte man es auch mit *„ganz draußen …“* oder mit *„was alles andere bedeckt …“* übersetzen.

So kommen wir zu dem Schluß, daß der Glaube *„ganz draußen“* sein soll, wo er *„alles andere bedeckt“*. Der Glaube sollte nie unmittelbar „am Mann“ sein oder scheu hinter dem Rücken versteckt werden. Vielmehr soll er „ganz draußen“ sein, wo er den Christen völlig „bedecken“ kann.

Diese Wendung, die im Deutschen „bei alledem“ heißt, legt also nahe, daß uns der „Schild des Glaubens“ völlig bedecken und vor Schaden bewahren soll, besonders, wenn wir vorwärtsmarschieren und für das Reich Gottes Neuland erobern. Der Glaube ist eine defensive Waffe, die sich *„ganz draußen vor allen anderen Teilen der Waffenrüstung“* befindet. „Bei alledem“ läßt also Rückschlüsse über die *Position*, nicht über die *Bedeutung* der Waffe zu.

Wenn unser Schild des Glaubens „ganz draußen“ vorgehalten wird und uns „bedeckt“, dann erfüllt er seine gottgewollte Aufgabe, die Paulus im zweiten Teil des Verses nennt: „Bei alledem ergreift den Schild des Glaubens, *mit dem ihr alle feurigen Pfeile des Bösen auslöschen könnt*.“

Beschäftigen wir uns noch mit dem Wort „ergreifen“ in diesem Satz. Die griechische Urform lautet *analambano* und setzt sich aus *ana* und *lambano* zusammen.

Ana bedeutet „zurück“ oder „wieder“, *lambano* bedeutet „aufnehmen“ oder „in die Hand nehmen“. Die beiden zusammengenommen bedeuten „etwas wieder in die Hand“ oder „aufnehmen“.

Daraus schließen wir, daß wir unseren „Schild des Glaubens“ in die Hand nehmen, aber auch ablegen können. Das liegt ganz bei uns. Sollte jemand wirklich einmal seinen Glauben „abgelegt“ haben und nicht mehr glauben, daß Gott in seinem Leben etwas tun kann, dann ist es nicht zu spät für ihn, den Glauben „wieder aufzunehmen“.

Kein ausgebildeter römischer Soldat wäre ohne seinen Schild in den Krieg gezogen. Der Gebrauch des Schildes war nicht wahlfrei! Vielmehr war er der garantierte Schutz gegen tödliche Geschosse. Ohne diesen vorgehaltenen Schutzschild stünde gar nichts mehr zwischen dem Soldat und seinem Gegner. Der Soldat wußte, daß er in sein (selbstverschuldetes) Verderben rennen würde, falls er ohne Schild vorwärts ginge.

Leider meinen viele Christen, sie könnten erfolgreich leben, ohne sich um die Weiterentwicklung ihres Glaubens zu kümmern, doch das ist eine fatale und durch und durch törichte Fehleinschätzung.

Wenn ein Christ seinen Glauben ablegt, erleidet er unweigerlich geistlichen Schiffbruch. Indem einige unserer Geschwister im Herrn die Bedeutung ihres Glaubens ignorieren und geringschätzen, entscheiden sie sich für einen geistlichen Kurs, der ihnen letztlich jeden Schutz vor feindlichen Angriffen rauben wird.

In den vergangenen Jahren hat man an einigen Christen kritisiert, sie würden den Glauben zu sehr betonen. Wenn man jedoch die Bedeutung des Glaubens und dessen physische und geistliche Auswirkungen auf unser Leben versteht, ist es *unmöglich*, zuviel Nachdruck auf ein Leben im Glauben zu legen.

Wozu dient der Schild des Glaubens?

Paulus sagt: „Bei alledem ergreift den Schild des Glaubens, *mit dem ihr alle feurigen Pfeile des Bösen auslöschen könnt.*“

Das Verb „können“ ist eine Ableitung von *dynamis* – „explosive Kraft“ oder „dynamische Kraft“. Davon stammt ja auch unser Wort „Dynamit“ ab.

Also könnte man diesen Satzteil auch wie folgt wiedergeben: *„... mit diesem Schild werdet ihr explosive und dynamische Kraft haben ...“*

Was heißt das? Wenn Sie den „Schild des Glaubens“ – gesalbt durch den Heiligen Geist und getränkt mit dem Wort Gottes – aufnehmen, werden Sie in die Lage versetzt, vollmächtig zu leben bzw. mit „explosiver und dynamischer Kraft“ zu leben.

Petrus sagt, wir würden *„in der Kraft Gottes durch Glauben bewahrt ...“* (1. Petr 1,4-5).

Es besteht ein Zusammenhang zwischen der Kraft Gottes und der Wirksamkeit des Glaubens in unserem Leben. Wenn diese beiden Hand in Hand gehen, errichten sie einen undurchdringlichen Verteidigungswall gegen die Taktiken des Feindes. Mit anderen Worten: *Wenn die Kraft Gottes und der Glaube zusammenwirken, dienen sie dem Gläubigen als Schild!*

Wenn diese beiden Elemente in Ihrem Leben zusammenwirken, sind Sie gefestigt, unverwundbar und bis auf die Zähne bewaffnet! So werden Sie geistlich in die Lage versetzt, eine befestigte Stellung gegen den Feind zu halten, ohne selbst größere Verletzungen zu erleiden.

Das heißt nicht, daß der Teufel kein Interesse mehr daran hat, Sie aufzuhalten; das wird er auf jeden Fall versuchen! Aus diesem Grund spricht Paulus ja auch ganz konkret von den *„feurigen Pfeilen des Bösen“*.

Die feurigen Pfeile des Bösen

Vielleicht fragen Sie sich: „Was sind eigentlich die 'feurigen Pfeile des Bösen'?“

Das griechische Wort für diese besonderen „Pfeile“ ist ein historisch belegter, militärischer Fachbegriff. Thukydides, ein griechischer Autor der Antike, verwendete exakt diesen Begriff für besonders schreckliche „Pfeile, die so gemacht waren, daß sie Feuer tragen konnten“.

Das Militär zur Zeit des Neuen Testaments verwendete dreierlei Arten von Pfeilen. (1) Einfache Pfeile, vergleichbar mit denen, die noch heute beim Bogenschießen verwendet werden; (2) Pfeile, die in Teer getaucht, angezündet und dann abgeschossen wurden; (3) Pfeile, die brennbare Flüssigkeiten enthielten, die sich beim Aufprall entzündeten.

Die Pfeile, von denen in Epheser 6,16 die Rede ist, werden als „feurige Pfeile“ bezeichnet. Weil der Wortgebrauch des Paulus sich mit dem von Thukydides deckt, wissen wir genau, welche Art Pfeil hiermit gemeint ist.

Paulus denkt an „Pfeile, die Feuer tragen“ und besonders an solche, die aus langem, dünnem Rohr gefertigt und mit brennbaren Flüssigkeiten gefüllt waren.

Diese Pfeile waren der Schrecken jener Tage. Nach außen hin sahen sie relativ harmlos aus. Von weitem konnte man ja nicht sehen, daß sie mit brennbaren Flüssigkeiten gefüllt waren. Erst nach dem Aufprall und dem Ausbruch eines riesigen Feuers war klar, ob es sich wirklich um die Pfeile handelte, die dieses immens gefährliche Potential in sich trugen.

In einer normalen Gefechtssituation fanden die „gefüllten" Pfeile keine Verwendung. Normale Pfeile waren in diesen Fällen ausreichend. Die „feuertragenden" Pfeile waren speziell dafür reserviert, einer befestigten Stellung bzw. einem Lager Schaden zuzufügen.

Hatte eine Armee ihre Stellung so stark befestigt, daß der Feind nicht ohne weiteres eindringen konnte, verlegte sich dieser auf den Einsatz von Feuerpfeilen!

Zunächst stellte man die langen Rohre in einer Reihe auf und füllte sie mit *explosiven Flüssigkeiten*; danach wurden sie versiegelt und sozusagen „getarnt", so daß sie nach außen hin aussahen wie normale, eher harmlose Pfeile. Da man ja das Lager des Gegners nicht erstürmen und die verschanzte Armee nicht im Kampf von Mann zu Mann vernichten konnte, nahm man diese *äußerlich harmlos wirkenden* Pfeile und schoß sie über die Mauer des Lagers in die feindliche Stellung. Und eben weil sie so harmlos aussahen, begingen die Soldaten hinter der Mauer oft den tragischen Fehler, sie zu ignorieren. Doch mit einem Mal …

Die Soldaten waren schockiert und völlig unvorbereitet, als diese Pfeile in ihrem Lager landeten und nach dem Aufprall ein flammendes Inferno auslösten! Als das Lager brannte und die gegnerischen Truppen in Panik ausgebrochen waren, schoß man einen Pfeil nach dem anderen über die Mauer und jeder von ihnen barg dieselbe tödliche Mischung in sich. Man könnte sagen, diese Pfeile waren die *Bomben* der Antike!

Und Paulus hat genau dieses Bild vor Augen, wenn er sagt: „Bei alledem ergreift den Schild des Glaubens, mit dem ihr *alle feurigen Pfeile des Bösen* auslöschen könnt."

Das Feuer übler Leidenschaften

Das sind also die Pfeile, die der Feind in Ihre Richtung schießen will! Wenn es ihm schwerfällt, in Ihrem Leben ein Einfallstor zu finden, dann sucht er sich unter Umständen einen Schleichweg, um an sein Ziel zu gelangen.

Vielleicht schießt er einen „feuertragenden" Pfeil in Ihre Emotionen, der das Potential hat, nach dem Aufprall die schlimmsten und übelsten Emotionen und Leidenschaften zu entzünden!

Ein brennender Pfeil des Feindes, der sein Ziel, also *Ihre Emotionen*, trifft, kann in Ihrer Gefühlswelt Raserei, Zorn, Angst, Unglaube, Besorgnis etc. auslösen. Er soll dort ja auch etwas Gemeines und Schreckliches bewirken. Der Feind möchte, daß diese wildgewordenen Emotionen wie ein Feuer toben, das man nicht mehr unter Kontrolle bringen kann.

Sind Sie schon einmal von einem Pfeil des Feindes getroffen worden? Viele Christen werden Tag für Tag von den Pfeilen des Feindes getroffen, weil sie ihren „Schild des Glaubens" nicht dort haben, wo er sein soll. Wäre dieser Schild gesalbt mit dem Heiligen Geist und getränkt im „Wasserbad des Wortes", würde er verhindern, daß feindliche Pfeile bis zu ihnen durchdringen.

Der „Schild des Glaubens" muß „ganz draußen" vorgehalten werden, damit er Ihr Leben vollständig „bedecken" und Sie vor diesen „feurigen Pfeilen" schützen kann.

Wer ist für eine Niederlage verantwortlich?

Der Teufel und seine Armeen sind *nie* das eigentliche Problem! Der Herr Jesus Christus hat sie ja durch seinen Tod und seine Auferstehung entkleidet!

Wenn Sie weiterhin von hartnäckigen emotionalen Problemen drangsaliert werden, liegt das vor allem daran, daß *Sie* sich nicht aktiv dafür entschieden haben, Ihr Fleisch und Ihre Gedankenwelt dem Heiligungswerk des Heiligen Geistes zu unterwerfen.

Hätte sich Ihr „Schild des Glaubens" richtig mit dem Öl des Heiligen Geistes vollgesaugt und wäre er richtig mit dem Wort Gottes getränkt, dann würden diese Pfeile augenblicklich *ausgelöscht*, sobald sie auf dem Schild aufträfen!

Daß es diesen Pfeilen gelingen konnte, in Ihnen Raserei, Zorn, Angst, Unglaube, Besorgnis etc. auszulösen, ist ein Beweis dafür, daß *Sie* an irgendeinem Punkt ihres Glaubenslebens etwas versäumt haben! Es ist offensichtlich, daß *Sie* es versäumt haben, Ihren falschen Haltungen und Gedanken den Garaus zu machen; so haben *Sie* eine Tür offengelassen, durch die diese Pfeile eindringen konnten!

Wenn *Sie* tagtäglich in der Gegenwart Gottes leben würden, wäre Ihr Glaube auch mit der Salbung des Heiligen Geistes erfüllt! Da Ihnen jedoch das Öl des Geistes auf Ihrem Glaubensschild fehlt, wurde dieser starr, spröde und brüchig. Daß Pfeile diesen Schild durchdringen konnten, ist darauf zurückzuführen, daß *Sie* unterließen, was notwendig gewesen wäre, damit Ihr Glaube weich, geschmeidig und biegsam bleibt.

Genauso kann man sagen: Wenn *Sie* dem Wort Gottes einen festen Platz in Ihrem Tagesablauf eingeräumt hätten, wäre Ihr „Schild des Glaubens" so im „Wasserbad des Wortes" getränkt worden, daß er alle feurigen Pfeile augenblicklich ausgelöscht hätte!

Ich sagte bereits auf Seite 30, daß der Mensch nur zu gerne die Schuld anderen in die Schuhe schiebt. Es ist nun einmal eine Tatsache, daß Gott uns alles gegeben hat, was wir brauchen, um gegen die Listen des Teufels bestehen zu können. Wenn wir verletzt worden sind, ist das *unsere Schuld.* Wir müssen die Verantwortung für diese Versäumnisse übernehmen und aufhören, anderen den Schwarzen Peter zuzuschieben.

Es ist außerordentlich wichtig, täglich in der Gegenwart Gottes zu leben, dem Wort Gottes täglich Raum zu geben und das Fleisch täglich zu kreuzigen. So kann sich Ihr Schild mit „Öl" und „Wasser" vollsaugen und alle feurigen Pfeile abfangen.

Indem Sie sich mit den Bereichen Ihres Lebens und Ihres Denkens beschäftigen, die nicht für jedermann sichtbar (und wahrscheinlich nur Ihnen, Gott und dem Teufel bekannt) sind, stellen Sie sicher, daß es keine offenen Türen mehr gibt, durch die diese Pfeile in Ihre Emotionen eindringen und einen „Anfall" rasender Fleischlichkeit auslösen können!

Gott hat eine Möglichkeit geschaffen, wie wir einen „Treffer" verhindern können; angesichts dieser Pfeile und ihrer vernichtenden Auswirkungen hat er einen *Ausweg* bereitet.

Paulus sagte: „Bisher hat euch noch keine Versuchung betroffen, die menschliche Kräfte überstiege. Und Gott ist treu! Er wird nicht zulassen, daß ihr über eure Kraft versucht werdet.

Sondern wenn er euch Versuchung schickt, so wird er auch einen *Ausweg* eröffnen, daß ihr sie siegreich bestehen könnt" (1. Kor 10,13; Albrecht).

Der „Schild des Glaubens" ist Ihr „Ausweg" angesichts der feurigen Pfeile des Feindes. Wenn Sie Ihren „Schild des Glaubens" tragen, verlieren diese Pfeile ihre Durchschlagskraft und fallen wirkungslos zu Boden. Das ist Ihr *Ausweg*!

Vereiteln, auslöschen und abprallen lassen

Der Feind möchte einen Pfeil des Unglaubens in Ihre Gedanken schießen, der Sie letztendlich zugrunde richten wird!

Dieser Pfeil wirft vielleicht folgende Gedanken auf: „Du wirst an Krebs sterben!" oder „Deine Ehe wird in die Brüche gehen!" oder „Du wirst pleite gehen!"

Wenn der Pfeil dort steckenbleibt und Sie diesen Gedanken *glauben*, wird Ihr Glaube an diese Lügen sie wahrscheinlich zu einer Realität machen! Vielleicht gehen Sie wirklich pleite, wenn Sie diese Lüge nicht hinauswerfen! Vielleicht geht es mit Ihrer Ehe wirklich bergab, wenn Ihr falscher Glaube diese dämonische Behauptung Wirklichkeit werden läßt!

Diese lügnerischen Behauptungen prallen von unserem „Schild des Glaubens" ab; er bringt sie zum Erlöschen und erstickt sie! Deshalb fordert uns das Wort Gottes auf: „... so zerstören wir Vernünfteleien und jede Höhe, die sich gegen die Erkenntnis Gottes erhebt, und nehmen jeden Gedanken gefangen unter den Gehorsam Christi ..." (2. Kor 10,5).

Wieviel können diese feurigen Pfeile noch ausrichten, nachdem Sie sie zerstört haben? Wenn sie zerbrochen neben Ihnen am Boden liegen, können sie nicht mehr viel Schaden anrichten! Der „Schild des Glaubens" löscht das Feuer und zerstört diese höllischen Lügenmärchen.

Wenn Sie im Glauben wandeln, können Sie voll Zuversicht sagen: „Da kommt schon wieder ein Pfeil des Bösen", Ihren „Schild des Glaubens" hochheben und dabei zusehen, wie dieser Pfeil von Ihnen abprallt!

Aufgrund der täglichen Pflege war die Oberfläche des Schilds *ölig*. Sollte nun doch einmal ein Pfeil den Schild treffen, glitt dieser unweigerlich ab. Oftmals prallten die Pfeile vom

Schild ab und wurden dem Feind zurück ins Gesicht geschleudert!

Der Glaube wird alles auslöschen, ersticken und vereiteln, mit dem der Gegner Sie treffen möchte!

Wie gefährlich sind nun diese Pfeile, die uns treffen und unser geistliches Wachstum behindern möchten? Nun, in Epheser 6,16 ist von den „feurigen Pfeilen *des Bösen*“ die Rede.

Neben dem Adjektiv „böse“ gibt die griechische Urform dieses Wortes, nämlich *poneros*, noch folgende Bedeutungsabstufungen her: „Sorgen machen“, „Schmerz zufügen“, „bösartig, heimtückisch oder gemein sein“ und „krank machen“.

So wird ohne Zweifel deutlich, daß diese Pfeile bösartig, heimtückisch und gemein sind und daß sie über das Potential verfügen, Sorgen zu machen, Schmerz und Leid zuzufügen oder krank zu machen.

Daraus wird klar, warum es so wichtig ist, diesen Glauben „ganz draußen“ vorzuhalten, wo er hingehört! Wenn Sie Ihren Glauben vernachlässigen und sich nicht um sein Wachstum kümmern, werden Sie bald am eigenen Leib spüren, daß diese Pfeile ein Potential des Schmerzes und des Leids in sich tragen. Wo sie auftreffen, sind sie äußerst heimtückisch. Noch dazu sollen sie nicht nur verletzen, sondern ihre ganze zerstörerische Macht entfalten. Wenn sie auftreffen, *explodieren sie*!

Der Teufel möchte Ihre Gedanken belagern, durch Angst lähmen und dann mit Behauptungen überschwemmen, die unwahr sind. Wenn er Ihre Gedankenwelt und auch ganz speziell Ihr logisches Denken gefangennehmen und zu der Anschauung verleiten kann, diese Behauptungen entsprächen der Wahrheit, dann werden diese Pfeile sogleich mit ihrem Zerstörungswerk beginnen!

Ein Beispiel: Vor einigen Jahren dienten wir in einer Gemeinde, in der ein wichtiges Mitglied an Krebs gestorben war. Der Tod dieser Frau hatte den Glauben der Christen dort erschüttert. Infolgedessen kamen sie gemeinsam zu dem Schluß: „Heilungen sind heute eben nicht mehr möglich!“

Der Feind schoß einen Pfeil des Krebses und des Leidens in den Körper dieser Frau. Von ihr ausgehend, breitete sich das tödliche Feuer in der ganzen Gemeinde aus. Weil die Christen in jener Gemeinde ihren „Schild des Glaubens“ nicht dort hatten, wo sie ihn hätten haben sollen, nämlich als Schutz und Abdekkung vorgehalten, schlug der Feind ihnen eine tiefe Wunde! Als dieser Pfeil sein Ziel erreichte, setzte er sein vernichtendes Innenleben frei. Er zielte nicht nur darauf ab, eine Frau zu töten, sondern eine ganze Gemeinde!

Kollektiver Glaube in einer Ortsgemeinde

Ein Soldat mit seinem Schild konnte sich zwar einem einzigen Feind stellen, aber es nicht mit einer ganzen Armee aufnehmen! Er konnte sich selbst eine Zeitlang verteidigen und den Gegner vielleicht sogar ein wenig zurückdrängen, *doch was soll ein Mann gegen eine ganze Armee ausrichten*?

Wenn die römischen Soldaten von vielen Feinden bedroht wurden, marschierten sie deshalb sehr eng nebeneinander her, Schulter an Schulter, in einer langen Reihe.

Am Rand ihrer massiven Schilde befanden sich kleine Scharniere. War es nun an der Zeit, sich zu formieren und gemeinsam zu verteidigen, verbanden die Soldaten mittels dieser Scharniere ihre Schilde miteinander. Sobald die Schilde fest aneinanderhingen, marschierten die Soldaten im Gleichschritt auf den Feind zu. Die Schilde sahen aus wie eine gewaltige Wand, die sich über das Gefechtsfeld auf den Gegner zubewegte! *Verband man Schild mit Schild, bekam man eine imposante Schutzmauer.* Man konnte gemeinsam auf den Feind losgehen und verlor kaum einen Mann dabei.

Analog dazu gilt: Wenn wir, die Gemeinde Jesu Christi, es lernen, miteinander und im Gleichschritt zu gehen, werden wir in feindliches Territorium vorstoßen wie noch nie zuvor!

Gott sei Dank dafür, daß der Glaube für jeden einzelnen von uns persönlich wirksam ist; aber wir müssen ihm auch dafür danken, daß der Leib Christi in die Lage versetzt wird, als Ganzes beträchtliche Gebietsgewinne zu erzielen, wenn wir unseren Glauben mit dem der anderen Geschwister koppeln!

Wenn Sie bei solchen Gelegenheiten wie ein römischer Soldat mit vorgehaltenem Schild vorangehen, ist es egal, wie viele Feinde auf Sie warten. *Sie können beharrlich und aggressiv vorwärtsmarschieren und den Feind in die Enge treiben, weil sie an der Kraft dieses kollektiven Glaubens Anteil haben!*

Braucht Ihr Schild des Glaubens etwas Öl?

Wenn Ihr Glaube eine frische Salbung braucht, müssen Sie zu dem kommen, der die Salbung austeilt, und ihm gestatten, Sie neu mit dem Heiligen Geist zu salben.

Das hatte auch David im Sinn, als er sagte: „Mit *frischem Öl* hast du mich überschüttet“ (Ps 92,10).

Im Griechischen heißt das Wort für „salben“ *chrio*. Ursprünglich handelte es sich dabei um einen medizinischen Fachbegriff. Wenn ein Patient mit einer Muskelzerrung zu seinem Arzt kam, träufelte dieser etwas Öl auf seine Handflächen und begann, die schmerzenden Muskelpartien des Patienten damit einzureiben.

Rein technisch hat „salben“ etwas damit zu tun, daß man jemand anderen mit Öl „einreibt“ oder „einschmiert“. Da man dazu die Hände braucht, spreche ich gerne von einem *Handlangerdienst*.

Wenn wir von jemandem sagen, er sei gesalbt, meinen wir damit im Grunde, die Hand Gottes liege auf ihm und „reibe“ sein Leben oder seinen Dienst mit der Gegenwart des Heiligen Geistes ein.

Wenn eine Predigt oder ein Lied „gesalbt“ ist, liegt das daran, daß die Hand Gottes darauf liegt. „Salbung“ heißt: Die Hand Gottes liegt auf einem Menschen. Wenn Gott seine Hand auf jemanden legt, kommt die Salbung.

Brauchen Sie eine frische Salbung Ihres Glaubens mit dem Heiligen Geist? Dann kommen Sie zu dem, der die Salbung gibt! Nur er kann geben, was Sie brauchen. Öffnen Sie Ihr Herz für ihn und gestatten Sie ihm, seine Hand ganz neu auf Ihr Leben und Ihren Glauben zu legen. Wenn die Hand Gottes auf Ihrem Leben und Ihrem Glauben liegt, kommt automatisch eine starke Salbung – *garantiert!*

Ein Wort zum Schluß

Wenn Sie mit dem „Schild des Glaubens“ vorangehen, sind Sie auch in der Lage, ohne Angst vor Verletzungen gegen die feindlichen Lügen und Behauptungen anzugehen.

Vielleicht haben Sie in der Vergangenheit versucht, aus Glauben heraus zu handeln, wurden jedoch enttäuscht. Vielleicht wurden Sie nicht geheilt, Ihre Krankheit wurde nur noch schlimmer, und so kamen Sie zu dem Schluß, Ihr Glaube bringe sowieso keine gute Frucht hervor. Vielleicht scheuen Sie sich aufgrund dieser Erfahrung davor, Gott noch einmal zu glauben.

Vielleicht haben Sie gespürt, wie die bösen Pfeile des Feindes Sie trafen, weil Ihr Glaube nicht wie ein Schild vorgehalten war. Diese Pfeile brachten Ihnen Kummer, Sorgen, Schmerz, Leid, psychische Probleme etc.

Die Pfeile zielen auf die Seele ab; sie treffen unser Denken und unsere Emotionen. *Ich sage es noch einmal: Der Teufel weiß, daß unsere Gedanken das wichtigste strategische Zentrum unseres Lebens sind. Wenn er die Gedanken packen kann, vermag er auch gegen die anderen Lebensbereiche Krieg zu führen.*

Es ist deshalb ein Muß, daß Sie den „Schild des Glaubens“ wieder in die Hand nehmen, um zu verhindern, daß Ihr Denken von einem „feurigen Pfeil“ getroffen wird, der nichts als Täuschung und Unheil mit sich bringt!

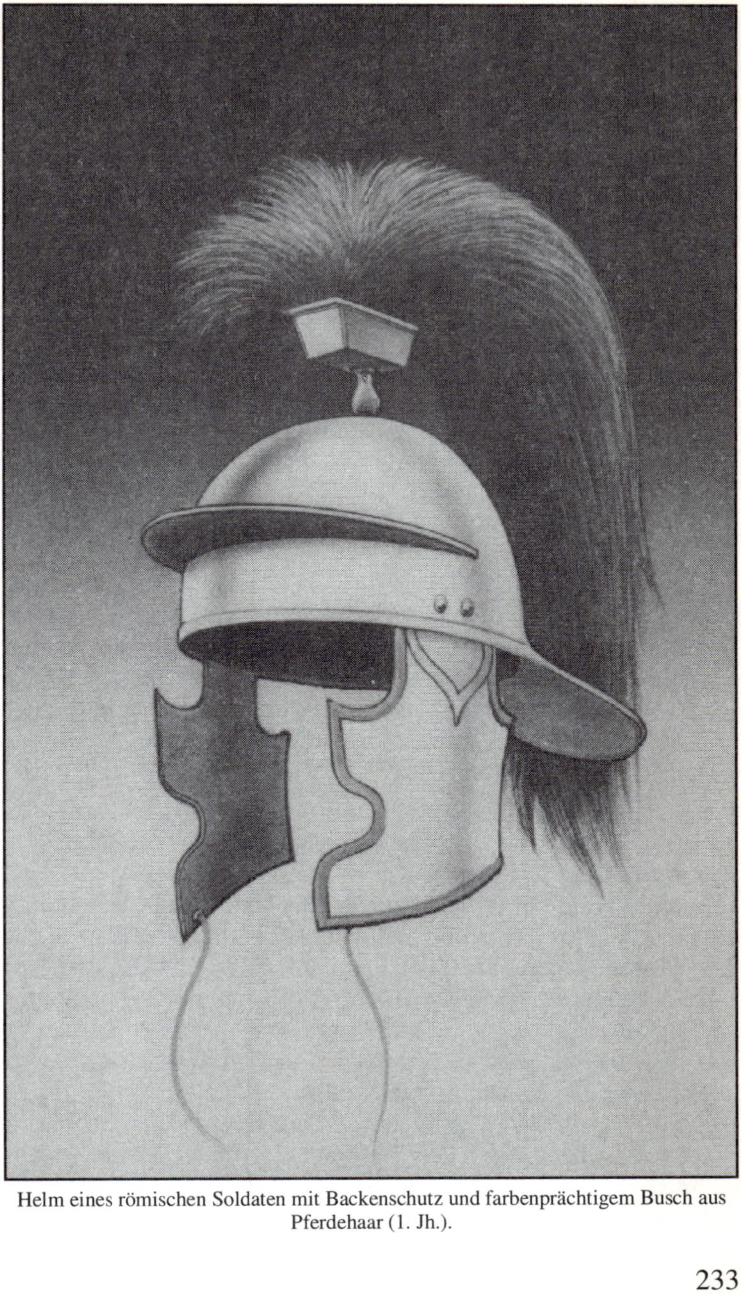

Helm eines römischen Soldaten mit Backenschutz und farbenprächtigem Busch aus Pferdehaar (1. Jh.).

Kapitel 14

Der Helm des Heils

Die geistliche Waffenrüstung ist durch und durch ausgewogen: Sie besteht aus drei Angriffswaffen, drei Verteidigungswaffen und einer neutralen Waffe.

Brustpanzer, Schild und Helm sind *defensive* Waffen; sie bieten Schutz und schenken Zuversicht und Sicherheit für unser weiteres geistliches Wachstum.

Die drei *offensiven* Waffen sind die Schuhe, das Schwert und die Lanze. Mit ihnen können wir die Niederlage Satans demonstrativ Wirklichkeit werden lassen.

Der Gürtel steht für das geschriebene Wort Gottes und ist eine neutrale Waffe. Er hält alle anderen Teile der Ausrüstung zusammen; ohne diese zentrale geistliche Waffe können alle anderen Teile der Ausrüstung nicht richtig eingesetzt werden.

Ich möchte Sie daran erinnern, daß diese Waffen allesamt *von Gott* kommen. Wenn Sie mit ihnen wandeln und ihre Wirksamkeit erleben wollen, ist es unabdingbar, in der Gegenwart Gottes zu leben.

So wie Sie Ihre Kraft und Identität *von ihm* bekommen, müssen Sie sich auch diese Waffen *bei ihm* holen. Er ist der Ursprung von allem, was wir haben, *also auch der Waffenrüstung*.

Der Helm des Heils

In diesem Kapitel werden wir uns mit dem „Helm des Heils“ befassen. Paulus setzt seine Auflistung der einzelnen Waffen mit den Worten „Nehmt auch den Helm des Heils“ fort (Eph 6,17).

Der Helm übte eine große Faszination aus. Er war prächtig und mit zahlreichen verspielten Details reich verziert. Weil er so schön anzusehen war, glich er eher einem Kunstwerk als einem militärischen Gebrauchsgegenstand!

Häufig stellten die Verzierungen auf dem Helm bäuerliche Szenen mit allen möglichen Tieren dar. Oftmals war der ganze Helm von seiner Form her einem Elefanten-, Pferde- oder einem anderen Tierkopf nachempfunden.

Auf anderen Helmen waren Früchte eingraviert. Stellen Sie sich nur vor, wie seltsam das ausgesehen haben muß! Man hätte fast meinen können, so ein Soldat hätte einen Obstkorb auf dem Kopf! Andere sahen aus, als hätten sie einen Elefanten oder ein Pferd auf dem Kopf! Insgesamt kann man sagen, daß der Helm eher eine Skulptur als eine Waffe war.

Als ob diese fabelhaften Gravuren und Verzierungen noch nicht gereicht hätten, wurde der Helm von einem riesigen, farbenprächtigen Busch aus Federn oder Pferdehaaren gekrönt. Bei feierlichen Anlässen, wie z. B. Paraden, wählte man bisweilen einen ausgesprochen langen Busch, der dem Soldaten wie ein Pferdeschwanz hinabhing.

Der Helm war aus Bronze und hatte einen speziellen Backen- und Kieferschutz. Weil er so außerordentlich schwer war, kleidete man die Innenseite mit Schwämmen aus, um das Tragen des Helms für den Soldaten erträglicher zu machen.

Dieser Teil der Ausrüstung war so fest, so massiv und so schwer, daß keine Waffe ein Loch hineinzuschlagen vermochte – nicht einmal eine Streitaxt oder ein Hammer.

Es war praktisch unmöglich, an so einem Soldaten vorbeizugehen, ohne ihn anzusehen. Ein Mann, der eine Skulptur auf dem Kopf hat, sticht einem sofort ins Auge! Auch einen Mann, der einen bunten Federbusch auf seinem Kopf trägt, kann man schlecht übersehen! *Ein römischer Soldat mit Helm fiel einfach auf!*

Das großartigste Geschenk Gottes

Warum vergleicht der Heilige Geist das Heil des Christen mit so einer Waffe? *Von allen Geschenken Gottes ist unser Heil am herrlichsten, am schönsten, am reichsten geschmückt und die größte Zierde!*

Paulus nennt dieses wunderbare Geschenk „Helm des Heils". Mit diesem Vergleich möchte er noch auf etwas anderes hinaus: Jedem fiel dieser extravagante Helm sofort auf! Und um sicherzugehen, daß ihn ja niemand übersah, steckte man noch einen hoch aufragenden Federbusch hinauf.

Wir lernen daraus etwas sehr Wichtiges: Wenn ein Christ sich seines Heils absolut gewiß ist, wenn in seinem Leben offenbar wird, wie herrlich dieses Heil ist und man erkennt, was es ihm persönlich bedeutet, dann *fällt er auf!*

„Helm“ heißt auf Griechisch *perikephalaia*. *Peri* bedeutet „herum“; *kephalaia* bzw. *kephale* heißt „Kopf“. Nimmt man diese beiden Wörter zusammen, stellt man fest, daß ein Helm eng „um den Kopf herum“ anliegt.

Wozu brauchte der römische Soldat einen Helm? Nun, seine Feinde hatten Äxte mit kurzem Stiel, die man als „Streitäxte“ bezeichnete, und wo Streitäxte geschwungen wurden, da rollten die Köpfe!

Hatte der Soldat keinen Helm auf, wenn er in die Schlacht zog, konnte er mit Sicherheit davon ausgehen, daß man ihm den Kopf abschlagen würde! Deshalb war der Helm eines römischen Soldaten nicht nur Zierde, sondern ein Schutz für seinen Kopf.

Und genau das ist die Folge, wenn man sein Heil wie einen Helm auf dem Kopf trägt! Wenn Sie nicht in Ihrem Heil wandeln und sich dessen ganze Tragweite nicht in Ihrem Leben widerspiegelt, spüren Sie womöglich die volle Wucht der Streitaxt des Feindes, die es auf Ihren Kopf abgesehen hat und Ihnen den Sieg rauben möchte.

Wenn das Heil nicht wie ein Helm auf Ihrem Kopf sitzt, wird der Feind kommen, um die vielfältigen Segnungen und Vorteile Ihres Heils sozusagen aus Ihrem Denken „herauszuschneiden“. Er wird mit seiner Axt Steine aus Ihrem Fundament herausklopfen und Ihnen einreden, Heilung, Befreiung, psychisches Wohlergehen und ein klarer Verstand seien nicht wirklich Teil des Erlösungswerkes Christi.

Nachdem der Feind Ihre Gedankenwelt aufgerieben hat, bleibt Ihnen nur noch die Hoffnung auf das Jenseits. Wer sich seinen Einflüsterungen öffnet, wird unweigerlich in die Irre geführt. Dem Feind ohne den „Helm des Heils“ gegenüberzutreten ist *geistlicher Selbstmord*!

Viele Christen versuchen, für Gott etwas zu bewirken, setzen es sich dabei jedoch nicht zum Ziel, die ganze Tragweite ihres Heils kennenzulernen und darin zu leben; geistlicher Tod ist die Folge.

Wer für das Reich Gottes von Nutzen sein will, muß diesen Helm aufhaben, *denn der Feind wird immer den Kopf, d. h. die Gedanken angreifen*; er weiß ja, daß er dort den besten

Ausgangspunkt hat, um Sie zu kontrollieren, zu manipulieren, krank zu machen etc.

Gott gab uns den „Helm des Heils“, um uns vor solchen Attacken zu schützen. Damit der Helm seine volle Wirkung entfalten kann, müssen wir uns unseres Heils gewiß sein und seine Tragweite erkennen. Deshalb ist es erforderlich, sich Zeit zu nehmen und nachzuforschen, was die Bibel über Heilung, über Befreiung von bösen Mächten etc. zu sagen hat. Wir müssen alles über unsere Errettung und was sie für unser Leben bedeutet, herausfinden.

Unser intellektuelles Verständnis des Heils und was es für uns bedeutet, muß in unserem Sinn fest verankert sein. Wenn unsere Gedankenwelt von diesen Realitäten überzeugt ist, wenn unsere Gedanken unterwiesen und gelehrt worden sind, hinsichtlich unseres Heils richtig zu denken, dann wird diese Erkenntnis zu einem „Helm des Heils“ in unserem Leben!

Dann ist es gleichgültig, wie fest der Teufel auf uns einschlägt; wir wissen *ohne den geringsten Zweifel*, was der Tod und die Auferstehung Jesu für uns bewirkt haben! Wenn uns dieses Verständnis in Fleisch und Blut übergegangen ist, kann der Feind unsere Gedanken nicht mehr wie früher attackieren. Das Wissen um das Heil und seine immense Tragweite sitzt wie ein Helm auf unserem Kopf!

Bewaffnet und gefährlich

Paulus befiehlt Ihnen, die ganze Waffenrüstung Gottes anzuziehen (vgl. Eph 6,11). Gott sendet Sie nicht nackt aus, um den Sieg Jesu Christi über Satan in den verschiedenen Bereichen Ihres Lebens Wirklichkeit werden zu lassen. Er gibt Ihnen eine Waffenrüstung! Ohne den Helm werden Sie von den „Listen des Teufels“ angegriffen werden (vgl. Eph 6,11).

Es ist so wichtig zu verstehen, wie die Listen des Teufels gegen uns eingesetzt werden. Wir sprachen bereits über die „Listen“ und den „Betrug“ des Teufels, sowie über die „Gefangennahme der Gedanken“. Diese Begriffe erklären seine erfolgreichen Taktiken gegen uns Christen.

Nachdem wir in Kapitel 8 bereits die griechische Wurzel des Wortes „Listen“ untersucht haben, wenden wir uns nun noch dem Wort „Betrug“ zu. Auch dieses Wort beschreibt die Vorgehensweise des Teufels gegen das Leben und die Gedanken eines Christen.

Das Wort „Betrug“ leitet sich von dem griechischen Wort *dolos* her. Bei *dolos* geht es nicht darum, daß man jemanden unabsichtlich im unklaren über eine Sache läßt; es bedeutet vielmehr „jemanden bewußt in die Irre führen“. Dieses Wort taucht im Neuen Testament häufig dort auf, wo von einer Täuschung durch den Teufel die Rede ist.

Dolos heißt wörtlich „Köder“ (wie man ihn z. B. beim Angeln verwendet). Anhand der besprochenen Taktiken – „Listen“, „Betrug“ und „Gefangennahme der Gedanken“ – wird deutlich, wie der Teufel auf das Leben eines Christen Einfluß nimmt:

Er kommt mit einer „List“, d. h. er schlägt (wie in Kapitel 8 erläutert) einen bestimmten „Weg“ ein. Dieser teuflische Weg führt sozusagen direkt zu den Gedanken. Wenn der Teufel den Widerstand des Christen brechen kann, beginnt er anschließend, sich in dessen Gedanken auszutoben und sein Opfer in Gedankenspielereien zu verwickeln. Haben sich diese Spielereien erst einmal voll entfaltet, legt der Feind einen „Köder“ aus: lügnerische Anklagen und verleumderische Behauptungen. Mit diesen Lügen „ködert“ er den Christen. Wenn der Gläubige nun diese Lügen für wahr hält und „anbeißt“, ist er dem Betrug auf den Leim gegangen.

Was ist eine „Festung“?

Paulus sagt: „… denn die Waffen unseres Kampfes sind nicht fleischlich, sondern mächtig (durch) Gott zur Zerstörung von *Festungen*; so zerstören wir Vernünfteleien und jede Höhe, die sich gegen die Erkenntnis Gottes erhebt, und nehmen jeden Gedanken gefangen unter den Gehorsam Christi“ (2. Kor 10,4-5).

Beachten Sie: Paulus zufolge dienen geistliche Waffen dazu, *„Festungen“* zu zerstören. Derzeit wird im Leib Christi viel über „Festungen“ und „Bollwerke“ geredet. Wir fragen uns deshalb: „Was ist eine Festung?“

Das Wort „Festung“ lautet auf Griechisch *ochuroma*. Es handelt sich dabei um eines der ältesten Wörter im Neuen Testament überhaupt; seine ursprüngliche Bedeutung war „Festung“, doch zur Zeit des Neuen Testaments verstand man darunter auch ein „Gefängnis“.

„Zur Zerstörung von *Festungen*“ ist demnach schon eine ziemlich exakte Übersetzung; man könnte jedoch auch sagen: „zur Zerstörung von *Gefängnissen*“. Beide Bedeutungen sind korrekt und lassen bestimmte geistliche Rückschlüsse zu.

Zunächst müssen wir uns unter *ochuroma* tatsächlich eine „Festung“ vorstellen, einen befestigten Stützpunkt, eine Zitadelle, ein Fort oder eine Burg.

Festungen haben ungemein dicke und undurchdringliche Mauern, um Eindringlinge fernzuhalten. Damit Angreifer diese Mauern nicht erklimmen konnten, waren sie zudem sehr hoch. All das diente dazu, ungewollte Besucher *draußen* zu lassen.

Betrachten wir nun die andere Bedeutung dieses Wortes, nämlich „Gefängnis“. Wozu dient ein Gefängnis? Es soll genau das Gegenteil von einer Festung bewirken: Während diese verhindert, daß ein Außenstehender *hineinkommt*, verhindert das Gefängnis, daß ein Gefangener *herauskommt*.

In Gefängnissen, Verliesen und Zuchthäusern wird man festgehalten; wie Festungen haben auch diese Einrichtungen befestigte Mauern und noch dazu Gitter, um die Insassen zu inhaftieren.

Daß das griechische Wort *ochuroma* die beiden Bedeutungen „Festung“ und „Gefängnis“ hergibt, läßt einen wichtigen Schluß zu:

Das heißt zunächst folgendes: Wenn jemand eine psychische oder emotionale „Festung“ in seinem Leben hat, ist er von Mauern umgeben, die so dick sind, daß andere Menschen, die ihm helfen möchten, scheinbar nicht zu ihm durchdringen können. *Die unsichtbaren Mauern verhindern, daß ein Außenstehender hineinkommt!*

Festungen mit ihren undurchdringlichen und unsichtbaren Mauern stehen in der Gedanken- und Gefühlswelt und verhindern, daß uns andere Menschen zu nahe kommen. Das ist ein Trick des Teufels, mit dem er Leute isoliert und jenen entzieht, die sie in Freiheit führen könnten.

Sie müssen sich darüber im klaren sein, daß solche Festungen in unserem Leben nicht über Nacht entstehen. Sie können mit Sicherheit davon ausgehen, daß der Heilige Geist Sie zu warnen versuchte, als der Feind anfing, Ihren Sinn zu attackieren und mit Angst zu lähmen.

Doch da Sie es zuließen, daß jene Lügen in Ihrer Gedankenwelt auf keinerlei Widerstand trafen, da Sie nichts gegen falsches Denken und falsche Glaubensinhalte unternahmen, benutzte der Teufel diese Lügen, Einflüsterungen und realitätsfernen Ängste, um Schritt für Schritt, Tag für Tag und Stunde für Stunde eine dicke, undurchdringliche Mauer um Ihr Leben zu errichten. Schließlich war die Belagerung perfekt und Sie in psychischer und emotionaler Hinsicht ein Gefangener der Lügen des Teufels.

Die Angst vor Ablehnung – für die es gar keinen wirklichen Anlaß gibt – blockiert die Beziehungen zu anderen Menschen. Unrealistische Befürchtungen, wie es mit Ihrer Ehe wohl weitergehen wird, halten Sie davon ab, innerhalb der Beziehung Ihre gottgewollte Rolle zu spielen. Die aus der Luft gegriffene Angst vor einem möglichen Versagen verhindert, daß Sie etwas Gewinnbringendes tun und etwas aus Ihrem Leben machen.

In solchen Fällen müssen Sie den Anspruch des Teufels auf Ihr Denken und Ihre Gefühle von sich weisen. Vorher ist jedoch noch ein anderer Schritt notwendig:

Der erste Schritt bei der Zerstörung von Festungen in Ihrem Leben sieht so aus, daß Sie Ihre Verantwortung in der ganzen Angelegenheit erkennen und akzeptieren. Schließlich haben Sie es zugelassen, daß Ihr Denken und Ihre Gefühle in diese Bredouille gerieten! Aus diesem Grund ist Buße ein absolut notwendiger erster Schritt, der *vor allem anderen* kommt, und zwar Buße darüber, es geduldet zu haben, daß sich eine derartige psychische und emotionale Misere in Ihrem Leben entwickeln konnte. Bevor Sie diesen ersten Schritt nicht gegangen sind, wird überhaupt nichts geschehen.

Nachdem Sie den Anfang gemacht haben, wird die Kraft Gottes Ihnen helfen, wenn Sie sich danach ausstrecken, jeden Tag Ihr Denken anhand des Wortes Gottes zu erneuern und auf diese Weise wieder zu rechtem Denken und zu richtigen Glaubensinhalten zu gelangen.

Die Mauern, die andere Menschen von Ihnen fernhalten, verhindern umgekehrt auch, daß Sie selbst ausbrechen und das Maximum Ihrer göttlichen Bestimmung erreichen. Diese Festung in Ihren Gedanken hat Ihnen eingeredet, Sie würden versagen, niemand würde Sie mögen, Sie seien nichts wert etc.; diese Lügen sind wie die Gitterstäbe eines Gefängnisses.

Eine Festung ist also gleichbedeutend mit *psychischer und emotionaler* Gefangenschaft. Erst hat der Feind eine offene Tür in Ihrem Leben ausfindig gemacht; dann drang er durch diese Tür in Ihren Sinn ein und fing an, Ihre Gedanken gefangenzunehmen.

Zwei Arten von Festungen

Es gibt zwei Arten von Festungen – rationale und irrationale. Den rationalen ist am schwersten beizukommen, weil sie in der Regel auf einem *logischen Schluß* aufbauen!

Paulus meint „rationale Festungen" wenn er sagt: „... so zerstören wir *Vernünfteleien* ..." Dieses Wort heißt auf griechisch *logismos*, wovon sich auch unsere Worte „Logik" und „logisches Denken" ableiten.

Gott sei Dank für richtiges, logisches Denken, doch auch das richtige, logische Denken muß sich dem heiligenden Wirken des Heiligen Geistes unterwerfen, sonst fängt es an, wie eine Festung der Rationalität unser Leben zu beherrschen.

Ich möchte nicht wissen, wie viele Menschen von Gott zu einem Dienst berufen wurden, aber nicht gingen, weil sie sich mit „logischen" Argumenten über den Ruf Gottes hinwegsetzten. Ich möchte nicht wissen, wie viele sich schon selbst eingeredet haben: „Diesen Dienst kannst du unmöglich tun! Du hast eine Frau, drei Kinder und mußt Haus und Auto abzahlen. Du kannst nicht einfach tun, was Gott will!"

Das logische Denken ist etwas Notwendiges und Großartiges; es wird jedoch gegen Ihr geistliches Leben arbeiten, wenn es nicht der Kontrolle des Heiligen Geistes unterstellt ist. Wenn das Denken Gott nicht unterworfen ist, wird es immer versuchen, Ihnen den Gehorsam auszureden. Wenn man das rationale Denken nicht an die Kandare nimmt, wird es letztlich allein darüber entscheiden, ob, wann, wo und wie man Gott gehorchen kann.

Leute, von denen man sagt, sie seien „Denker", neigen dazu, sich von solchen Festungen der Rationalität knechten zu lassen. Weil ihnen das logische Denken ohnehin zutiefst wesenseigen ist, lassen sie sich von Natur aus leicht von der Rationalität leiten, oft zum Schaden ihres Glaubens.

Neben rationalen Festungen gibt es noch irrationale. Jeder ist so einer irrationalen Festung schon einmal auf den Leim gegangen.

Bei diesen irrationalen Festungen handelt es sich fast immer um Ängste und Sorgen, die mit der Realität absolut nichts zu tun haben: die Angst vor Krankheit; die Angst, früh zu sterben; unbegründete Angst vor Ablehnung; die Angst vor einer finanziellen Katastrophe etc.

Diese irrationalen Festungen in den Gedanken, den Gefühlen und der Phantasie spielen in der Regel eine Zeitlang ihr Spiel und verschwinden wieder. Nach einer Weile wird es sogar denjenigen, die unter ihrem Einfluß stehen, klar, daß derartige Ängste lächerlich und unbegründet sind. Häufig verlieren solche lächerlichen, jedoch äußerst besitzergreifenden Gedanken augenblicklich ihre Macht, sobald man mit einem Freund oder dem Ehepartner darüber gesprochen hat.

Irrationale Festungen sind so lächerlich, daß dem Betroffenen schließlich dämmert, daß er auf einen Trick des Feindes hereingefallen ist, der ihn knechten und „kampfunfähig" machen sollte.

Wenn diese Gedanken jedoch penetrant und hartnäckig in Ihrem Sinn festsitzen und ständig psychischen und emotionalen Einfluß auf Sie ausüben wollen, müssen Sie dem Wort Gottes gehorchen und ihnen, ohne lange zu fackeln, den Garaus machen.

In einer solchen Situation gilt die Aufforderung des Paulus: „... so zerstören wir Vernünfteleien und jede Höhe, die sich gegen die Erkenntnis Gottes erhebt, und nehmen jeden Gedanken gefangen unter den Gehorsam Christi" (2. Kor 10,5).

Beachten Sie, daß Paulus den Teufel mit keiner Silbe erwähnt! Er sagt nicht: „... und nehmen *den Teufel* gefangen ...", sondern vielmehr: „... und nehmen *jeden Gedanken* gefangen unter den Gehorsam Christi". Vergessen Sie nicht: *Wenn Sie Ihre Gedanken nicht gefangennehmen, werden diese Sie gefangennehmen!*

Bleiben wir noch einen Augenblick bei der Formulierung „gefangennehmen". Im griechischen Urtext steht hierfür das

Wort *aichmalotizo*, das etwas Brutales beschreibt; es bedeutet: „jemanden mit vorgehaltenem Speer gefangennehmen".

Paulus signalisiert uns mit diesem Wort, daß sich unsere Gedanken nicht ohne weiteres gefangennehmen lassen. Wenn wir sie gefangennehmen wollen, müssen wir fest dazu entschlossen sein. *Wir müssen brutal zu uns selbst sein und mit Gewalt die Herrschaft über unser Denken ergreifen.* Wenn sich unsere Gedanken und Gefühle zu verselbständigen drohen, liegt es an uns, sie zu packen und sie uns zu unterwerfen!

Die Gedanken müssen *„unter den Gehorsam Christi"* gefangengenommen werden. Das Wort „Gehorsam" lautet auf Griechisch *hypakoe* und setzt sich aus *hypo* und *akouo* zusammen.

Hypo heißt „unter" und *akouo* bedeutet „ich höre" oder „ich höre zu". *Akouo* ist auch die Wurzel unserer Worte „Akustik" bzw. „akustisch". Es geht also dabei darum, *„jemanden zunächst in eine untergeordnete Stellung und dann zum Zuhören zu zwingen"*.

Paulus spricht hier von psychischen Festungen und Gedankenspielereien, die uns manipulieren und kontrollieren möchten. Statt diesen lügnerischen Gefühlen und verleumderischen Anklagen zuzuhören, müssen wir die Autorität über sie ergreifen und ihnen sagen, sie müßten sich unterordnen und dem zuhören, was das Wort Gottes zu sagen hat!

Genau in diesem Augenblick beginnt die Erneuerung des Sinnes, in unserem Leben wahre Wunder zu wirken! Genau dann beginnt die eigentliche *Erneuerung der Gedanken*!

Von Gedanken „überwältigt"

Wenn wir uns andererseits dafür entscheiden, uns auch in Zukunft von unseren Gedanken und Gefühlen beherrschen und lenken zu lassen, werden wir unweigerlich von ihnen *überwältigt*.

Dieses Wort *überwältigt* taucht auch in Apostelgeschichte 10,38 auf. Was ist damit gemeint? Petrus sagt in seiner Predigt im Haus des Kornelius: „... Jesus von Nazareth, wie Gott ihn mit Heiligem Geist und mit Kraft gesalbt hat, der umherging und wohltat und alle heilte, die von dem Teufel überwältigt waren; denn Gott war mit ihm."

„Überwältigt“ ist die deutsche Übertragung von *katadynasteuo*, das die beiden Worte *kata* und *dynamis* in sich vereinigt. *Kata* heißt hier „unter“; mit *dynamis* ist eine „explosive Kraft“ gemeint.

Wer überwältigt ist, steht „unter einer explosiven bzw. starken Kraft“. Man verwendete dieses Wort auch, um einen bösartigen Tyrannen oder König zu beschreiben, der seinen Untergebenen seinen Willen aufzwang und ihnen vorschrieb, was sie essen, wo sie leben und wie sie ihren Lebensunterhalt bestreiten sollten. Er zwang ihnen seinen Willen auf – entgegen ihrem eigenen Willen.

Wenn ein Mensch „überwältigt“ ist, werden seine Gedanken und Emotionen von einem Außenstehenden beherrscht. Der Feind kommt wie ein bösartiger Tyrann, um ihn zu überwältigen, indem er ihm sagt, wie seine Zukunft aussehen werde, was er sich von Haus aus abschminken könne, was von ihm zu halten sei und ob er überhaupt darauf hoffen könne, es im Leben je zu etwas zu bringen.

Unternimmt man nichts gegen eine Festung in den Gedanken, wird man letztendlich „überwältigt“ werden, was sehr schwerwiegende Konsequenzen hat: Wer überwältigt ist, wird letztendlich keine Hoffnung mehr haben.

Das Heil schützt Ihre Gedanken

Wenn das Heil Ihre Gedanken eng umschließt und richtig „sitzt“, dann wird diesen Strategien des Teufels kein Erfolg beschieden sein; Sie werden darauf nicht hereinfallen; Ihre Gedanken werden in Sicherheit sein! Aufgrund seiner Schutzfunktion wird das Heil hier als defensive Waffe eingestuft.

Der Teufel weiß, wie wichtig Ihre Gedankenwelt ist. Wer oder was sich dort festsetzt, setzt sich in Ihrem Leben fest, d. h. in Ihrer Familie, in Ihren Finanzen etc.

Gott gab Ihnen Ihr Gehirn und er gab es Ihnen nicht, damit es bei Ihnen unter „ferner liefen“ rangiert. Er möchte, daß Sie es einsetzen. Ihr Denken hat große Bedeutung.

Deshalb ermutigt uns Petrus auch: „Umgürtet die Lenden eurer Gesinnung …“ (1. Petr 1,13). Gott will damit sagen: „Nehmt die losen Enden eures Denkens, bindet sie zusammen und seht zu, daß es in guter Verfassung ist.“

Wenn der Teufel Sie gedanklich aufreiben kann, werden Sie letztendlich den kürzeren ziehen. Wenn der Teufel einen Samen des Unglaubens in Ihr Denken sät und Sie ihn wachsen lassen, werden Sie sich am Ende in einem entsetzlichen Zustand befinden. Ihr Denken ist so wichtig, daß Gott es schützen will; aus diesem Grund gab er Ihnen den herrlichen, wunderbaren, großartigen und fein gearbeiteten „Helm des Heils"!

Ihr „Helm des Heils" vereint mehrere Dinge in sich: Errettung von der Sünde, Errettung von der Hölle, Schutz, Bewahrung, Heilung und einen klaren Verstand – alles Dinge, die Gott uns gab!

Was versteht man unter „Besonnenheit"?

In diesem Kapitel geht es uns ja in erster Linie um den „Helm des Heils" und seine Bedeutung für unser Leben. So heißt es in 2. Timotheus 1,7: „Denn Gott hat uns nicht einen Geist der Furchtsamkeit gegeben, sondern der Kraft und der Liebe und der *Besonnenheit.*"*

Was ist mit „Besonnenheit" gemeint? Eine andere Übersetzung lautet: „vernünftiges Denken". Was ist vernünftiges Denken? Das griechische Wort für „Besonnenheit" oder „vernünftiges Denken" leitet sich von dem Kompositum *sophroneo* ab. Der erste Teil dieses Wortes geht auf *sozo* zurück, was soviel wie „errettet" oder „freigesetzt" heißt. *Phroneo* bedeutet „denken", „überlegen" oder „verständig sein".

Zusammengenommen könnte man diese beiden Wortteile mit „erretteter Sinn" oder „freigesetztes Denken" wiedergeben, mit anderen Worten: ein Sinn, der befreit wurde und nun richtig denkt.

Wenn Ihr Sinn vom Wort Gottes bewacht und erneuert wird, werden Sie befreit und wie ein Erretteter denken. Wenn Ihr Sinn erneuert ist, *dann ist der Wandel im Glauben etwas logisch Schlüssiges für Sie*. Wenn Sie mit einem erneuerten Sinn denken, *dann ist es für Sie völlig logisch, Gott auch in finanziellen Dingen zu gehorchen.*

---

* Im Englischen: „sound mind"; dieser Begriff wird im alltäglichen Sprachgebrauch mit „klarer Verstand" wiedergegeben (Anm. d. Übers.).

Fast kommt es einem vor, als würde Paulus zu Timotheus sagen: „Timotheus, warum läßt du es zu, daß Angst dein Denken und Fühlen bestimmt? Gott hat dir doch nicht einen Geist der Angst, sondern der Liebe und der Kraft gegeben und noch dazu dein Denken befreit."

Wenn Ihnen Ihr Heil voll bewußt ist und Sie danach leben, dann wandeln und reden Sie wie ein erretteter Mensch. Wenn Ihr Sinn erneuert und vom Wort Gottes über alle Segnungen aufgeklärt ist, die Ihr Heil mit sich bringt, *dann wandeln und reden Sie wie ein erretteter Mensch*. Wenn Ihr Denken mit der Güte Gottes erfüllt ist, weil es vom Heil wie mit einem Helm umgeben ist, *dann denken Sie wie ein erretteter Mensch*.

Einige Leute sind seit Jahren errettet, denken jedoch nicht wie errettete Menschen. Manche errettete Menschen sind mehr überzeugt davon, was Gott *nicht tun kann*, als daß sie Glauben daran hätten, was Gott *tun kann*. Das ist die Folge, wenn errettete Menschen nicht ihrer Erkenntnis des Heils entsprechend leben.

Doch wenn ein Christ über das Wort Gottes nachdenkt und allmählich einen Einblick in die vielfältigen Segnungen seines Heils gewinnt, dann kann er nur noch an all das denken, was Gott *tun kann*. Denn man denkt einfach anders, wenn man den „Helm des Heils" aufhat.

Warum ist dies wichtig? Nun, wenn Sie sich aufmachen, ein Leben im Glauben zu leben, d. h. sich nach dem Unmöglichen ausstrecken, dann wird der Feind versuchen, Sie gedanklich und emotionell anzugreifen, um Ihren Fortschritt zu bremsen.

Womöglich flüstert er Ihnen ein: „Das kannst du unmöglich tun! Das ergibt doch keinen Sinn! Hast du etwa vergessen, daß du noch den Kredit abzahlen mußt? Was werden deine Familie und deine Freunde dazu sagen?"

Er ist darauf aus, sich in Ihr Denken einzuschleusen, Sie in „Was-Wäre-Wenn"-Gedanken zu verwickeln und Sie dann zu betrügen. Gehen Sie deshalb auf Nummer Sicher und kümmern Sie sich darum, daß Ihre Erkenntnis über Ihr Heil jeden Tag zunimmt. Stellen Sie eine Wache vor Ihr Denken – die Bibel – und tragen Sie Ihren „Helm des Heils", indem Sie Ihr Denken mit dem Wort Gottes füttern.

Wenn Sie den „Helm des Heils" aufhaben, dann kennen Sie Gottes Logik, dann denken Sie wie Gott, glauben Sie wie Gott und handeln Sie wie Gott!

Paulus sagt in Römer 8,6: „Denn die Gesinnung des Fleisches *ist Tod …*"

Er wiederholt diese Aussage in Titus 1,15: „… den Befleckten aber und Ungläubigen ist nichts rein, sondern *befleckt* ist sowohl ihre Gesinnung als auch ihr Gewissen."

Obwohl sich diese Worte auf den Sinn ungläubiger Menschen beziehen, gibt es viele Christen, die nach wie vor von ihrer natürlichen, d. h. fleischlichen Gesinnung getrieben werden.

Wie lange Sie schon Christ sind, ist unerheblich – sobald Sie den „Helm des Heils" ablegen und die Erkenntnis Ihres Heils nicht im täglichen Leben umsetzen, wird Ihre Gesinnung letztendlich verunreinigt und befleckt sein.

Sie dürfen auf keinen Fall unterschätzen, wie wichtig es ist, die Gedanken mit dem rechten Verständnis und dem rechten Wissen über das Heil zu füttern. Das Heil ist eine gewaltige Waffe. Wenn es sich in Ihrem Leben voll entfalten kann, wird es Ihren Sinn vor Angriffen schützen!

Doch wenn Sie Ihren „Helm des Heils" abnehmen, wird der Teufel Ihre Emotionen und Gedanken attackieren und Sie hin- und herwerfen. Dann könnte man sogar sagen, Sie seien eine „gespaltene Persönlichkeit", weil Sie zur selben Zeit an Gott glauben und an ihm zweifeln.

Wenn Sie den „Helm des Heils" nicht aufsetzen, werden Sie geistlich „verunstaltet". Möchten Sie geistlich verunstaltet werden? Wenn nicht, dann setzen Sie lieber Ihren Helm auf!

Was bedeutet „Heil"?

Betrachten wir nun das Wort „Heil". Die wörtliche Bedeutung könnte man mit den Adjektiven „gerettet" oder „befreit" wiedergeben. Ganz allgemein könnte man es auch mit „an einen sicheren Ort gebracht" übersetzen. Das entsprechende griechische Adjektiv *soterios* heißt „gerettet sein", „aus einer gefährlichen Situation befreit worden sein" oder „an einen sicheren Ort gebracht worden sein".

Wenn jemand „gerettet“ ist, wurde er „aus einer gefährlichen Situation befreit und an einen sicheren Ort gebracht“. Die Erkenntnis des Evangeliums befreit den Sinn!

Wer gerettet ist, wird aus einer gefährlichen Situation befreit. Wer verloren ist, befindet sich in einem gefährlichen Zustand, weil er unter der Herrschaft Satans steht. Doch wer gerettet wird, wird aus diesem gefährlichen Ort herausgeholt und an einen sicheren Ort gebracht.

Es ist relevant, daß Paulus das Heil mit einem Helm auf dem Kopf verglich, denn wenn Sie das Heil finden, hat Gott Sie gerettet – nicht nur in Bezug auf Ihren Geist, *sondern auch in Bezug auf Ihre Gedanken.*

Ein Sinneswandel

Vor unserer Errettung waren wir Sklaven Satans und dachten wie alle anderen Menschen auf der Welt, weil wir nichts anderes kannten (wir gingen bereits in Kapitel 3 näher darauf ein). Von Natur aus waren wir, der Bibel zufolge, allesamt „Kinder des Zorns“ (Eph 2,3). Das Wort „Zorn“ bedeutet, daß wir völlig „verzogen“ waren und unsere Proportionen verloren hatten. Was für ein entsetzlicher Zustand!

Der Teufel wütete unglaublich an und in uns. Er hinterließ überall im Denken und Fühlen seiner ehemaligen Sklaven seine Zeichen und Narben.

Doch jetzt, da Sie „… aus der Macht der Finsternis (errettet) und … in das Reich des Sohnes seiner Liebe (versetzt worden sind) …“ (Kol 1,13), müssen Sie die Kraft Gottes an sich heranlassen, damit sie in Ihren Gedanken wirken und Sie erneuern kann und Sie schließlich denken, wie es sich für einen *erretteten Menschen* gebührt.

Gott möchte, daß Sie in keinem Bereich Ihrer Gedanken noch so denken wie früher, d. h. wie die Welt denkt. Gott möchte in keiner Zelle Ihres Gehirns mehr Unglauben finden. Er will vielmehr, daß sich Ihre Wiedergeburt in jeder Gehirnwindung, in jedem Gedanken niederschlägt. Er möchte, daß Ihr Sinn vom Heiligen Geist beherrscht wird und auch dementsprechend denkt.

Vielleicht fragen Sie sich nun: „Wie sollen sich meine Gedanken dahingehend verändern?“

Strecken Sie sich zunächst nach der Kraft Gottes aus und lassen Sie sie an sich heran. Das ist die Grundvoraussetzung für ein Leben mit der geistlichen Waffenrüstung. So heißt es in Epheser 6,10: „… seid stark in dem Herrn …“ Wenn diese Stärke in Ihr Leben kommt, kommt auch die geistliche Waffenrüstung mit.

Aber Sie müssen noch etwas tun. Paulus sagt in Epheser 6,17: „*Nehmt* auch den Helm des Heils …“ Das Wort „nehmen“ erscheint im Neuen Testament vierzigmal in seiner anderen Bedeutung, nämlich „empfangen“. Deshalb müßte dieser Vers eigentlich besser lauten: „*Empfangt* den Helm des Heils …“

Gott wird Ihnen die Erneuerung des Sinnes nicht aufzwingen; es liegt an Ihnen, den „Helm des Heils“ zu *empfangen*. Das heißt, daß Sie bei der „Rettungsaktion“ Ihrer Gedanken mitmachen müssen.

Wie? Sie müssen das Heil *anziehen*. Sie setzen sich den „Helm des Heils“ auf, indem Sie nachforschen, was die Bibel über das Heil sagt, und all diese Aussagen in- und auswendig kennen. Sie müssen wissen, was die Bibel über das Erlösungswerk Jesu lehrt, das Sie befreien, heilen, bewahren und Ihnen einen klaren Verstand schenken soll.

Umhüllen Sie Ihre Gedanken mit diesen gewonnenen Erkenntnissen über das Heil und profitieren Sie von deren Schutzfunktion. Im Laufe dieses Prozesses werden Sie eine Umgestaltung erleben. Sie werden nicht mehr wie ein chronisch Kranker durchs Leben gehen; Sie werden nicht mehr wie ein Armer denken und handeln; Sie werden nicht mehr wie ein Besiegter Ihr Dasein fristen, weil in Ihren Gedanken nun mehr und mehr das Wissen um das Heil wohnt und *diese neue Erkenntnis allmählich Ihr Verhalten und Ihre Erfahrungswerte verändern wird.*

Der Teufel möchte Ihnen jeden Segen rauben, den Gott für Sie vorbereitet hat. Er möchte Ihnen soviel Gutes wegnehmen, wie er nur kann; füttern Sie deshalb Ihr Denken mit allem, was Gott für Sie getan hat. Diese Erkenntnis des Heils und aller damit zusammenhängenden Segnungen soll wie ein bronzener Helm auf Ihrem Haupt werden, der Sie vor der Streitaxt des Feindes schützt.

Wenn Sie es zulassen, daß das Wort Gottes in diesem Umfang in Ihren Gedanken wirkt, dann werden Sie deren Erneuerung miterleben. Sie werden so von Ihrem Heil und den damit einhergehenden Segnungen überzeugt sein und das Heil wird für Sie so *real* werden, daß es Ihren Gedanken Sicherheit zu schenken vermag; der Feind wird Ihr Denken nicht länger mit Zweifel und Unglauben unterwandern können.

Die Bereiche Ihres Denkens, die der Feind früher regelmäßig angriff, werden nicht mehr angreifbar sein! Denn jetzt werden Sie vollständig, d. h. *in Ihren Gedanken und Emotionen*, durch einen „Helm des Heils" geschützt sein.

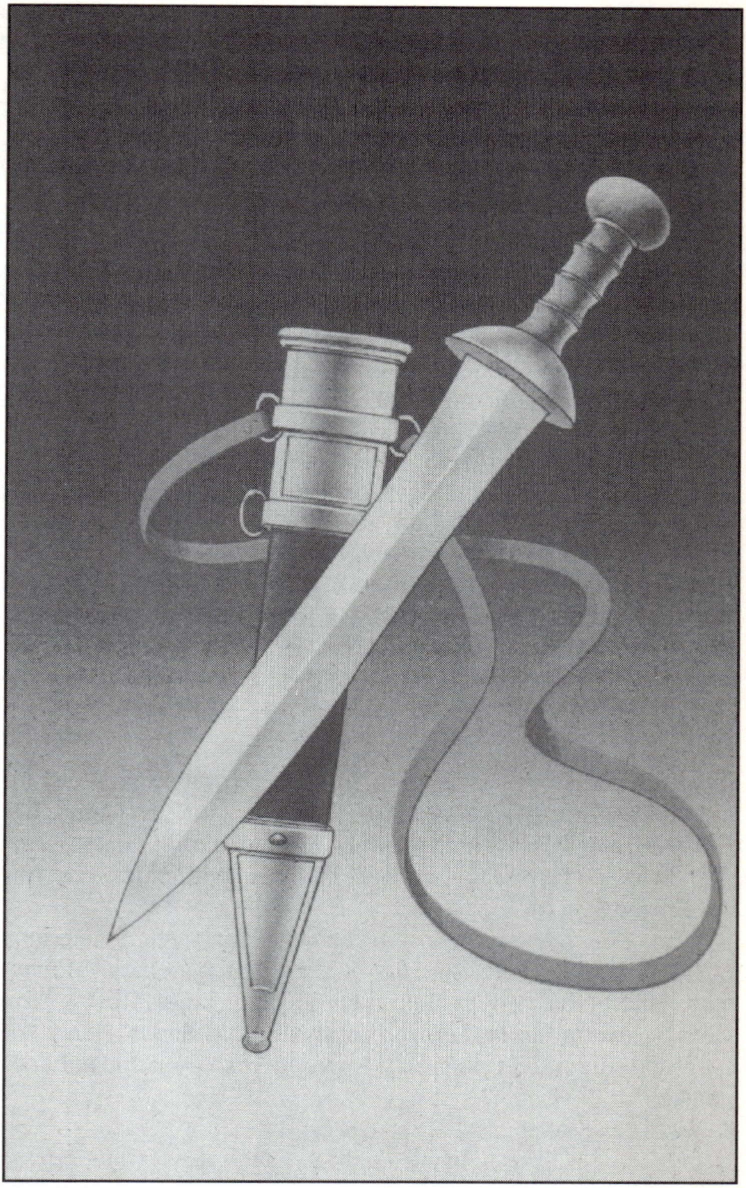

Zweischneidiges Machaira-Schwert eines römischen Soldaten mit Scheide (1. Jh.).

Kapitel 15

Das Schwert des Geistes

Geistliche Schlachten kann man mit militärischen Schlachten vergleichen. Ein Land führt nicht ständig Krieg, sondern nur in politischen Krisensituationen. Danach ziehen seine Soldaten wieder nach Hause, genießen den Frieden und die Erholung und kämpfen erst dann wieder, wenn es einen Grund zu kämpfen gibt.

Dieses Buch will Sie nicht dazu veranlassen, in allen Dingen des Lebens den Teufel zu suchen. Vielmehr soll es Sie zurüsten, damit Sie bereit sind, wenn ein Kampf beginnt.

Und Kämpfe *werden* kommen, wenn auch nicht jeden Tag. Aber wenn sie kommen, hat Gott uns Waffen gegeben, damit wir unsere siegreiche Position über Satan behaupten können.

In diesem Kapitel möchten wir uns mit einer der aggressivsten und offensivsten Waffen beschäftigen, die Gott dem Leib Christi gegeben hat – das „Schwert des Geistes"! Ausgangspunkt ist wiederum Epheser 6,17: „Nehmt auch den Helm des Heils und das Schwert des Geistes, das ist Gottes Wort."

Die Schwerter eines römischen Soldaten

Dem römischen Soldaten standen bei Konfrontationen mit einem Feind fünf verschiedene Schwerttypen zur Verfügung; der Heilige Geist wählte eins von ihnen aus, um damit das „Schwert des Geistes" zu veranschaulichen. Doch betrachten wir uns zunächst alle fünf.

Das *erste Schwert* des römischen Soldaten bezeichnete man mit dem lateinischen Wort *gladius*. Es war ungemein schwer, hatte eine breite Parierstange und eine sehr lange Klinge. Von allen Schwertern war das *gladius* zwar am ästhetischsten, aber aufgrund seines Gewichts auch am unpraktischsten und unhandlichsten.

Weil es so schwer war, daß der Soldat es mit beiden Händen führen mußte, bezeichnete man es auch als *beidhändiges* Schwert. Wer es schwingen wollte, mußte schon seine ganze Kraft aufbringen.

Dieses Schwert war einschneidig; die andere Seite der Klinge war stumpf. Nachdem die Römer von den Karthagern vernichtend geschlagen worden waren, kehrten sie sich von diesem Schwerttyp ab und verlegten sich auf Schwerter, die denen glichen, mit denen die Karthager sie besiegt hatten.

Der *zweite Schwerttyp* war kürzer und schmaler. Diese Waffe war etwas über vierzig Zentimeter lang und etwa sechs Zentimeter breit und deshalb auch erheblich leichter als das *gladius*. Dieses neue Schwert erfreute sich im ganzen römischen Reich bald größter Beliebtheit, weil es viel handlicher war.

Das *dritte Schwert*, das in der römischen Armee verwendet wurde, war sogar nach kürzer. Ja, im Grunde war es eher ein Dolch als ein Schwert. Man trug es in einer kleinen Scheide, die unter dem Überwurf des Soldaten versteckt war; man konnte damit einen Feind oder Angreifer durch einen schnellen Stich ins Herz tödlich verwunden.

Das *vierte Schwert*, das römische Soldaten benutzten, war lang und sehr schmal. Im Gegensatz zu den etwas massiveren Schwertern, wie sie die Infanterie hatte, wurde dieses Schwert besonders von der Reiterei verwendet. Überdies gebrauchte man diese Waffe auch in einer Sportart, die man mit dem heutigen Wettkampffechten vergleichen könnte. Kein Soldat hätte mit diesem Schwert in den Kampf ziehen wollen, da er damit nur unzureichend bewaffnet gewesen wäre.

Der *fünfte Schwerttyp* stand Paulus vor Augen, als er im Rahmen der geistlichen Waffenrüstung das „Schwert des Geistes“ erwähnte.

Der Name dieses speziellen Schwerts lautet auf Griechisch *machaira*. Diese brutale Mordwaffe war knapp fünfzig Zentimeter lang und hatte an beiden Seiten eine rasiermesserscharfe Schneide. Da es zweischneidig war, war es auch viel gefährlicher als die anderen Schwerter. Seine Spitze war leicht gekrümmt und deshalb besonders scharf und unheilbringend.

Dieses zweischneidige Schwert fügte dem Gegner viel schlimmere Wunden zu als ein einschneidiges: Nachdem der Soldat es seinem Gegner in den Bauch gestoßen hatte, packte er es mit beiden Händen und rammte es mit einer Drehbewegung noch tiefer hinein; beim Herausziehen riß er dem Feind die Eingeweide aus der Bauchhöhle.

Das war mit Abstand das gefährlichste Schwert. Andere Schwerter waren tödlich, *doch allein der Gedanke an das „machaira" versetzte einen Gegner in Panik!* Es sollte den Feind nicht nur töten, sondern sein Inneres zerstückeln. Es war eine echte *Mordwaffe!*

Was ist ein *Rhema*?

Das *machaira* ist in Epheser 6,17 ein Bild für das „Schwert des Geistes". Damit möchte Paulus sagen, daß Gott der Gemeinde eine Waffe gegeben hat, die genauso brutal wie dieses zweischneidige Schwert ist! Gott hat uns eine Waffe gegeben, mit der wir unseren Feind in Stücke reißen können – das „Schwert des Geistes".

Gegen Ende des Satzes folgt die Erklärung, worum es sich bei diesem „Schwert des Geistes" handelt: „... das Schwert des Geistes, das ist *Gottes Wort*."

„Wort", wie es in dieser Passage gemeint ist, heißt auf Griechisch *rhema*. *Rhema* ist eines der gebräuchlichsten griechischen Wörter, das im Neuen Testament erscheint. Es beschreibt etwas, das „klar", „unverwechselbar", „lebhaft und anschaulich", „mit unzweifelhaften Worten" bzw. „eindeutig und sicher" ausgesprochen wird und keine Fragen offenläßt.

Im Neuen Testament versteht man unter *rhema* ein „brandaktuelles Wort", wie z. B. ein Bibelwort oder ein „Wort vom Herrn", das uns der Heilige Geist auf übernatürliche Weise eingibt und vor Augen stellt, wodurch es dem Gläubigen, der es bekommt, besondere Kraft verleiht!

Diese *rhemas* haben so viel Kraft, daß ein Christ, in dessen Herz und Sinn der Heilige Geist ein solches Wort oder einen Bibelvers „brandaktuell" gemacht hat, *ohne Vorbehalt* weiß: „Das habe ich vom Herrn gehört! Es besteht kein Zweifel!"

Jesus redet in Johannes 14,26 davon, daß der Heilige Geist uns Worte lebendig vor Augen stellt: „Der Beistand aber, der Heilige Geist, den der Vater senden wird in meinem Namen, der wird euch alles lehren *und euch an alles erinnern, was ich euch gesagt habe*."

Wenn der Heilige Geist ein „Wort" in unser Herz legt oder auf übernatürliche Weise einen Bibelvers in uns wachruft oder uns an eine Verheißung aus der Schrift erinnert, bewirkt dies

Glauben in uns! *Was er zu uns spricht, ist klar, unverwechselbar, unleugbar, unzweifelhaft, gewiß und eindeutig.*

Somit ist ein *rhema* ein spezielles Wort, das der Heilige Geist für uns zu einem speziellen Zeitpunkt und zu einem speziellen Zweck brandaktuell macht.

Wenn Paulus nun sagt, das Schwert des Geistes sei *das Wort Gottes*, meint er damit, daß der Heilige Geist uns ein „Wort" in dem Moment lebendig vor Augen führen kann, in dem wir es brauchen.

Ein Bibelkundiger hat Epheser 6,17 folgendermaßen übersetzt: *„… (nehmt) das Schwert, das euch der Geist gibt, indem er ein besonderes Wort von Gott hervorholt.*" Mit diesem Wort können Sie mit der Kraft des Schwertes in die unsichtbare Welt vordringen.

Schwert und Gürtel

Wir sprachen bereits darüber, daß in der geistlichen Waffenrüstung Gürtel und Schwert untrennbar miteinander verbunden sind.

Der Gürtel steht für die Bibel. Dieses geschriebene Wort Gottes ist die wichtigste Quelle, aus der ein *rhema* kommt. Ein echtes *rhema* ist so kraftvoll und vollmächtig, daß es in unserer Hand wie ein übernatürliches Schwert fungiert.

Mit diesem Schwert können wir die Angriffe Satans zurückdrängen. Der Heilige Geist gibt diese „Worte"; sie sind voller übernatürlicher Kraft und versetzen uns in die Lage, den psychologischen, emotionellen, geistlichen und körperlichen Attacken des Feindes zu widerstehen.

Haben Sie mit dem „Schwert des Geistes" schon Ihre Erfahrungen gemacht? Waren Sie schon einmal in einer brenzligen Situation, als der Heilige Geist auf einmal ganz plötzlich in diesen Vorrat der Schrift griff, den Sie in Ihrem Innern durch Bibelstudium, Gebet und Nachdenken angehäuft hatten, und einen dieser Verse „brandaktuell" machte?

Wurden Sie schon einmal von einem Bibelvers gestärkt, der scheinbar aus dem Nichts zum richtigen Zeitpunkt plötzlich in Ihren Gedanken auftauchte? Sie dachten gar nicht an diese konkrete Bibelstelle und dennoch wurde sie in Ihrem Herzen lebendig. Als dieser Vers auftauchte, wußten Sie auf einmal, daß alles gut werden würde. Kennen Sie solche Situationen?

Ein Bibelvers, der Sie förmlich „anspringt" und bei dem Ihnen das Herz aufgeht, gibt Kraft! Es kommt Ihnen vor, als spräche Gott durch solche Worte *ausschließlich* zu Ihnen.

Man könnte das geschriebene Wort, die Bibel, mit dem *gladius*-Schwert des römischen Soldaten vergleichen: Es ist mächtig und hat eine breite, schwere Klinge. Sie ist in der Lage, gewaltige Schläge gegen den Feind auszuführen. Doch gelegentlich braucht man ein spezielles Wort – quasi ein kleineres, zweischneidiges Schwert, ein *rhema* – um dem Angreifer den Todesstoß zu versetzen! Wir müssen den Feind sozusagen *erstechen*! Dazu wird ein *rhema* erforderlich sein, das der Heilige Geist in unser Herz legt.

Vegetius, ein römischer Geschichtsschreiber aus dem 4. Jahrhundert, sagt: „… Doch ein Hieb mit der Schneide tötet selten, auch wenn er noch so kräftig ausgeführt wird, weil die lebenswichtigen Teile des Körpers von den Knochen und der Rüstung geschützt werden. *Im Gegensatz dazu ist ein Stich in der Regel tödlich, obwohl er nur eine Handbreit in den Körper eindringt.*" (Auf den Seiten 123-152 von *Living in the combat zone* erfahren Sie mehr darüber, wie Vegetius das Leben der römischen Soldaten beschreibt.)

Viele Leute gehen fälschlicherweise davon aus, daß sie erst die ganze Bibel auswendiglernen müssen, bevor Gott sie gebrauchen oder zu ihnen sprechen kann. Obgleich das Auswendiglernen der Heiligen Schrift lohnend ist, und wir versuchen sollten, uns soviel wie möglich zu merken, ist es nicht notwendig, die ganze Bibel zu kennen, um das „Schwert des Geistes" zur Verfügung zu haben.

Eins müssen Sie unbedingt wissen: Es ist nicht erforderlich, eine zehn Seiten lange Prophetie zu bekommen, damit man sagen kann, man habe das „Schwert des Geistes". Im Lauf der Jahre bekam ich von Leuten zahlreiche sogenannte „Worte vom Herrn" vorgelegt. Ich werde nie vergessen, wie ich von einem Mann einmal einen Brief bekam mit der Bitte, ich möge doch prüfen, ob sein „Wort vom Herrn" auf sein persönliches Leben zuträfe.

Als ich mir dieses „Wort“ anschaute, stellte ich fest, daß es fast zwanzig Seiten lang war. Es war so haarsträubend, daß ich mich fragte, wie in aller Welt jemand auf den Gedanken kommen konnte, so etwas sei wirklich ein echtes Wort vom Geist Gottes.

Glauben Sie nicht, Ihr *rhema*, Ihr speziell an Sie gerichtetes „Wort vom Herrn“, sei erst dann echt, wenn es etliche Seiten lang ist. Ich bin vielen Leuten begegnet, die sich seitenlange Prophetien und „Worte“ vom Herrn über ihren Dienst, ihre Firma oder ihre Familien aufgeschrieben haben. Die meisten dieser weitschweifigen Worte sind so kompliziert und schwer zu verstehen, daß man sich gar nicht nach ihnen richten könnte, selbst wenn man es wollte. Meistens haben die Empfänger selbst keine Ahnung, was sie eigentlich bedeuten!

Ja, der Geist Gottes kann jemandem ein ausführliches, persönliches Wort geben, doch das ist die *Ausnahme*, nicht die *Regel*. Ganz im Gegenteil: Historisch gesehen war es so, daß die meisten großen Männer und Frauen Gottes, deren Namen in die Geschichte eingegangen sind, einem *einzigen, einfachen Wort von Gott* gehorchten.

Noah bekam von Gott ein relativ kurzes Wort, das ihn und seine Familie vor der Zerstörung bewahrte (vgl. 1. Mos 6,13-7,4). Angesichts der Auswirkungen der Flut und der epochalen Konsequenzen von Noahs Gehorsam war das Wort des Herrn an ihn wirklich sehr kurz und einfach. Dieses Wort Gottes, das den Lauf der Weltgeschichte veränderte und die Menschheit am Leben erhielt, dürfte alles in allem so an die zehn Minuten lang gewesen sein!

Als Gott Abraham aufrief, Mesopotamien zu verlassen und seinen Glaubensweg zu beginnen, war seine Anweisung insgesamt nur drei Verse lang, alles in allem dreiundsiebzig Worte (vgl. 1. Mos 12,1-3). Dieses außerordentlich kurze Wort von Gott führte zur Gründung des jüdischen Volkes und schuf damit die Voraussetzung für das Kommen Jesu und des christlichen Glaubens, der uns allen zum Segen wurde.

Josef bekam in zwei Träumen ein Wort von Gott über sein persönliches Leben. Was der Heilige Geist in diesen beiden kurzen Träumen zu Josef sagte, war sehr anschaulich und offenbarte ihm seine Zukunft (vgl. 1. Mos 37,6-9). Durch diese

Begegnungen mit Gott wurde er letztlich in die Lage versetzt, seine Familie und das ganze Volk Israel versorgen zu können.

Während Mose am Horeb Schafe hütete, erschien ihm ein Engel des Herrn in einem brennenden Dornbusch und machte ihm unmißverständlich klar, Gott hätte ihn auserwählt, um das Volk Israel aus seiner Knechtschaft in Ägypten herauszuführen (vgl. 2. Mos 3-4). Indem er diesem verhältnismäßig kurzen Wort vom Herrn gehorchte, wendete sich das Los der Israeliten und Mose wurde einer der größten Gottesmänner aller Zeiten.

Maria, die Mutter Jesu, bekam ein Wort von Gott, das noch heute in der Welt Wunder wirkt. Der Engel Gabriel brachte ihr eine sehr kurze Botschaft, die ihr Leben grundlegend veränderte. *Dieses äußerst wichtige Wort vom Herrn war nur acht Verse lang* (vgl. Lk 2,28-33;35-37). Weil Marias Herz für dieses Wort Gottes empfänglich war, wurde sie auserwählt, die Mutter Jesu zu sein.

Spezielle Worte vom Herrn zogen sich wie ein roter Faden durch den Dienst des Apostels Paulus. Bei seiner Bekehrung bekam er ein Wort von Gott (vgl. Apg 9,4-6). Im Zusammenhang mit seiner Bekehrung empfing auch Hananias ein besonderes Wort von Gott (vgl. Apg 9,10-16). Der Heilige Geist sprach ganz konkret zu ihm, als er zu seinem Dienst in der Öffentlichkeit ausgesandt wurde. Ein Wort vom Herrn sollte ihn auf die Zeit der Verfolgung in Jerusalem vorbereiten (vgl. Apg 21,11). Zudem empfing er ein Wort vom Heiligen Geist über seinen Dienst in Rom (vgl. Apg 23,11).

Eine Liste der Männer und Frauen, die in unserer Zeit einfache, kurze und prägnante Worte vom Heiligen Geist bekamen und ihnen gehorchten, würde den Rahmen dieses Buches sprengen. Indem sie diesen einzelnen und einfachen Worten vom Herrn gefolgt sind, haben sie den Lauf der Geschichte verändert. Viele geistliche Segnungen, die wir heute genießen dürfen, gehen darauf zurück, daß gottesfürchtige Menschen derart einfachen und konkreten Worten vom Herrn gehorchten.

Man könnte auch sagen, diese Männer und Frauen drangen gleichsam mit einem Dolchstoß in das Reich der Finsternis ein, indem sie *einem Wort* gehorchten, in dem Gott ihnen ihr Lebensziel aufzeigte. Obwohl diese Worte vom Herrn kurz und prägnant waren, fügten sie dem Feind großen Schaden zu.

Wie gesagt: Ein Schwertstich, der eine Handbreit tief eindringt, reicht, um einen Gegner zu töten. Wenn der Heilige Geist Ihnen ein Schwert – ein *rhema* – in die Hand drückt, wird es wahrscheinlich kurz, prägnant und präzise sein. Der Herr weiß, daß ein weitschweifiges Wort die meisten von uns nur verwirren würde. Deshalb ist das, was er spricht, klar, lebendig, unmißverständlich, unleugbar, gewiß, definitiv und leicht zu begreifen.

Was ist ein *zweischneidiges* Schwert?

Das zweischneidige Schwert, das Paulus in unserem Text aus Epheser 6,17 erwähnt, taucht im Neuen Testament öfters auf!

Der Apostel Johannes beschreibt in seiner Vision von der Offenbarung, die er auf der Insel Patmos bekam, Jesus mit folgenden Worten: „… und er hatte in seiner rechten Hand sieben Sterne, *und aus seinem Mund ging ein zweischneidiges, scharfes Schwert hervor …" (Offb 1,16).*

Ein zweischneidiges Schwert kam aus dem Mund Jesu!

„Zweischneidig" heißt auf Griechisch *distomos*; dies ist ohne Zweifel eines der eigenartigsten Wörter im Neuen Testament.

Was ist so eigenartig an dem Wort „zweischneidig"? Nun, *distomos* setzt sich aus *di*, „zwei", und *stoma*, „Mund", zusammen, und heißt somit strenggenommen „doppelmündig".

Ein „zweischneidiges Schwert" ist deshalb eigentlich ein „doppelmündiges Schwert". Eine exakte Übersetzung von Offenbarung 1,16 wäre: „*… und aus seinem Mund ging ein doppelmündiges, scharfes Schwert hervor …"*

Ein ähnliches Statement finden wir in Offenbarung 2,12: „Und dem Engel der Gemeinde in Pergamon schreibe: Dies sagt der, der das zweischneidige, scharfe Schwert hat …"

Das Wort „zweischneidig" hier geht gleichfalls auf *distomos* zurück. Deshalb könnte man auch Offenbarung 2,12 wie folgt übersetzen: „Dies sagt der, der das doppelmündige, scharfe Schwert hat …"

In Hebräer 4,12, einem Vers, der für dieses Kapitel über das „Schwert des Geistes" von entscheidender Bedeutung ist, stößt man auf genau dieselbe Formulierung: „Denn das Wort Gottes ist lebendig und wirksam und schärfer als jedes zweischneidige (*distomos*) Schwert (*machaira*, wie das 'Schwert des Geistes' in Epheser 6,17) …"

Weshalb wird das Wort Gottes mehrmals als „zweischneidiges Schwert“ bezeichnet? Oder warum spricht der Urtext eigentlich von einem „doppelmündigen“ Schwert? Was ist der Unterschied zwischen einem „doppelmündigen“ und einem „zweischneidigen“ Schwert?

Wir müssen bei der Beantwortung dieser Fragen berücksichtigen, daß die Römer ursprünglich ein sehr langes, einschneidiges Schwert verwendeten. Sollte der Einsatz dieses *gladius*-Schwertes Wirkung zeigen, mußte man darauf achten, daß die Schneide zum Gegner hin zeigte.

Träfe man den Angreifer mit der stumpfen Seite der Klinge, würde man ihn zwar ganz gewiß verletzen, aber nicht töten. Auf diese Weise würde das Schwert seine volle Wirkung nicht entfalten.

Das *machaira*-Schwert hingegen mit seinen zwei messerscharfen Schneiden war absolut tödlich und fügte dem Gegner tiefere Wunden zu als das *gladius*-Schwert.

Nachdem man den Feind mit diesem tödlichen, zweischneidigen Schwert erstochen hatte, blieb dieser in einer Blutlache liegen. Setzte man dieses Schwert richtig ein, würde man von seinem Feind nie wieder belästigt werden!

Das Wort Gottes ist genauso! Es ist wie ein Schwert mit zwei Schneiden, das man in beide Richtungen führen kann und das einen Angreifer schlimm zurichtet.

Eine Schneide des Schwertes entstand, als das Wort das erste Mal *aus dem Mund Gottes* hervorkam. Die zweite Schneide kommt dazu, wenn das Wort Gottes *aus Ihrem Mund* herauskommt! Aus diesem Grund ist im Urtext von einem *„doppelmündigen“* Schwert die Rede.

Als Gott sein Wort zum ersten Mal aussprach und die biblischen Autoren dazu inspirierte, es niederzuschreiben, war es ein *einschneidiges Schwert* – es war bis dahin *nur aus einem Mund* hervorgegangen! Ja, es war das Wort Gottes; ja, es war ein Schwert, und was für ein mächtiges Schwert! Dennoch kam es nur aus einem Mund hervor und war deshalb sozusagen lediglich ein *einmündiges Schwert*.

Man könnte auch sagen, das Wort Gottes war wie ein *gladius*-Schwert mit einer scharfen und einer stumpfen Seite. Doch als Sie dieses Wort bewußt mit Ihrem Geist aufnahmen und bewußt darüber nachsannen und ihm bewußt den Ehrenplatz gaben, machten Sie den ersten Schritt, um dem Wort Gottes in Ihrem Leben eine zweite Schneide zu geben.

Wenn Sie es dann mit einer dämonischen Herausforderung zu tun haben, kann der Heilige Geist in diesen Vorrat an göttlichem Wort, den Sie in Ihrem Inneren angehäuft haben, hineingreifen; er kann einen Satz oder eine biblische Verheißung nehmen und quasi aus Ihrem Innersten herausholen! Wenn diese Verse, die der Heilige Geist aus Ihrem Geist herausholt, sich in Ihrem Denken breitmachen und schließlich aus Ihrem Mund herauskommen, bekommt das Schwert seine zweite Schneide und wird *doppelmündig*!

Zunächst kam das vollmächtige Wort aus dem Mund Gottes hervor und bekam dadurch eine Schneide. Dann stieg dieses vollmächtige Wort aus Ihrem Geist gleichsam „nach oben“, wurde in Ihrem Denken präsent, kam schließlich aus Ihrem Mund heraus und bekam auf diese Weise eine zweite Schneide.

Nachsinnen und bekennen

Ich hoffe, daß Sie anhand dieser Erklärung verstehen, warum es so wichtig ist, über das Wort Gottes nachzusinnen und warum es entscheidend ist, es mit dem Mund zu bekennen!

Indem Sie über Gottes Wort reflektieren, erlauben Sie ihm, sein wunderbares Werk in Ihnen zu vollbringen! Es heißt ja in Hebräer 4,12 weiter: „Denn das Wort Gottes ist lebendig und wirksam und schärfer als jedes zweischneidige Schwert und durchdringend bis zur Scheidung von Seele und Geist, sowohl der Gelenke als auch des Markes, und ein Richter der Gedanken und Gesinnungen des Herzens.“

Wenn Gottes Wort in Ihnen zu wirken anfängt, durchschneidet es den Morast und Dreck Ihres Denkens und Fühlens und dringt zum Wesentlichen vor. Mit anderen Worten: Es scheidet Seele und Geist voneinander; es trennt Gelenke und Mark; es richtet die Gedanken und Gesinnungen des Herzens.

Bildlich gesprochen könnte man sagen, daß *das Wort Gottes Augen hat!* Es sieht, was dem menschlichen Auge verborgen bleibt, es weiß, was kein Mensch ergründen kann und sobald man es im Herzen aufnimmt, fängt es augenblicklich an, die

Bereiche unseres inneren Menschen zu erneuern, die aus den Fugen geraten und aus dem Ruder gelaufen sind.

Deshalb fährt der Autor des Hebräerbriefes fort: „... und kein Geschöpf ist vor ihm unsichtbar, sondern alles bloß und aufgedeckt vor den Augen dessen, mit dem wir es zu tun haben“ (Hebr 4,13).

Sobald wir über das Wort Gottes nachsinnen, beginnt es in unserem Inneren zu „scheiden“ und zu „richten“. Lassen wir das Wort Gottes nicht an uns heran, werden unser falsches Denken und unsere Bindungen aus der Vergangenheit auch weiterhin Macht über uns ausüben.

Doch wenn wir das Wort Gottes bewußt in unser Leben integrieren und ihm gestatten, sein übernatürliches Werk zu tun, *dringt es wie ein göttliches Schwert bis zum Kern vor*; es tut, was kein Ehepartner, kein Freund, kein Pastor, kein Bibellehrer, kein Psychologe und kein Psychiater tun kann.

Es ist außergewöhnlich, was das Wort in uns bewirkt – *es verändert unser Inneres*! Noch dazu *bekommen wir Glauben*, wenn wir das Wort wirken lassen, denn es heißt ja: „So kommt der Glaube nun durchs Hören, das Hören jedoch durch das Wort Gottes“ (Röm 10,17; wörtl. a. d. Engl.).

Hat das Wort in Ihnen erst einmal Wurzeln geschlagen und ist Ihr Denken und Fühlen erst einmal von ihm verändert worden, sind Sie in der Lage, das Wort Gottes aus Ihrem tiefsten Inneren heraus auszusprechen! Ihr erneuerter Sinn wird letztlich mit ihrem Glauben zusammenarbeiten, und Sie können das Wort Gottes kühn und ohne jeden Zweifel aussprechen!

Sollte jemand keinen Erfolg sehen, wenn er das Wort Gottes bekennt, kann das daran liegen, daß er das Wort ausspricht, bevor es ihn ganz persönlich verändert hat! Das Wort hatte noch gar nicht die Zeit, in seinem Innersten Wurzeln zu schlagen und sein Denken zu erneuern und schon macht er sich hastig daran, das nachzumachen, was jemand anderer bekannt oder getan hat. Weil es ihm jedoch nicht persönlich in Fleisch und Blut übergegangen war, führte es auch zu keinen dauerhaften Ergebnissen.

Sie dürfen auf keinen Fall unterschätzen, wie wichtig es ist, das Wort Gottes zu studieren, darüber nachzusinnen und zu beten – nur so werden Sie es verinnerlichen.

Wenn die Wahrheit des Wortes Gottes auf diese Weise in Ihnen Wurzeln schlägt und seine verändernde Kraft in Ihnen freisetzt, dann werden Sie es so bekennen können, daß dabei eine immense geistliche Kraft frei wird. Ein solches Bekenntnis ist in der Tat wie ein Hieb mit einem zweischneidigen Schwert in das Gesicht des Feindes!

Wenn der Heilige Geist in diesen Vorrat an Wort Gottes in Ihrem Innersten greift und einen bestimmten Vers brandaktuell macht (d. h. *wenn er einen dieser Verse wie ein mächtiges Schwert zückt*), dann steigt er in Ihnen nach oben, umgeht Ihr rationales Denken und kommt über Ihre Lippen! *Indem er aus Ihrem Mund kommt, bekommt er auf wunderbare Weise gleichsam eine zweite Schneide!* In diesem Augenblick wird dieses Wort zu einem „zweischneidigen" bzw. „doppelmündigen" Schwert.

Manche Leute vertreten die Meinung: „Das Wort ist tief in meinem Geist verwahrt. Aber ich sehe keinen Anlaß, es mit meinem Mund zu bekennen. Ich behalte es lieber für mich."

Ohne Bekenntnis wird auch der gewünschte Sieg ausbleiben. Es ist gut, über das Wort nachzusinnen, denn auf diese Weise wird das Denken erneuert. Sie sollten sich soviel wie möglich vom Wort Gottes merken. Das Wort schenkt inneren Reichtum!

Doch wenn Sie es damit bewenden lassen, haben Sie lediglich ein einschneidiges und kein zweischneidiges Schwert. Da es nur aus dem Mund Gottes in Ihr Herz gekommen, jedoch noch nicht aus Ihrem Mund (dem „zweiten Mund") herausgekommen ist, hat es nur eine Schneide.

Interessanterweise wird bei obiger Beschreibung Jesu, der das Wort Gottes *ist*, gesagt, ein Schwert komme aus seinem Mund hervor. Das Schwert ist nicht in seiner Hand, sondern *in seinem Mund*!

Hören, was Gott sagt

So wie das Schwert des römischen Soldaten in einer herrlichen Scheide an seinem Gürtel hing, so hängt auch die „Abrufbarkeit" eines *rhemas* voll und ganz davon ab, inwieweit das geschriebene Wort Gottes Teil Ihres Lebens ist.

Manche Leute gehen in die Natur hinaus, setzen sich auf einen Felsen und warten darauf, daß Gott zu ihnen spricht.

Einige sitzen schon seit Jahren auf ihrem Felsen und fragen sich, warum sie nichts von Gott hören!

Gott spricht durch sein Wort! Das „Schwert" hängt am „Gürtel"! Wenn Sie das „Schwert" brauchen, dann vertiefen Sie sich ins Wort. Das *rhema* wird unmittelbar dem Wort entspringen, das Sie studiert, über das Sie nachgedacht und gebetet haben und das auf diese Weise ein Teil von Ihnen geworden ist. Dann wird der Heilige Geist die Möglichkeit haben, dieses Wort als Waffe gegen den Feind einzusetzen. Das *rhema* wird Ihnen nicht zuteil werden, indem Sie auf Ihrem Felsen sitzen bleiben und darauf warten, daß Gott auf geheimnisvolle Weise zu Ihnen spricht!

In Psalm 119,130 heißt es: „Die Eröffnung deiner Worte *leuchtet ..." In Jesaja 8,20 lesen wir: „... wenn sie nicht diesem Wort gemäß sprechen, liegt das daran, daß kein Licht in ihnen ist*" (wörtl. a. d. Engl.).

Diese beiden Verse zeigen klar und deutlich auf, daß Menschen, die das Wort Gottes nicht haben, auch kein Licht haben. Wenn sie das Wort nicht haben, sitzen sie im Dunkeln.

Wenn das Wort Gottes im Herzen und im Denken eines Menschen Einzug hält, spendet es Licht und weist den Weg. Es erhebt sich im Innersten wie ein Schwert; es ist ein Wort der Weisung. Gleichgültig, wie finster es um Sie herum ist – *wenn dieses Schwert aus Ihrem Geist nach oben kommt, wird es Ihnen den Weg zeigen.*

Gleichgültig, welche Lügen, Anklagen und Vorwürfe der Teufel gegen Sie vorbringt: Wenn dieses göttliche Licht des Wortes in Ihrem Geist und in Ihrem Denken brennt, wird es wie ein mächtiges Schwert aus Ihrem Mund hervorkommen und Ihnen genau die Worte in den Mund legen und die Anweisungen geben, die erforderlich sind, um die Angriffe des Teufels in diesem Augenblick zu überwinden.

Ihre Fähigkeit, mit dieser übernatürlichen Wegweisung und Offenbarung zu leben, hängt einzig und allein davon ab, *wieviel vom Wort Gottes in Ihnen ist.* Leute, die häufig *rhemas* bekommen, haben das *logos*, das geschriebene Wort, zum Mittelpunkt ihres Lebens gemacht.

Als Jesus ein Schwert brauchte

In Matthäus 4 lesen wir die Geschichte von der Versuchung Jesu in der Wüste. Vierzig Tag und Nächte wurde er von Satan sozusagen in die Mangel genommen. Weil diese Zeit der Prüfung durch den Teufel so intensiv und beschwerlich war, brauchte Jesus ein *rhema*, ein „Schwert des Geistes", um jenen Angriffen des Bösen widerstehen zu können.

So heißt es in Matthäus 4,1-3: „Dann wurde Jesus von dem Geist in die Wüste hinaufgeführt, um von dem Teufel versucht zu werden; und als er vierzig Tage und vierzig Nächte gefastet hatte, hungerte ihn schließlich. Und der Versucher trat zu ihm hin und sprach: Wenn du Gottes Sohn bist, so sprich, daß diese Steine Brote werden."

Der Teufel agierte Jesus gegenüber nicht anders als in unserem Leben. In dieser Bibelstelle spricht er zu ihm: „*Wenn* du der bist, der du zu sein vorgibst, dann beweise es!"

Welche Antwort gab Jesus? Im nächsten Vers heißt es: „Er aber antwortete und sprach: ***Es steht geschrieben …***" Der Heilige Geist mit seiner Macht und Kraft gab ihm ein Wort zur rechten Zeit! Er holte eine Schriftstelle aus dem Geiste Jesu hervor, die dieser dann mit großer Kraft und Autorität aussprach. *Er zückte dieses Wort wie ein gewaltiges Schwert*, und der Feind mußte weichen!

Warum konnte der Heilige Geist dieses Schwert aus dem Innersten Jesu herausziehen? Da der Herr Jesus Christus Mensch geworden war, hatte er wie wir Zeit damit verbracht, das Wort Gottes zu studieren, darüber nachzusinnen und zu beten! Ein Teil seiner Erziehung bestand darin, regelmäßig in die Synagoge zu gehen, wo er Woche für Woche das Wort Gottes hörte. Nach einer gewissen Zeit hatte er dieses Wort tief in seinem Innersten aufgenommen.

Als Jesus dann ein „Schwert des Geistes" brauchte, griff der Heilige Geist in diesen Vorrat in seinem Innersten und vergegenwärtigte ihm einen ganz bestimmten, treffenden Vers. Als dieses Wort aus seiner Erinnerung „abgerufen" wurde und aus seinem Mund hervorkam, wurde es zu einem zweischneidigen, doppelmündigen Schwert, gegen das sich der Feind nicht widersetzen konnte, obwohl er es versuchte!

Beachten Sie, daß Jesus sagte: *„Es steht geschrieben ..."* Welche Schriftstelle zitierte er? Er zitierte 5. Mose 8,3, *einen Vers, den er sich offensichtlich zu einem früheren Zeitpunkt gemerkt hatte!* Als er dieses Wort brauchte, brachte der Heilige Geist es „nach oben" und benutzte es als Waffe.

Was geschah weiter? Der Teufel versuchte, Jesus – wie uns auch – erneut in eine „Gedankenspielerei" zu verstricken, indem er sagte: „*Wenn* du Gottes Sohn bist, so wirf dich hinab ..."

Jesus hatte dem Feind doch gerade eben mit dem Wort Gottes einen Dolchstoß versetzt! Er hatte gerade eben gesagt: „Es steht geschrieben ..." Wie reagierte der Teufel auf den ersten Stich Jesu? Was erwiderte er ihm? Er konterte selbst mit dem Wort Gottes: „Wenn du Gottes Sohn bist, so wirf dich hinab; *denn es steht geschrieben ...*"

Apropos Gedankenspielerei: Nun fing der Teufel auch noch an, die Heilige Schrift zu zitieren! Er sagte: „... denn es steht geschrieben: 'Er wird seinen Engeln über dir befehlen, und sie werden dich auf den Händen tragen, damit du nicht etwa deinen Fuß an einen Stein stößt.' *Jesus sprach zu ihm:* **Wiederum** steht geschrieben ..." (V. 6-7).

Jesus mußte das Wort Gottes kennen, sonst wäre er auf diesen Betrug des Teufels hereingefallen. Der Teufel kann die Bibel besser zitieren als irgendein Christ auf der Welt! Da Jesus das Wort kannte und dieses in ihm „die Gedanken richtete", konnte er angesichts dieser Versuchungen Kurs halten.

Sie sind gut beraten, das Wort Gottes in ihrem Innersten gleichsam als *lebendiges, aktives und kraftvolles* Depot anzuhäufen. Überdies sind Sie gut beraten, es nicht nur im Kopf zu haben, denn wenn Sie es lediglich wissen, wird der Teufel Sie verwirren und letztlich in die Knie zwingen.

Der Teufel kann mit der Bibel umgehen! Er weiß ganz genau, wie er Ihnen die Bibel beibringen muß, damit Sie sie so verstehen, wie *er* es will! Der Teufel ist ein geschickter „Bibellehrer": Er wird Ihnen alles Mögliche erzählen, was gar nicht in der Bibel steht, und Ihnen dann jemanden schicken, der all diese Lügen scheinbar biblisch „belegen" kann!

Lassen Sie sich nicht in die Irre führen! Es macht dem Teufel keine Schwierigkeiten zu erklären: *„Es steht geschrieben ..." Deshalb müssen Sie es zulassen, daß sich das Wort Gottes in*

Ihrem Inneren festsetzt. Auf diese Weise wird Ihr Denken erneuert und Sie können die Lügen und Gedankenspielereien des Teufels „richten" bzw. beurteilen. Das Wort Gottes ist ein Richter!

Der Teufel versuchte, Jesus in eine Gedankenspielerei zu verwickeln, indem er eine Bibelstelle aus dem Zusammenhang riß und sie ihm entgegenhielt. Doch Jesus erkannte den Trick dahinter und entgegnete: *„**Wiederum** steht geschrieben ...",* so als ob er damit sagen wollte: *„Satan, hör' zu, was das Wort Gottes in Wirklichkeit sagt ..."*

Jesus fährt fort: „Wiederum steht geschrieben: 'Du sollst den Herrn, deinen Gott, nicht versuchen.'" Jesus konnte auch diese Stelle aus 5. Mose 6,16 zitieren, weil er sie früher einmal gelernt hatte. Und nun konnte der Heilige Geist sie wie ein todbringendes Schwert zücken!

Die Geschichte geht weiter: „Wiederum nimmt der Teufel ihn mit auf einen sehr hohen Berg und zeigt ihm alle Reiche der Welt und ihre Herrlichkeit" (V. 8). Im Lukasevangelium wird von derselben Begebenheit berichtet, doch dort heißt es: „Und der Teufel sprach zu ihm: Ich will dir alle diese Macht und ihre Herrlichkeit geben; denn mir ist sie übergeben, und wem immer ich will, gebe ich sie" (Lk 4,6).

Was für ein Angebot! Noch nie wurde jemandem so etwas Verlockendes offeriert! Die Herrlichkeit aller Reiche der Welt, die Macht über die Erde – beides war von Adam auf Satan übergegangen. Deshalb sagte der Teufel auch, all dies wäre ihm „übergeben" worden. Adam war es, der aufgrund seines Ungehorsams Satan die Erde und die Autorität über sie übergeben hatte.

Jesus war gekommen, um Satan die Herrschaft über die Erde und die Menschheit wieder zu entreißen. Deshalb sagt der Apostel Johannes: „Hierzu ist der Sohn Gottes geoffenbart worden, damit er die Werke des Teufels vernichte" (1. Joh 3,8b).

Jesus wußte, daß er ans Kreuz gehen würde. Er wußte, daß er die Sünde und Krankheit der Menschen auf sich nehmen und einen Opfertod sterben würde. Der Teufel köderte Jesus mit der Aussicht, daß es einen leichteren Weg für ihn geben könnte, und sagte zu ihm: „He, Jesus! Du kannst dir das alles sparen und ich geb' dir das hier noch dazu, *wenn du mich nur anbetest*. Ich geb' dir all das, *und du würdest zudem nie ans Kreuz gehen müssen.* Ich geb's dir, *ohne daß du sterben mußt!* Ich geb' dir das alles *und du würdest die Sünde nie kennenlernen müssen!*"

Was für eine Gedankenspielerei! Das ist doch ein Angebot, das man wirklich nicht ausschlagen kann! Wie reagierte Jesus auf diese Versuchung Satans? Er sagte: „Geh hinweg, Satan!"

Wodurch hatte Jesus die Kraft, der Versuchung zu widerstehen? *Durch das Wort Gottes!* Er sprach: „Denn es steht geschrieben: 'Du sollst den Herrn, deinen Gott, anbeten und ihm allein dienen.'" (V. 10). Wieder führte Jesus den Satz *„Es steht geschrieben ..."* ins Feld. Als Antwort auf das Angebot Satans zückte der Geist Gottes ein weiteres todbringendes Schwert.

Nachdem der Geist Gottes immer wieder auf den Vorrat, der in Jesus angehäuft war, zurückgegriffen, das Wort lebendig gemacht und wie ein Schwert gezückt hatte, sagt die Schrift: „... und (der Teufel) wich für eine Zeit von ihm" (Lk 4,13).

Garantiert griffbereit!

Wenn Sie sich aufmachen, in der unsichtbaren Welt für das Reich Gottes Neuland zu erobern, wird der Teufel versuchen, Sie aufzuhalten! Je mehr Ihre Erkenntnis des Wortes Gottes und damit Ihr geistliches Wachstum zunimmt, desto mehr Knüppel wird Ihnen der Feind zwischen die Beine werfen! Er möchte nicht, daß Sie geistlich vorwärtsgehen!

Die meisten Gläubigen sitzen untätig herum und lassen sich vom Teufel in Stücke hauen. Sie haben schlichtweg vergessen, daß sie nicht nur über *Verteidigungs-*, sondern auch über *Angriffswaffen* verfügen. Gott hat uns ein „Schwert des Geistes" gegeben, das seine Wirkung jedoch erst dann entfalten kann, wenn wir den ersten Schritt gegangen sind und das geschriebene Wort verinnerlicht haben.

Wenn Sie es zulassen, daß das geschriebene Wort *die* Autorität in Ihrem Leben wird, dann kann der Heilige Geist bei einer Konfrontation mit dem Teufel auf einen gewaltigen Vorrat von Schriftstellen in Ihrem Innersten zurückgreifen, sich daraus das passende Schwert aussuchen und damit den Angriff abwehren.

Anstatt sich vom Teufel jedesmal niederwalzen zu lassen, sollten Sie dem Heiligen Geist gestatten, das Wort Gottes *wie ein mächtiges Schwert* zu zücken und den Feind zu verjagen.

Möchten Sie die Garantie haben, daß Ihnen ein „Schwert des Geistes“ zur Verfügung steht, um die gedanklichen Attacken des Feindes zu parieren? Dann schnallen Sie sich den „Gürtel der Wahrheit“ fest um! Das Schwert wird aus dem Wort herausgezogen!

Wie bei einem römischen Soldaten gilt: Die Möglichkeit, das Schwert einzusetzen, steht und fällt mit dem Gürtel!

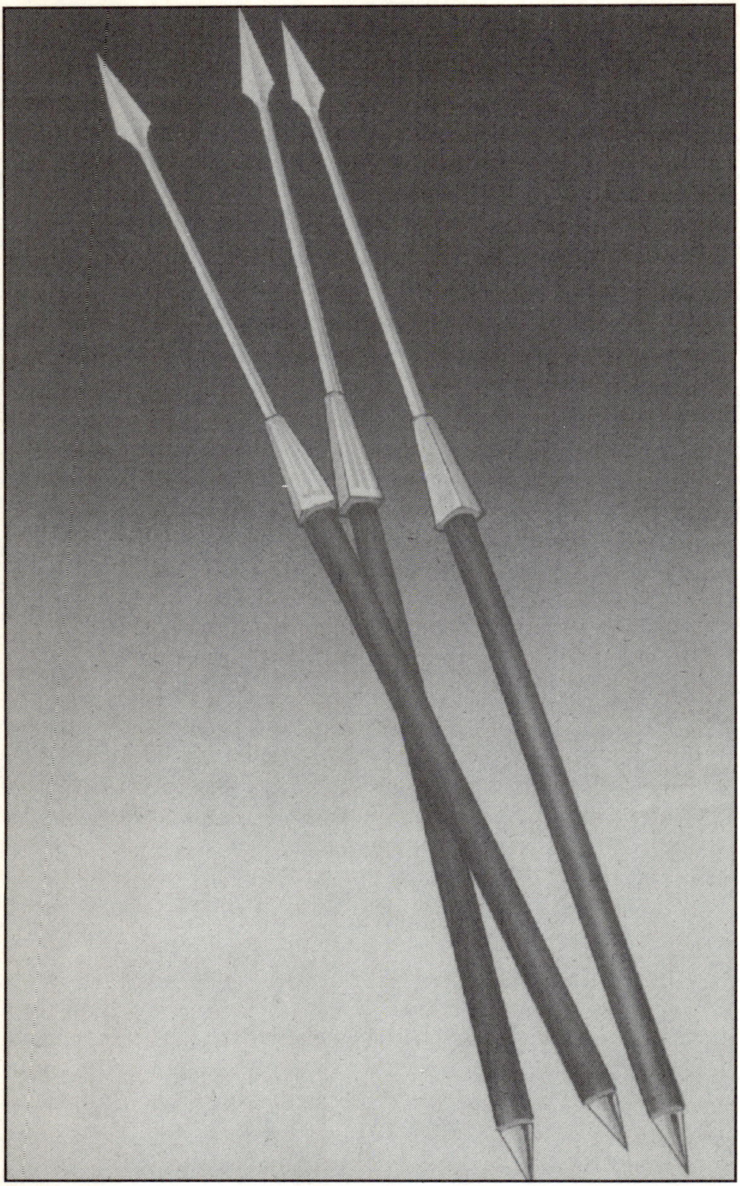

Lanze, wie sie von römischen Soldaten eingesetzt wurde (1. Jh.).

Kapitel 16

Die Lanze des Betens und Flehens

In den vorangegangenen Kapiteln haben wir uns mit dem „Gürtel der Wahrheit“, dem „Brustpanzer der Gerechtigkeit“, den „Schuhen der Bereitschaft des Evangeliums des Friedens“, dem „Schild des Glaubens“, dem „Helm des Heils“ und dem „Schwert des Geistes“ befaßt. Nun kommen wir zur letzten Waffe, die Paulus in Epheser 6 erwähnt.

Er sagt: „Mit allem Gebet und Flehen betet zu jeder Zeit im Geist, und wachet hierzu in allem Anhalten und Flehen für alle Heiligen“ (Eph 6,18).

Ich war verblüfft, als ich bei meiner Beschäftigung mit dem Thema „Geistliche Waffenrüstung“ zum Ende dieses Textes gelangte. Am meisten staunte ich an diesem Punkt über die Aussagen der meisten Bibelkommentatoren und -ausleger. Sie waren sich zwar alle einig darüber, daß ein römischer Soldat sieben Ausrüstungsteile hätte, erklärten die Auflistung des Paulus jedoch für unvollständig, weil die *Lanze* fehlen würde.

Über das Fehlen der Lanze wunderte ich mich um so mehr, weil Paulus uns ja aufträgt: „Zieht die *ganze* Waffenrüstung Gottes an …“ Würde, wie einige Bibelkommentatoren meinten, die Lanze in unserer Ausrüstung fehlen, dann könnten wir auch nicht die *ganze* Waffenrüstung Gottes anziehen, denn die Lanze gehörte unbedingt dazu.

Auch wenn die Lanze in diesem Text nicht explizit genannt wird, *muß* sie dennoch in dieser Liste enthalten sein, denn sonst könnte man ja nicht von der *ganzen* Waffenrüstung Gottes sprechen. Und die Lanze ist tatsächlich vorhanden. Denn wir lesen in Epheser 6,18: „Mit allem Gebet und Flehen betet zu jeder Zeit im Geist …“ Ich bezeichne diese letzte Waffe als *„Lanze des Betens und Flehens“*.

Setzt ein Gläubiger diese Lanze ein, hat er eine vollmächtige Gebetswaffe, mit der er in die unsichtbare Welt eindringen und gegen die Werke des Feindes vorgehen kann. Indem Sie dem

Gegner dieses göttliche Instrument mit Macht ins Gesicht schleudern, vermögen Sie größere Hindernisse in Ihrem Glaubensleben zu überwinden.

Verschiedene Arten von Lanzen

Als Paulus zum Ende seiner Ausführungen über die geistliche Waffenrüstung kam, mußte er eine Lanze vor Augen gehabt haben. Es ist durchaus denkbar, daß er in seiner Gefängniszelle einfach nur auf den Soldaten ihm gegenüber schauen mußte, um alle möglichen Lanzen und Speere an der Wand aufgereiht zu sehen.

Die Lanzen, die in den unterschiedlichen Abteilungen der riesigen römischen Armee verwendet wurden, waren nach Größe, Länge und Form verschieden. Im Laufe der Jahrhunderte wurden all diese Lanzen immer wieder verändert.

Die alten griechischen Lanzen, wie sie zur Zeit Homers eingesetzt wurden, waren in der Regel aus Eschenholz, zirka zwei Meter lang und hatten eine massive Eisenspitze. Wie die Form der Lanzen variierte auch die Form ihrer Spitzen. Sie sahen aus wie ein Blatt, ein Rohrkolben, ein spitzer Stachel oder wie das scharfe Ende der heutigen Speere.

Manche Lanzen waren kurz, andere sehr lang. Mit den kleineren durchbohrte man den Gegner aus kurzer Entfernung, während die großen aus der Distanz in Richtung des Feindes geschleudert wurden (worauf man dem angeschlagenen Kontrahenten mit einem Schwerthieb den endgültigen Todesstoß versetzte). Die meisten römischen Soldaten hatten sowohl kurze als auch lange Lanzen bei sich.

Zur Zeit Xenophons (4. Jh. v. Chr.) verfügten die Streitkräfte über ein wahres Arsenal an Lanzen – kurze Lanzen, lange Lanzen, schmale Lanzen, breite Lanzen, spitze Lanzen, stumpfe Lanzen, gezackte Lanzen, Lanzen mit Mehrfachspitzen etc. Ein durchschnittlicher Infanterist trug fünf kurze und eine lange Lanze mit sich.

Im Kampf verwendeten die Mazedonier die längsten Lanzen der Antike. Sie waren zwischen 6.50 und 7.20 Meter lang und aufgestellt so hoch wie ein Telefonmast! Stellen Sie sich nur vor, wie unhandlich so eine Kampfwaffe gewesen sein muß. Wer mit ihr kämpfen wollte, mußte ungeheuer stark sein! Die berittenen

Soldaten der Mazedonier verwendeten noch andere, weitaus kürzere Lanzen.

Die römische Armee hatte eine Lanze namens *pilum*, die man bevorzugt aus großer Entfernung dem Gegner entgegenschleuderte. Dieser *pilum* kam immer dann zum Einsatz, wenn eine feindliche Armee auf ein römisches Fort oder Lager zumarschierte. Anstatt zu warten, bis der Feind vor den Toren stand, und dann im Nahkampf hohe Verluste zu riskieren, warfen die Römer jene außerordentlich schweren Lanzen aus der Distanz auf den Angreifer. So konnten sie den Vorstoß vereiteln, noch bevor er die Grenzen ihres Lagers erreicht hatte.

Der *pilum*, wie er zur Zeit des Neuen Testaments verwendet wurde, war ungefähr 1.80 Meter lang, hatte eine eiserne Spitze und einen eisernen Schaft, die jeweils knapp neunzig Zentimeter lang waren. Somit war dieser *pilum* durch und durch aus massivem Eisen. Viele dieser Lanzen kann man noch heute in historischen Museen in aller Welt sehen.

Vegetius, ein römischer Historiker, der viel über das Militär in der Frühzeit des römischen Staates schrieb, berichtet noch von einem anderen Lanzentyp der römischen Soldaten. Seinen Worten zufolge war diese Waffe ungefähr 1.65 Meter lang und hatte eine Dreifachspitze, die zwischen 20 und 30 Zentimeter lang war. Später gab es eine abgewandelte Version, die nur noch zirka 1.15 Meter lang war und eine 13 Zentimeter lange Spitze hatte.

Wollte der Soldat seinen Feind sehr schwer verletzen, mußte er die Spitze seiner Lanze noch zusätzlich mit Eisen beschweren. Je schwerer die Waffe, desto schwerer die Verletzung. Außerdem flog die Lanze weiter, wenn sie schwerer war.

Zusammenfassend kann man sagen, daß es so viele verschiedene Lanzenarten gab, die ihrerseits immer wieder abgewandelt wurden, daß man allein zu diesem Thema noch viele Seiten schreiben könnte.

Verschiedene Arten des Gebets

Was hat all das mit der geistlichen Waffenrüstung zu tun? Warum gehe ich so detailliert auf Lanzen unterschiedlicher Form und Größe ein?

Wenn Paulus vom Gebet spricht, hat er wohl diese verschiedenen Arten von Lanzen und Speeren im Hinterkopf. Er vergleicht die unterschiedlichen Gebetsarten, die Gott uns gegeben hat, mit den unterschiedlichen Lanzentypen.

Deshalb sagt er: *„Mit allem Gebet und Flehen betet zu jeder Zeit im Geist …“*

Beachten Sie vor allem den Anfang des Verses: „Mit allem Gebet“. Diese Formulierung geht auf die griechische Wendung *dia pases proseuches* zurück, die man eigentlich mit *„… mit allen Arten von Gebet“* übersetzen müßte.

Gegen Ende seiner Darstellung der geistlichen Waffenrüstung drängt Paulus uns, die letzte Waffe zu ergreifen – *das Gebet.* Er informiert uns darüber, daß uns für unseren Glaubenskampf verschiedene Arten des Gebets zur Verfügung stehen, so wie sich ein römischer Soldat in der Schlacht unterschiedlicher Lanzen bedienen konnte.

Man könnte zum Beispiel unterscheiden zwischen dem *Gebet des Glaubens*, dem *einmütigen Gebet*, der *Fürbitte*, dem *demütigen Ansuchen*, dem *Bittgebet*, der *Danksagung*, der *kollektiven Gebetslast* und so weiter. Es gibt viele Arten des Gebets, und wir sollen jedes dieser Gebete, die uns zur Verfügung stehen, je nach Bedarf einsetzen.

So wie die kurze Lanze dem römischen Soldaten im Nahkampf hervorragende Dienste leistete, gibt es für uns nichts besseres als ein mit Autorität gesprochenes Gebet des Glaubens! Ein solches Gebet ist imstande, einem unsichtbaren Gegner, der uns zu nahe gekommen ist, den Todesstoß zu versetzen.

So wie der römische Soldat eine lange Lanze aus großer Entfernung seinem Feind entgegenschleudern konnte, vermag „präventive“ Fürbitte (wie ein zusätzlich beschwerter Speer) dem Reich der Finsternis derart zuzusetzen, daß es dem Teufel unmöglich wird, seine todbringenden Gedanken in unserem Leben, in unseren Familien, in unserem Geschäft, in unseren Gemeinden und Diensten Wirklichkeit werden zu lassen.

Weil unsichtbare Geister, die die Anwesenheit Jesu Christi und seiner Gemeinde auf Erden hassen, das Fleisch bombardieren und die Gedanken malträtieren wollen, ist das Gebet absolut unentbehrlich.

Auch wenn wir meinen, wir seien im geistlichen Kampf noch so geschickt, mutig und kühn, können wir doch unsere siegreiche Position unmöglich verteidigen, wenn wir kein aktives Gebetsleben haben. Ohne Gebet werden wir garantiert besiegt.

Solange wir im Gebet auf Gott schauen, können wir uns sicher sein, auch weiterhin den Sieg Jesu über den Teufel erfolgreich in die Tat umzusetzen und somit die Niederlage Satans zu demonstrieren. Der Sieg wurde bereits errungen, doch wenn wir uns in unserem täglichen Leben nach Gottes Wegweisung, Willen und Kraft ausstrecken, wird uns auch ein *dauerhafter* Sieg sicher sein.

Gott hat der Gemeinde verschiedene Arten des Gebets gegeben, um ihr bei der Behauptung dieser siegreichen Position zu helfen. Deshalb wird Epheser 6,18 von verschiedenen englischsprachigen Bibelausgaben wie folgt wiedergegeben: *„Nutzt jede Art des Gebets …“* (Goodspeed); *„Betet … mit Gebet in jeder Weise“* (Amplified Bible); *„Betet … mit allen Arten des Gebets …“* (New International Version). Ein anderer Bibellehrer führt folgende Übersetzung an: *„Betet … mit allen Arten des Gebets, die euch zur Verfügung stehen …“*

Zweifellos stehen Paulus (vor dem Hintergrund der ganzen Waffenrüstung) verschiedene Lanzentypen vor Augen, wenn er über die unterschiedlichen Arten des Gebets schreibt. So wie ein Soldat alle möglichen Lanzen einsetzen konnte, verfügen auch wir über „alle möglichen“ Gebete. Alle sind gleich gut; sie dienen lediglich einem anderen Zweck und sind für ein Leben im Glauben unabdingbar.

Wie oft sollen wir beten?

Bevor wir auf die Vielfalt der Gebete eingehen, fragen wir uns zunächst: „Wie oft sollen wir beten?“

Paulus sagt es uns: „Mit allem Gebet und Flehen betet *zu jeder Zeit …*“ (Eph 6,18).

Diese nähere Bestimmung geht auf die griechische Wendung *en panti kairo* zurück. *En* könnte man treffender mit „zu“ wiedergeben; *panti* heißt „alles und jedes“. Dieses Wort ist sozusagen allumfassend und schließt jedes noch so kleine Detail mit ein. *Kairos* bedeutet „Zeitumstände“ oder „Lage“.

Man könnte den Ausdruck *en panti kairo*, den Paulus hier verwendet, demnach noch exakter übersetzen: „bei ausnahmslos jeder Gelegenheit“, „wann immer sich die Möglichkeit bietet“,

„jedesmal, wenn du die Chance bekommst“, „zu jeder Tages- und Nachtzeit“, „in jedem möglichen und unmöglichen Augenblick“.

Er meint damit: „Jedesmal, wenn du die Chance hast, jedesmal, wenn dazu Gelegenheit ist, gleichgültig, was du tust oder wo du bist, nutze jede Möglichkeit, alle gegebenen Zeitumstände und jeden nur denkbaren Augenblick, um zu beten.“

Daraus schließen wir, daß ein Christ, der sein geistliches Leben ernstnimmt, nicht die Wahl hat, ob er beten will oder nicht. Leider ist das Gebet die Waffe, die der Leib Christi in unserer Zeit am häufigsten links liegenläßt. Die Leute finden es viel aufregender, über den „Schild des Glaubens“, das „Schwert des Geistes“ oder den „Brustpanzer der Gerechtigkeit“ zu reden als über das Gebet.

Doch die „Lanze des Betens und Flehens“ ist genauso wichtig wie jene anderen Waffen. Das Gebet ist Teil unserer geistlichen Ausrüstung, ja es ist von so entscheidender Bedeutung, daß Paulus uns drängt, es fortwährend und gewohnheitsmäßig, also „zu jeder Gelegenheit“, einzusetzen.

Sechs Arten des Gebets für den Christen

Paulus sagt: *„Mit allem Gebet und Flehen betet zu jeder Zeit im Geist, und wachet hierzu in allem Anhalten und Flehen für alle Heiligen.“*

Das Neue Testament kennt sechs verschiedene griechische Worte für Gebet, das *uns* zur Verfügung steht. Einige Quellen führen noch mehr an, doch diese zusätzlichen Bezeichnungen beziehen sich in erster Linie auf Anbetung oder sind Gebetsbezeichnungen, die ausschließlich von Jesus verwendet wurden. Gott gab ganz konkret sechs Arten des Gebets, die *für uns* relevant sind. Sie unterscheiden sich voneinander wie die Lanzen eines römischen Soldaten und stehen uns für unseren Glaubenskampf zur Verfügung.

Diese sechs Arten des Gebets könnte man folgendermaßen unterteilen: (1) sich weihen, (2) bitten, (3) mit Autorität beten, (4) danken, (5) „auf Gott stoßen“ und (6) Fürbitte leisten.

1. Sich weihen

Proseuche ist das gängigste griechische Wort für „Gebet" im Neuen Testament. Mit allen Ableitungen erscheint es 127mal im Neuen Testament. Paulus verwendet es zweimal in Epheser 6,18: „Mit allem *Gebet* und Flehen *betet* ..."

Proseuche ist ein Kompositum aus den Worten *pros* und *euche*. *Pros* bedeutet u.a. „von Angesicht zu Angesicht". Wir sprachen bereits darüber, daß mit diesem Wort die innige Beziehung der Personen der Dreieinigkeit zueinander charakterisiert wird. In Epheser 6,12 kennzeichnet es unsere „direkte" Konfrontation mit den Mächten der Finsternis (vgl. Kapitel 9).

Pros bezeichnet fast überall im Neuen Testament einen engen und innigen Kontakt von Angesicht zu Angesicht.

Der zweite Teil des Wortes *proseuche – euche* – ist ein altes griechisches Wort für „Wunsch", „Verlangen", „Gebet" oder „Gelübde".

Mit *euche* bezeichnete man ursprünglich ein Gelübde, das ein Mensch aufgrund eines Wunsches oder einer Notsituation vor Gott ablegt. Die betreffende Person schwor damit, Gott etwas Wertvolles zu geben, würde dieser ihr Gebet erhören.

Ein großartiges Beispiel für so ein Gelübde finden wir in der Geschichte von Hanna, der Mutter Samuels. Von ganzem Herzen wünschte Hanna sich ein Kind, konnte jedoch nicht schwanger werden. Völlig verzweifelt und voll innerer Pein betete sie und legte vor Gott ein feierliches Gelübde ab.

Die Bibel gibt in 1. Samuel 1,11 Hannas Worte wieder: „Und sie legte ein Gelübde ab und sprach: Herr der Heerscharen! Wenn du das Elend deiner Magd ansehen und meiner gedenken und deine Magd nicht vergessen wirst und deiner Magd einen männlichen Nachkommen geben wirst, so will ich ihn dem Herrn alle Tage seines Lebens geben ..."

Der Bericht geht weiter: „... Und sie (Hanna und ihr Mann Elkana) machten sich am nächsten Morgen früh auf und beteten an vor dem Herrn. Und sie kehrten zurück und kamen in ihr Haus nach Rama. Und Elkana erkannte Hanna, seine Frau; und der Herr dachte an sie. Und Hanna wurde schwanger. Und als die Tage um waren, gebar sie einen Sohn ..." (V. 19-20).

Nach ihrer Gebetserhörung legte Hanna im Gegenzug das Gelübde ab, daß ihr Sohn vorbehaltlos dem Dienst des Herrn geweiht werden solle. Indem sie dies versprach, gab sie ihr Kostbarstes im Tausch für die Gebetserhörung. Rein praktisch gesprochen, war dies ein *euche*.

Menschen, die eine Antwort auf ihr Gebet haben wollten, boten Gott häufig schon im voraus ein Dankopfer an. Das war ihre Art, den Glauben an seine Güte freizusetzen und ihm für seine positive Antwort zu danken.

Bevor man das Gebet sprach und die Bitte in Worte kleidete, errichtete man einen Gedenkaltar und brachte darauf ein Dankopfer dar. Solche Lob- und Dankopfer bezeichnete man später oft als „Votivgaben" (abgeleitet von lat. *votum*, „Gelübde"; Anm. d. Übers.). Diese Votivgaben waren gleichsam ein Pfand, ein Versprechen, daß man nach der Gebetserhörung wieder zurückkommen und Gott erneut Dank bringen würde.

All das steckt hinter dem Wort *proseuche*, dem häufigsten Wort für „Gebet" im Neuen Testament. Denken Sie daran, daß die meisten Leser des Paulus griechischer Abstammung waren, weshalb sie die Untertöne dieses Wortes auch genau verstanden.

Proseuche und seine Konnotationen veranschaulichen, was Beten heißt, und vermitteln wichtige Aspekte des Gebets:

Zunächst entnehmen wir diesem Wort, daß wir durch das Gebet Gott „von Angesicht zu Angesicht" gegenüberstehen, also in eine innige Beziehung mit ihm eintreten sollen. Gebet ist mehr als das mechanische Aufsagen von Worten oder das Einhalten bestimmter Formalismen. Vielmehr gelangen wir durch das Gebet an einen Punkt, an dem wir eine *enge, innige Beziehung mit Gott* genießen können!

Das Wort *proseuche* vermittelt auch die Vorstellung von einem „Opfer". Schließlich charakterisiert es jemanden, der sich seine Gebetserhörung so verzweifelt herbeisehnt, daß er bereit ist, im Tausch dafür alles herzugeben. Auf diese Weise wird Gebet als ein Altar des Opferns und der Weihe beschrieben, auf dem wir unser Leben Gott vorbehaltlos hingeben.

Der Heilige Geist mag uns in jenen Bereichen überführen, die noch seiner heiligenden Kraft ausgeliefert werden müssen, aber er wird uns diese Dinge nie mit Gewalt nehmen. Deshalb meint „Gebet" in diesem Sinne einen Ort der Entscheidung, einen Ort der Weihe, einen Altar, an dem wir ohne Zwang das

Gelübde ablegen, Gott im Tausch für sein Leben unser Leben zu geben.

Weil es bei dem Wort *proseuche* um diese Art der Kapitulation und des Opferns geht, kommen wir zu dem Schluß, daß Gott uns offensichtlich mehr als „bloß" segnen will. *Er will uns verändern!* Diese Art des Gebets beinhaltet somit vor allem Kapitulation und Weihe.

Danksagung gehörte auch zum Begriffsinhalt dieses weit verbreiteten Wortes für „Gebet". Infolgedessen dankt echtes Gebet, das im Glauben gesprochen wird, Gott schon im voraus dafür, daß er es hört und erhört. Wenn wir im Gebet zu Gott kommen, ist es demnach ein Muß, ihm schon im voraus für die Erhörung unserer Gebete zu danken.

Dieses Wort für „Gebet" (*proseuche*) charakterisiert weit mehr als eine einfache Bitte. Vielmehr fordert diese Art von Gebet Hingabe, Weihe und Danksagung.

Dies ist die erste „Lanze des Betens und Flehens", die Gott uns in die Hand gegeben hat. Indem wir den Umgang mit ihr lernen, legen wir unser Leben auf den Opferaltar Gottes.

Das Wort *proseuche* will uns sagen: *„Trete von Angesicht zu Angesicht vor Gott und gib' ihm dein Leben im Tausch für seins; mach' diese Art der Weihe zu einem Fixpunkt in deinem Leben und achte darauf, ihm schon im voraus dafür zu danken, daß er in deinem Leben wirkt ... "*

Alle Bedeutungsinhalte des Wortes *proseuche* anzuführen würde den Rahmen dieses Buchs sprengen. Ich möchte Ihnen empfehlen, sich mit den zahlreichen Stellen zu beschäftigen, an denen dieses Wort im Neuen Testament erscheint.

2. Bitten

Deesis ist das griechische Wort für „Gebet", das am zweithäufigsten im Neuen Testament auftaucht und mit all seinen Ableitungen das Wortfeld „Gebet und Bitte" abdeckt. Paulus verwendet es in Epheser 6,18, wo es mit „Flehen" übersetzt wird.

Deesis stammt von dem Verb *deomai* ab, das wörtlich „bedürfen" oder „nötig haben" heißt. Es kennzeichnet einen Menschen, der in seinem Leben eine „Not" oder einen „Mangel" hat.

Im Laufe der Zeit widerfuhr dem Wort für „Not" ein Bedeutungswandel und es wurde synonym für „Gebet" verwendet,

d. h. für ein Gebet, in dem man Gott seine Not oder seinen Mangel anvertraut. Es geht dabei jedoch um einen grundlegenden bzw. existentiellen Mangel und nicht darum, daß man ein größeres Haus oder ein schöneres Auto möchte; *deesis* meint Dinge, die man braucht, um überleben zu können.

Man könnte auch sagen, *deesis* sei *ein Schrei um Gottes Hilfe, der offenbart, daß man selbst nicht in der Lage ist, seiner eigenen Not Abhilfe zu schaffen.*

In Hebräer 5,7 heißt es, Jesus habe auf diese Weise gebetet: „Der (Jesus) hat in den Tagen seines Fleisches *sowohl Bitten als Flehen mit starkem Geschrei und Tränen dem dargebracht, der ihn aus dem Tod erretten kann*, und ist um seiner Gottesfurcht willen erhört worden ...“

Das Wort „Bitten“ in diesem Vers lautet im griechischen Original *deesis*. Es macht deutlich, daß sich der Herr Jesus Christus der Schwächen seines Menschseins voll bewußt war. Als er erkannte, daß er selbst diesen Mangel nicht beheben könnte, Gott jedoch in der Lage wäre, ihm Kraft zu schenken, betete er aus tiefstem Herzen und bat den Vater, ihm in seinem Menschsein mit göttlicher Unterstützung beizustehen.

Seine Not stand ihm so kraß vor Augen, daß der Herr „mit starkem Geschrei und Tränen“ Bitten (*deesis*) darbrachte. Der eine oder andere könnte nun auf die Idee kommen, „starkes Geschrei und Tränen“ zu einer neuen Gebetsmethode zu erklären und sie dann anderen in Form einer „Lehre“ vermitteln zu wollen. Es handelt sich dabei jedoch weder um eine Gebetsformel noch um eine neue „Methode“. Hebräer 5,7 beschreibt vielmehr den Herzensschrei Jesu zum Vater, er möge ihn doch stärken und somit seine grundlegenden Bedürfnisse stillen.

Wer so betet, ist sich seiner Not sehr bewußt. *Deesis* steht fast immer für einen Hilfeschrei. Wer diese Art des Gebets (*deesis*) spricht, appelliert mit demütigem Herzen an Gott und bringt eine besondere Bitte vor, wie z. B. um geistliche Kraft für den Dienst, Kraft, um Versuchungen zu widerstehen etc.

Während es bei dem Wort *proseuche* in erster Linie um Hingabe und Weihe ging, steht bei *deesis* die Demut im Vordergrund. Wir sehen einen Christen vor uns, der seine völlige Abhängigkeit von Gott erkennt; er weiß, daß er sich auf keinen Fall selbst helfen kann, Gott jedoch helfen könnte; deshalb bittet er inständig, ja er fleht Gott aus der tiefsten Tiefe seines Geistes und seiner Seele an, einzugreifen, ihn zu versorgen und einer psychischen, emotionellen oder geistlichen Not Abhilfe zu schaffen.

So ein Gebet offenbart, wie zerbrechlich, wie unzulänglich der Mensch ist und wie sehr er Gott braucht.

In Epheser 6,18 wird *deesis* mit „Flehen" übersetzt: „Mit allem Gebet und *Flehen* betet zu jeder Zeit im Geist ..." Man könnte diesen Teil des Verses auch folgendermaßen wiedergeben: *„Betet allezeit, mit allem Gebet und ernsthafter, aufrichtiger und tief empfundener Bitte ..."*

Weitere Beispiele für die Verwendung des Wortes *deesis* bzw. *deomai* finden Sie in 2. Korinther 8,4 („... und *baten* uns ...") und 1. Thessalonicher 3,10 („... wobei wir ... aufs inständigste *bitten* ...").

3. Mit Autorität beten

Die dritte Gebetsart, die das Neue Testament kennt, leitet sich von dem griechischen Verb *aiteo* ab. Es wird ungefähr achtzigmal verwendet und ist somit das dritthäufigste Wort für „beten".

Aiteo heißt „ich bitte" oder „ich fordere". Vielleicht kommt Ihnen dieses Wort im Zusammenhang mit „Gebet" auf den ersten Blick etwas seltsam vor. Weshalb? Nun, *aiteo* heißt nicht, daß man etwas demütig von Gott erbittet, sondern vielmehr mit Autorität betet, ja fast schon von Gott fordert! Wer so betet, weiß, was er braucht, und scheut sich nicht, kühn darum zu bitten!

Im Gegensatz zu *deomai*, das sich auf geistlichen Mangel oder eine Not bezieht, geht es bei *aiteo* in erster Linie um eine physische Not wie Nahrung, Geld, ein Dach über dem Kopf etc.

Wie ist es möglich, daß sich jemand so unverhohlen Gott nähern und Linderung für seine Not fordern kann? Jesus gab uns in Johannes 15,7 den Schlüssel zum Verständnis des Wortes *aiteo*: „Wenn ihr in mir bleibt und meine Worte in euch bleiben, so werdet ihr *bitten*, was ihr wollt, und es wird euch geschehen."

Das Verb „bitten" in diesem Text geht auf *aiteo* zurück. Demnach könnte man auch sagen: „... so werdet ihr *fordern*, was ihr wollt, ..." Manche Leute stoßen sich an der Vorstellung, etwas von Gott zu fordern. Doch betrachtet man diese Aussage im Zusammenhang, hat sie nichts Befremdliches mehr an sich.

Sozusagen die Bedingung Jesu in diesem Vers lautet: „Wenn ihr in mir bleibt und meine Worte in euch bleiben …" Beachten Sie, daß zweimal das Wort „bleiben", griech. *meno*, verwendet wird. *Meno* heißt „bleiben", „wohnen", „seßhaft sein", „verweilen", „bewohnen", „weitermachen", „eine dauerhafte Einheit mit jemandem aufrechterhalten" oder „sich einen ständigen Wohnsitz einrichten".

Vor diesem Hintergrund könnte man obigen Vers wie folgt wiedergeben: „Wenn ihr dauerhaft und gewohnheitsmäßig in mir wohnt, bleibt, verweilt und seßhaft seid und wenn meine Worte dauerhaft und gewohnheitsmäßig in euch wohnen, bleiben, verweilen und seßhaft sind, dann könnt ihr mit Nachdruck bitten, worum ihr wollt, und es wird euch zuteil werden."

Jesus wußte eins: Wenn seine Worte dauerhaft in unserem Herzen und in unseren Gedanken wohnen würden, kämen wir nie auf den Gedanken, etwas zu erbitten, das außerhalb seines Willens für unser Leben wäre. Wenn demnach ein Gläubiger es zuläßt, daß das Wort Gottes dauerhaft und gewohnheitsmäßig in seinem Herzen seßhaft ist, wird dieses sein Denken so verändern und nach der Bibel ausrichten, daß sein Gebet auch im Einklang mit dem Wort Gottes stehen wird.

Wenn Sie die Gewißheit haben, gemäß dem Willen Gottes zu beten, brauchen sie auch nicht verlegen werden, wenn Sie um etwas bitten; statt dessen können Sie kühn Ihre Glaubensposition behaupten und erwarten, daß Gott zu Ihren Gunsten eingreifen wird! Wie auch der Autor des Hebräerbriefes sagt: „Laßt uns nun mit Freimütigkeit hinzutreten zum Thron der Gnade, damit wir Barmherzigkeit empfangen und Gnade finden zur rechtzeitigen Hilfe" (Hebr 4,16).

Das Wort *aiteo* erscheint auch in 1. Johannes 5,14-15: „Und dies ist die Zuversicht, die wir zu ihm haben, daß er uns hört, wenn wir etwas nach seinem Willen bitten. Und wenn wir wissen, daß er uns hört, was wir auch bitten, so wissen wir, daß wir das Erbetene haben, das wir von ihm erbeten haben."

Beachten Sie das Wort „Zuversicht" im ersten Teil des Verses. Der Bedeutungsinhalt der griechischen Urform *parresia* geht immer in Richtung „außerordentlicher Mut oder Kühnheit", so als ob Johannes sagen wollte: „Ich kann dir sagen, weshalb wir beim Beten so kühn, mutig und freimütig sind …"

Weiter heißt es: „... daß er uns hört, *wenn wir etwas nach seinem Willen bitten*. Und wenn wir wissen, daß er uns hört, was wir auch bitten, so wissen wir, daß wir das Erbetene haben, das wir von ihm erbeten haben."

Achten Sie vor allem auf die Formulierung „etwas nach seinem Willen bitten". Das Wort „bitten" in diesem Teil des Satzes geht wieder auf *aiteo* zurück. „Bitten" (*aiteo*) steht also erneut im Zusammenhang damit, daß Sie den Willen Gottes für Ihr Leben kennen. So könnte man Johannes folgendermaßen verdeutlichen: „... wenn wir etwas mit Nachdruck erbitten, das mit dem übereinstimmt, was er sich für unser Leben wünscht ..."

Johannes wiederholt seinen Gedanken aus Johannes 15,7: Wenn das Wort Gottes dauerhaft in uns wohnt und wir in Übereinstimmung mit diesem Wort in uns beten, dann können wir in die Gegenwart Gottes treten und mit großer Kühnheit, Freimut und Zuversicht unsere Bitten vorbringen.

Es wird deutlich, daß Gott an dieser Art Freimut keinen Anstoß nimmt. Johannes fährt fort: „Und wenn wir wissen, daß er uns hört, was wir auch *bitten*, so wissen wir, daß wir das Erbetene haben, das wir von ihm erbeten haben." Auch dieses Verb „bitten" lautet im Original *aiteo*.

Wenn das Wort Gottes in Ihnen wohnt, wenn das Wort Gottes in Ihrem Herzen und Ihren Gedanken seßhaft ist und sich in Ihrem Leben einen ständigen Wohnsitz eingerichtet hat, dann werden Ihre Gebete nicht außerhalb von Gottes Plan liegen, sondern vielmehr exakt mit ihm übereinstimmen.

Ihr Gebet wird Gottes Willen widerspiegeln! Aufgrund dieser genauen Kenntnis des göttlichen Willens können Sie überaus kühn und mutig beten! Ja, Gott möchte, daß wir im Gebet kühn und mutig vorwärtsgehen, um seinen Willen für unser Leben zu ergreifen und zu demonstrieren!

Indem wir das Wort Gottes zur Autorität in unserem Herzen und Denken machen, bekommt es die Freiheit, die es braucht, um unser Denken zu verändern. Sobald unser Denken nach der Vorgabe des göttlichen Willens verändert wird, werden sich unsere Gebete mit Gottes Plan für unser Leben decken.

Wenn Sie diese Position eingenommen haben, können Sie auch Ihre Erfahrungen mit diesem „*aiteo*-Gebet" machen. Mit dieser „Lanze des Betens und Flehens“ können Sie sich mutig, kühn und zuversichtlich auf eine neue Ebene des Gebets begeben, um das zu bekommen, was Sie von Gott erbitten!

Ihr Verständnis des Wortes *aiteo* können Sie anhand von Epheser 3,20, Jakobus 1,5-6 und 1. Johannes 3,22 vertiefen.

4. Danken

Orientiert man sich daran, wie oft ein Wort für „Gebet“ im Neuen Testament vorkommt, gelangt man als nächstes zu *eucharistia*, das mit all seinen Abwandlungen insgesamt fünfzehnmal erscheint.

Eucharistia ist ein Kompositum aus den Worten *eu* und *charistia. Eu* bezeichnet etwas, das „gut“ oder „prima“ ist und spiegelt damit eine allgemeine positive Einstellung zu einer Sache wider. *Charistia* ist eine Ableitung von *charizomai*, „gerne geben“.

Zusammengenommen beschreibt das Wort *eucharistia*, wie, „als Reaktion auf eine bestimmte Begebenheit, angenehme und wohlgefällige Gefühle ungehindert und frei aus dem Herzen kommen“. Es taucht vor allem in den Paulusbriefen auf, wenn der Autor Gott voll Freude für eine Einzelperson oder eine Gruppe von Menschen dankt.

Als Paulus zum Beispiel an die Gemeinde zu Ephesus schrieb, sagte er aus der Tiefe seines Herzens, überwältigt davon, wie die Gnade Gottes dort sichtbar war: „Deshalb höre auch ich … nicht auf, für euch zu *danken*, und ich gedenke eurer in meinen Gebeten“ (Eph 1,15-16). Er möchte damit sagen: „Ich muß Gott einfach für euch danken. Ich kann meine Gefühle über euch nicht länger zurückhalten. Ich danke Gott von Herzen für euch!“

In Kolosser 1,3 betet Paulus in derselben Weise für die Gemeinde zu Kolossä: „Wir *danken* Gott, dem Vater unseres Herrn Jesus Christus, allezeit, wenn wir für euch beten …“

Diese Art zu Beten findet sich auch in den beiden Thessalonicherbriefen: „Wir *danken* Gott allezeit für euch alle, indem wir euch erwähnen in unseren Gebeten …“ (1. Thes 1,2). „Wir müssen Gott allezeit für euch *danken*, Brüder …“ (2. Thes 1,3).

Zudem verwendet Paulus das Wort *eucharistia* in 1. Thessalonicher 5,18, wo er sagt: „*Sagt in allem Dank*, denn dies ist der Wille Gottes in Christus Jesus für euch.“

Diesem Vers nach zu schließen, ist es Gottes Wille, daß wir in allen Lebenssituationen ein Dankgebet auf den Lippen haben. Wenn Paulus sagt „in allem", meint das Griechische eigentlich „zu jeder Gelegenheit und auf jede erdenkliche Weise". So wird offenbar, daß eine Herzenshaltung der Danksagung in unserem Leben eine zentrale Rolle spielen soll.

Besonders, wenn Sie für andere Menschen beten, sollten Sie einen Augenblick innehalten und darüber nachdenken, was Gott in deren Leben schon alles getan hat. Auch wenn jene vielleicht noch Ecken und Kanten haben, an denen Sie sich stoßen, so haben sie doch im Vergleich zu früher gewaltige Fortschritte gemacht! Wenn Sie daran erinnert werden, was Gottes Gnade in ihnen schon bewirkt hat und wie sehr sie sich schon verändert haben, werden Sie in die Lage versetzt, Gott frei, freudig und vorbehaltlos für sein umgestaltendes Wirken in ihrem Leben zu danken.

Diese „Lanze des Betens und Flehens" hat für unser geistliches Leben große Bedeutung. Auch wenn viele Christen lieber über das Flehen, die Fürbitte und andere Gebetsarten sprechen, ist die Danksagung ein zentraler Bestandteil unserer geistlichen Ausrüstung.

Das Wort *eucharistia* kommt u.a. noch in folgenden Bibelstellen vor: 2. Korinther 4,15;9,11-12; Philipper 4,6; Kolosser 2,7;4,2; 1. Timotheus 4,3-4 und Offenbarung 7,12.

5. Mit Gott zusammentreffen

Die fünfte Form des Gebets im Neuen Testament geht auf das Hauptwort *enteuxis* (Verb: *entygchano*) zurück, das mit seinen verschiedenen Ableitungen fünfmal vorkommt.

Entygchano ist ein Kompositum aus der Vorsilbe *en* und *tygchano*. *En* heißt „in" oder „hinein"; *tygchano* bedeutet „zusammentreffen" bzw. „sich ereignen". Somit heißt *entygchano* „mit etwas anderem (zeitgleich) zusammenfallen" oder „sich im Zusammenhang mit etwas anderem einstellen".

Entygchano wird im Neuen Testament mit „bestürmen", „verwenden" oder „eintreten" wiedergegeben; normalerweise denkt man dabei sofort an „Fürbitte". Doch bei *entygchano* geht es nicht notwendigerweise um die Art der Fürbitte, wie sie die meisten Christen kennen, d. h. um Gebet für andere Menschen. Das Wort *entygchano* vermittelt vielmehr die Vorstellung, daß jemand in einfachem, kindlichem Glauben zu Gott kommt, um frei und ungehindert mit ihm Gemeinschaft zu haben. Ein Bibelkundiger sagte einmal, dies sei Gebet in seiner individuellsten und einfachsten Form.

Wörtlich heißt es ja „(zeitgleich) zusammenfallen oder -treffen". Gemeint ist damit, daß man quasi „plötzlich dem Herrn begegnet" oder „im Gebet in eine Beziehung mit Gott eintritt". An manchen Stellen wird es mit „Fürbitte" bzw. einfach mit „Gebet" wiedergegeben.

Doch im Grunde geht es darum, daß man quasi „mit dem Herrn zusammentrifft". Das Wort *entygchano* wurde in der klassischen Dichtung verwendet, um die Beziehung zweier Liebender zueinander zu charakterisieren: Zwei Personen begegnen sich, finden sich, entdecken einander und verbringen schließlich ihr Leben miteinander.

Es geht also um eine herrliche und innige Art des Gebets: Wir kommen mit kindlichem Glauben zu Gott und lernen, uns und unsere Wünsche zu offenbaren und die wunderbare Gegenwart Gottes ungehindert zu genießen. Dies ist jene ganz besondere Zeit des Gebets, in der Gott durch seinen Geist seine Liebe auf uns herabregnen und uns spüren läßt, daß wir angenommen sind (wodurch unser Leben verändert wird)!

Dank sei Gott für dieses herrliche Vorrecht, so vor ihn kommen zu können! Weitere Beispiele für die Verwendung von *entygchano* (bzw. *enteuxis*) finden Sie in Römer 11,2 („Wie er vor Gott *auftritt* ..."), 1. Timotheus 2,1 („... daß Flehen, Gebete, *Fürbitten*, ... getan werden ...") und 4,5 („... durch Gottes Wort und durch *Gebet*").

6. Fürbitte leisten

Das sechste neutestamentliche Wort für „Gebet" lautet im Griechischen *hyperentygchano*; es erscheint nur ein einziges Mal und ist somit das seltenste von allen.

Man findet dieses Verb in Römer 8,26. Dort ist jedoch nicht von uns, sondern vom Heiligen Geist die Rede. Der Text lautet: „Ebenso aber nimmt auch der Geist sich unserer Schwachheit an; denn wir wissen nicht, was wir bitten sollen, wie es sich gebührt, aber der Geist selbst *tritt ein* für uns in unaussprechlichen Seufzern." (in der englischen King James Bibel heißt es hier wörtlich: „macht Fürbitte"; Anm. d. Übers.).

Wer leistet diesen speziellen Dienst der Fürbitte? *Der Heilige Geist!* Es heißt: „... der Geist selbst tritt ein ..." Somit verweist dieses Wort (*hyperentygchano*) nicht auf unsere Fürbitte, sondern auf die Fürbitte, die der Heilige Geist zu unseren Gunsten leistet. Deshalb taucht es im ganzen Neuen Testament auch nur einmal auf und zwar hier.

Das Wort „eintreten" (*hyperentygchano*) ist sehr alt und bedeutet „zugunsten einer anderen Person mitmachen". Man könnte auch sagen: „jemandem zu Hilfe kommen". Wenn z. B. jemand in eine Felsspalte stürzt, muß man zu ihm hinunterklettern, um ihn da wieder herauszuholen.

Genau darum geht es bei der „Fürbitte". Paulus sagt uns mit diesem Wort, daß hier von einem speziellen Dienst der Fürbitte – ausgeführt vom Heiligen Geist selbst – die Rede ist, durch die dieser uns auf übernatürliche Weise in unseren Lebensumständen beisteht, unsere Gefühle und Schmerzen mit uns teilt und schließlich einen Plan entwirft, um uns aus unserem Schlamassel herauszuholen!

Der eigentliche Fürbittdienst des Heiligen Geistes beginnt dann, wenn uns die Worte fehlen und wir nicht wissen, wie wir beten sollen. Unvermittelt und auf übernatürliche Weise taucht der Heilige Geist an diesem Ort der Hilflosigkeit auf und „macht mit": Mit seinen wunderbaren Charaktereigenschaften und seiner phantastischen Persönlichkeit fühlt er alles, was Sie fühlen. Er kann nachvollziehen, wie unzulänglich Sie sich fühlen. Er versteht die Kämpfe, die Sie ausfechten. Er tritt bereitwillig an Ihre Seite, teilt Ihre Erfahrungen mit Ihnen und spürt Ihre Emotionen und Frustrationen. Und dann entwickelt er seinen Hilfsplan!

„Fürbitte leisten" heißt „mit einem anderen mitmachen", und das nicht mit dem Ziel, daß nachher beide gemeinsam in der Patsche sitzen, sondern damit der andere gerettet, erneuert und aus diesem Dilemma herausgeholt werden kann. Das ist der Kern des Fürbittdienstes des Heiligen Geistes.

Wer kommt nun in den Genuß dieser übernatürlichen Fürbitte und dieses göttlichen Eingreifens? Die Eingangsworte von Römer 8,26 lauten: „Ebenso aber nimmt auch der Geist sich unserer Schwachheit an …" Achten Sie vor allem auf das Wort „Schwachheit". Ein führender Bibellehrer sagte einmal, man könnte statt dessen auch sagen: „Ebenso hilft der Geist denen, die wissen, daß sie schwach sind …" Das trifft ganz genau, was Paulus sagen wollte!

Sobald wir unsere menschliche Schwachheit erkennen, öffnen wir unser Herz und unsere Seele für diesen Fürbittdienst des Heiligen Geistes. Solange wir nicht erkennen, wie unzulänglich wir sind, sind seinem Wirken in unserem Leben zwangsläufig Grenzen gesetzt.

Wenn wir jedoch einsehen, daß wir einen übernatürlichen Beistand brauchen, und uns für seine Hilfe öffnen, bekommt der Heilige Geist die Freiheit, seine Kraft in uns wirksam werden zu lassen; so hat er auch die Möglichkeit, seinen übernatürlichen Dienst der Fürbitte in unserem Leben auszuführen. (In Kürze wird im englischen Sprachraum vom selben Autor ein Buch erscheinen, das sich eingehend mit diesem übernatürlichen Fürbittdienst des Heiligen Geistes befaßt.)

Ein Wort zum Schluß

In diesem Buch haben wir die Heilige Schrift gründlich durchforscht, um die geistliche Waffenrüstung besser verstehen zu können. Wir studierten die Bibel, um herauszufinden, was sie über unsere siegreiche Position gegenüber Satan sagt.

Wenn Sie dieses Buch nun weglegen und es jemand anderem geben, vergessen Sie eins nicht: Beim echten geistlichen Kampf geht es darum, daß Sie Autorität sowohl über Ihre Gedanken und Ihr Fleisch als auch über die Werke der Finsternis ergreifen.

Wenn Sie ein geheiligtes und Gott wohlgefälliges Leben führen, wird ein Großteil des geistlichen Kampfes bereits erledigt sein. Um mit den anderen Angriffen fertig zu werden, müssen Sie Tag für Tag das Wort Gottes in Ihrer konkreten Situation anwenden.

Paulus sagte: *„Darum nehmt die volle Waffenrüstung Gottes zur Hand, damit ihr imstande seid, am bösen Tage Widerstand zu leisten, alles gut auszurichten und das Feld zu behaupten!"* (Eph 6,13; Menge)